HENRY BRADSHAW SOCIETY

ffounded in the pear of Our Lord 1890
for the editing of Rare Liturgical Texts

VOLUME CXX

ISSUED TO MEMBERS FOR THE YEAR 2008
AND
PUBLISHED FOR THE SOCIETY
BY
THE BOYDELL PRESS

ENGLISH MONASTIC LITANIES OF THE SAINTS AFTER 1100

VOLUME II
PONTEFRACT – YORK

Edited by

Nigel J. Morgan

LONDON
2013

First published for the Henry Bradshaw Society 2013
by The Boydell Press
an imprint of Boydell & Brewer Ltd
PO Box 9, Woodbridge, Suffolk IP12 3DF, UK
and of Boydell & Brewer Inc,
668 Mt Hope Avenue, Rochester, NY 14620–2731, USA
website: www.boydellandbrewer.com

ISBN 978–1–90749–727–8

ISSN 0144–0241

A CIP catalogue record for this book is available
from the British Library

Papers used by Boydell & Brewer Ltd are natural, recyclable products
made from wood grown in sustainable forests

Printed and bound in Great Britain by
TJ International Ltd, Padstow, Cornwall

CONTENTS

PUBLICATION SECRETARY'S PREFACE

The preface to the first volume of Professor Morgan's editions of monastic litanies (HBS CXIX, Abbotsbury to Peterborough) envisaged the publication of just one further volume for the second half of the alphabet, but as his work on the second volume progressed, it became clear that a rather unwieldy book would be the product. Accordingly, the decision was taken to spread the load into a third volume, which will contain the general introduction and commentary for all the editions, an annotated list of saints, and indices of saints and liturgical forms. Hence the present second volume (CXX) contains the litanies from Pontefract to York, rounding off with six from unidentified Benedictine, Carthusian and Cluniac houses. It also includes an appendix containing editions of Benedictine and Cistercian litanies from three houses in Scotland. The editions are accompanied, as in Volume I, by notes on the manuscripts, a list of saints of special significance, and a bibliography. As a sign that the field of medieval liturgy never stands still, this volume also includes breaking news, in the form of an addendum to Volume I presenting a recently-discovered fragment of A litany from Norwich Cathedral Priory. That addendum stands also as a tribute to Professor Morgan's remarkable energy in doggedly pursuing every line of enquiry in order to bring us the most up-to-date picture of medieval English monastic litanies. We are very pleased, therefore, to issue this, his second volume, for the year 2008.

Rosalind Love
on behalf of the Publications Committee
8 May 2013

PREFACE

Volume I contained the sixty litanies from Abbotsbury to Peterborough (nos. I–LX). Volume II contains the remaining litanies from Pontefract to York (nos. LXI–CIII), some from unidentified monastic houses (nos. CIV–CIX), an Appendix containing the Scottish Benedictine litany of Dunfermline (no. CX) and Scottish Cistercian litanies of Culross and Kinloss (nos. CXI, CXII), and an Addendum to Volume I of a substantial fragment of a Norwich Cathedral Priory litany which has recently come to light (no. CXIII). At the time of writing the Preface to Volume I in 2011 it was envisaged that Volume II would also contain a General Introduction and indexes of the saints and of the liturgical forms, but these will now be published as a third volume. The General Introduction will contain a full commentary on the saints significant for each religious house, and on variants and developments in the liturgical forms of the petitions. There will also be a listing with notes and analytical comments of those saints which occur in the litanies who had cults in the British Isles, or who in other ways are specially significant. The saints of particular significance in the litanies included in Volume II are briefly commented on in the introductory notes on all the manuscripts for the text editions, but they will be discussed in more detail in this comprehensive list in Volume III. It was during the preparation of this commentary material that it became apparent that Volume II was becoming excessive in length, and that it would be preferable to publish this material in a third volume containing the General Introduction, the list of significant saints, and the indexes, and restrict Volume II to the remaining editions of the texts.

It needs to be emphasised, as in the Preface to Volume I, that the editions of litany texts presented in these two volumes are restricted to the 'standard' litanies found at the end of the psalms and canticles in Breviaries and Psalters, usually linked to the recitation of the Penitential Psalms.[1] They do not include the litanies on Holy Saturday at the Blessing of the Font in Missals and Manuals, those at the Dedication of a Church and at Ordinations in Pontificals, or those recited at the Visitation of the Sick and Dying and the Commendation of the Soul in Manuals. In some cases, such as the Carthusian Collectar-Manual, Lincoln, Cathedral Library 64 (no. LXXIX), there is a special litany recited at the Visitation of the Sick and Dying which differs substantially from the Carthusian 'standard litany' associated with the Penitential Psalms which in this case has been added at the end of this book.[2] The Holy Saturday litany hardly ever occurs in monastic Missals, nor the other forms of litany in any Pontificals which in rare instances may have belonged to monastic houses.[3] These litanies have been excluded because they do not usually contain many, if any, of the several

---

[1] In Volume II there are several examples (nos. LXVII, LXXXIII, XCII, CII, CIII, CV, CIX) where the litany text directly follows the Penitential Psalms, or has as a rubric at its head the antiphon for these psalms, *Ne reminiscaris*. The other occasions in the monastic liturgy when the litany was recited will be discussed in the General Introduction in Volume III.

[2] This is discussed further in the notes on the manuscript. Some Anglo-Saxon litanies associated with the Visitation of the Sick and Commendation of the Soul were published by Lapidge 1991 (e.g. nos. VIII.ii, XXXIV, XL, XLI.iii)). They have special petitions such as *Ut hunc infirmum per angelum tuum Raphaelem*.

[3] The only parts of the Manual which were absolutely essential within monastic houses were the offices concerned with the sick, dying and dead, namely the Visitation of the Sick and Dying, the Commendation of the Soul and the Burial Service. These tend to be included in books of miscellaneous offices.

saints specific to a particular religious house, or have them in the order in which they occur in the 'standard litany' found in Breviaries and Psalters.

In the Preface to Volume I it was noted that a manuscript possibly containing the litany of Whitby (no. LXXXIV) had been dismembered, and that the litany part could not at the time be traced. Remarkably, a few weeks before going to press with Volume II, it was found that this book still remained intact and had been acquired about six years ago by the Houghton Library of Harvard University as MS lat. 394. The delight at its rediscovery was somewhat dampened when this litany regrettably turned out to be of the secular use of York, so no. LXXXIV has had to be deleted from the list of editions. It is regrettable also to have to report that a St Albans litany of the early fifteenth century recorded in the 1980s in a private collection (no. LXXIII), which it had been hoped to publish, cannot now be traced. Unfortunately none of the people, including myself, who had easy access to this litany in the 1980s, took the trouble to transcribe or photograph its text. Great efforts have been made to find it, a fragment only of the few leaves containing the litany text, but they have been to no avail. Closer analysis of the unidentified Cistercian litany which it had been intended to include as no. CVI, revealed it to be from a French abbey. Fortunately an important text from an unidentified, but possibly identifiable, English Benedictine nunnery, which had been overlooked, has been able to take its place as no. CVI. In the course of re-examining the manuscripts for these editions in Volume II there have been some minor changes from the list published in Volume I in the dating of the texts from palaeographic, art historical or other evidence, but only in one case (no. XCVIII) has a major dating change disrupted the chronological sequence of the texts for a particular house, in this case Worcester.

Nigel John Morgan
Feast of St Benedict, monk and confessor, 21 March 2013

LIST OF CONTENTS

VOLUME I: LITANIES I–LX

CONTENTS

Glastonbury, Benedictine Abbey of the Blessed Virgin Mary

Gloucester, Benedictine Abbey of St Peter

Kirkstead, Cistercian Abbey of the Blessed Virgin Mary

Lewes, Cluniac Priory of St Pancras

Malmesbury, Benedictine Abbey of the Blessed Virgin Mary and St Aldhelm

Muchelney, Benedictine Abbey of St Peter and St Paul

Norwich, Benedictine Cathedral Priory of the Holy Trinity

Peterborough, Benedictine Abbey of St Peter, St Paul and St Andrew

CONTENTS

VOLUME II: LITANIES LXI–CXIII

CONTENTS

Westminster, Benedictine Abbey of St Peter

Whitby, Benedictine Abbey of St Peter and St Hilda

Wilton, Benedictine Abbey of the Blessed Virgin Mary and St Edith (nunnery)

Winchcombe, Benedictine Abbey of St Kenelm

Winchester, Benedictine Cathedral Priory of St Peter, St Paul and St Swithun

Winchester, Benedictine Abbey of the Holy Trinity, the Blessed Virgin Mary and St Peter (Hyde Abbey)

Witham, Charterhouse of the Blessed Virgin Mary

Worcester, Benedictine Cathedral Priory of the Blessed Virgin Mary

York, Benedictine Abbey of the Blessed Virgin Mary

Unidentified houses

APPENDIX – Litanies in Scotland

Dunfermline, Benedictine Abbey of the Holy Trinity

Culross, Cistercian Abbey of the Blessed Virgin Mary and St Serf

Kinloss, Cistercian Abbey of the Blessed Virgin Mary

ADDENDUM TO VOLUME I

Norwich, Benedictine Cathedral Priory of the Holy Trinity

NOTES ON THE MANUSCRIPTS

Pontefract, Cluniac Priory of St John the Evangelist

LXI   Oxford, University College 101, fols. 227r–228v
          Breviary   c. 1300

This relatively small sized, but thick, Cluniac Breviary, according to an added note on f. 14v belonged to the Yorkshire Cluniac priory of Monk Bretton, having been purchased: *'Iste codex spectat ad monasterium de Monkbretton acquisitus et emptus per Thomam Multon confratrem eiusdem'*. It is simply decorated with plain blue and red initials with simple penflourishing. The litany has the very unusual feature of a double invocation for St John among the apostles, and this suggests that it originally belonged to another Yorkshire Cluniac house, Pontefract, which was dedicated to St John the Evangelist. This is confirmed by the calendar which in the original hand on Apr. 16th has an entry for the dedication of the church of St John the apostle and evangelist. The calendar also contains saints which confirm the Cluniac provenance: Odilo (Jan. 2nd), Marinus (Jan. 4th), John of Réome (Jan. 28th), Hugh of Cluny (Apr. 29th), Iuvinianus (May 5th), Maiolus (May 11th), Translation Hugh of Cluny (May 14th), Felicula (June 13th), Florentia (June 20th), Consortia (June 22nd), Philibert (Aug. 23rd), Marcellus of Châlons-sur-Sâone (Sept. 4th), Gerald of Aurillac (Oct. 13th), Aquilinus (Oct. 19th), Austremonius (Nov. 7th), and Odo (Nov. 19th).[1] Also, as in most Cluniac calendars Martial is included at the end of the apostles.[2] Another saint, Milburga (Feb. 23rd), who is in both the calendar and the litany, is of course English, but is included because her relics were at the Cluniac priory of Much Wenlock (Shropshire).[3] The calendar also contains some Yorkshire saints: Wilfrid (Apr. 24th), John of Beverley (May 7th), and William of York (June 8th). The Translation of Mary Magdalene is added on Mar. 19th, doubtless when it passed to Monk Bretton which was dedicated to her. On ff. 31r–32r there is a very informative list of saints in calendar order with Gospel readings, evidently extracted from the sanctoral of a Pontefract Missal, and it contains some entries which are not in the sanctoral of the Breviary. This list supplements the calendar, litany and sanctoral of the Breviary in confirming the saints venerated by the Cluniac order and any additional local English saints whose feasts were observed at Pontefract.[4] As there is also a Missal from Pontefract, Cambridge, King's College 31, the liturgical survival from this single house is remarkable. The University College Breviary contains both the Cluniac Office of the Virgin and Office of the Dead. The litany follows the Athanasian Creed which is at the end of the canticles which follow the Psalter. It contains all the saints which have been listed as in

---

[1] On Gerald of Aurillac and Cluny see Bultot-Verleysen 2009. For the other characteristic Cluniac saints see de Valous 1970, I, pp. 398, 420–23.

[2] See also in Vol. I, Bromholm (no. X) and Lewes (no. XLII), and in this volume Thetford (no. LXXXI) and two of the unidentified Cluniac houses (nos. CVIII, CIX).

[3] On Milburga see Edwards 1961–64 and Grosjean 1961.

[4] The contents of the sanctoral, close but not identical to the calendar, are not discussed here, but I hope in future to publish all the calendars and sanctorals of the English Cluniacs.

the calendar except John of Réome.[5] The only John among the confessors follows the two York saints Wilfred and William, and seems most likely to be the local John of Beverley. Other English Cluniac litanies include a few English saints, particularly those venerated in the region where the house is situated. As usual in Cluniac litanies Martial is listed after the apostles as a disciple of the Lord.[6]

Bibliography: Frere 1898–1932, I, p. 148, no. 480; van Dijk 1951, II, p. 266; Ker 1964, pp. 131, 153; Pfaff 1970, p. 20; Hughes 1982, pp. 209–12, 214, 216–9, 220, 221, 312–7, 395 (siglum B7), pls. 1, 2; Roper 1993, p. xxix (siglum Ob 101.E); Pfaff 2009, p. 246; Hughes 2011–12, II, pp. 399, 428, 434, 455, 462 (siglum EOB Univ.coll.101).

Ramsey, Benedictine Abbey of the Blessed Virgin Mary and St Benedict

LXII   Cambridge, Corpus Christi College 468, fol. 158v
         Psalter   c. 1280–1300

In regard to the survival of its litany, Ramsey is one of the most unfortunate of all the English Benedictine houses. Although three Psalters survive containing good texts of its calendar (Cambridge, Corpus Christi 468; Holkham Hall, Coll. Lord Leicester 26; St Paul in Lavanttal, Stiftsbibliothek XXV.2.19) in the two last the original litany has been removed, and Corpus 468 only has the first page of the litany up to the first seven martyrs, all the remaining pages having been removed.[7] The Corpus manuscript contains a parallel Latin and Greek Psalter text, set in two columns, the Greek transliterated in Roman script. The litany follows the Pater Noster and Creed, set after the dual text Psalter, which contains the apocryphal psalm 101, and the canticles. All these texts also have the Greek equivalent. The only decoration in the book are plain red and blue initials with penflourishing. From this fragmentary text very little can be said about any particular characteristics of the Ramsey litany. One notable feature is that Martial is at the end of the apostles, and another is that Gereon is the seventh of the martyrs.[8] On this fragmentary evidence no significant conclusion can be made, but it is a consolation that the surviving calendars enable a lot to be said about Ramsey's characteristic saints. Corpus 468 is famous for several other reasons. It is one of the very few parallel text Latin–Greek Psalters of English provenance. Another exceptional feature is on the flyleaf, f. i verso, on which are signs which record the numbers from 1–9, and the decades numbers from 10–90. Matthew Paris also referred to these number signs in his *Chronica Maiora* where he claims that they were brought from Greece by John of

---

[5] There are several other less important saints characteristic of the Cluniacs which appear in the calendar, sanctoral and litany, and these will be discussed in Vol. III when all the Cluniac litanies are compared.

[6] See further nn. 2, 8, for comments on this placing of Martial in English litanies.

[7] For a discussion and transcription of the St Paul in Lavanttal calendar, collated with British Library Cotton Galba E.X, Corpus 468 and Sloane 2397, see Sandler 1974, pp. 162–68, and Sandler 1999, pp. 77–93. For a colour facsimile of the calendar see Sandler 2003. The absence of a full litany text means that the calendars alone provide witness of the saints' cults at Ramsey. On relic cults at Ramsey in see Thomas 1974, pp. 204–7.

[8] Martial is at the end of the apostles in most Cluniac litanies, for which see n. 2 above. In Vol. I his occurrence in this position in litanies is noted on p. 37 n. 63. In this volume, as well as at Ramsey, he occurs in the litanies of Reading (no. LXIII), uniquely in one case at St Albans (no. LXIX), Shaftesbury (nos. LXXVI, LXXVII) and Wilton (nos. LXXXV, LXXXVI). In all other cases where he is found it is among the confessors. Gereon, whose relics were in Cologne, is extremely rare in English post-Conquest litanies, but occurs in several pre-Conquest texts, for which see Lapidge 1991, p. 310.

Basingstoke, archdeacon of Leicester (d. 1252).[9] Also, on f. ii verso there is a list of Greek prepositions and their meanings, and on f. ii recto is inscribed *'Psalterium grecum (prioris) Gregorii'*.[10] This is Gregory of Huntingdon, prior of Ramsey (fl. second half of the thirteenth century).[11] His books are listed in a mid-fourteenth-century catalogue of Ramsey books, and among them are two Greek Psalters and one in Hebrew.[12] One of the Greek Psalters listed is very probably Corpus 468. It has been noted by Olszowy-Schlanger that a scribe who wrote the notes on Greek prepositions is the same as the scribe who writes a Hebrew–Latin–Anglo-Norman dictionary, Longleat House, Coll. Marquess of Bath 21.[13] There seems little doubt that this scribe is Gregory of Huntingdon himself. In conclusion, this book is very important for most of its contents, but with the sad exception of its distressingly brief fragment of the Ramsey litany.

Bibliography: Frere 1898–1932, II, p. 135; James 1912, pp. 399–403; Mearns 1914, pp. 22, 75; Bischoff 1945, p. 329, pl. 33; Weiss 1951, pp. 219–20; Ker 1964, pp. 153, 294; Sandler 1969, p. 605 n. 2; Sandler 1972, p. 133 n. 51; Sandler 1974, pp. 138 n. 33, 141 n. 35; Sinclair 1984, pp. 306–8; Pritchard 1993, p. 49; Wilkins 1993, p. 143; King 1995, pp. 187, 195; Sharpe *et al.* 1996, p. 406 (B68.531); Coates 1999, p. 108; Sandler 1999, pp. 77–93; King 2001, pp. 56–7; Olszowy-Schlanger 2008, XXI, pls. 18, 19.

Reading, Benedictine Abbey of the Blessed Virgin Mary

LXIII   New York, Pierpont Morgan Library M.103, fols. 132v–135r
         Psalter   c. 1250

Although three calendars survive from Reading Abbey (London, British Library Cotton Vespasian E.V and Harley 978; New York, Pierpont Morgan M.103), this is the only text which contains its litany.[14] Incredibly, the three manuscripts of the calendar are all of the same period in the middle years of the thirteenth century, and as no other liturgical books survive from the abbey, save for three prayer books which are not properly speaking liturgical texts, nothing can be said about the later medieval development of its liturgy. The Harley manuscript also contains a hymnal among a miscellany of texts which include the famous Middle English song *'Sumer is icumen in'*. Although it was in the thirteenth century independent of the Order of Cluny, Reading was founded by Henry I in 1121 and provided with a Cluniac from Lewes as its first abbot in 1123, and thus its calendar and litany texts have a strong Cluniac element.[15] The most significant Cluniac features in the calendar and litany

---

9   John of Basingstoke's study of Greek is mentioned in John Leland's account of him in *De viris illustribus*: Carley and Brett 2010, pp. 448–51. On these number signs see King 1995 and King 2001.

10   The word 'prioris' is almost completely erased.

11   Gregory of Huntingdon is also mentioned by Leland, who emphasises his knowledge of Hebrew and acquisition of Hebrew books which he claims that Gregory obtained at the time of the expulsion of the Jews in Edward I's reign.

12   Sharpe *et al.* 1996, p. 406.

13   Olszowy-Schlanger 2008, p. XXI.

14   It should be pointed out that a glossed Psalter of the twelfth century, Oxford, Bodleian Library Auct. D.4.6, always considered as a book made for Abbot Roger of Reading (1158–65), has a Winchester litany, no. LXXXIX in this set of editions, which was written after 1173. As discussed under that entry, this book was not made for Abbot Roger, even though it later belonged to Reading Abbey.

15   The first abbot, Hugh of Amiens, had indeed begun his life as a monk at Cluny itself: Knowles, Brooke and London 1972, p. 63.

are: Marinus (Jan. 4th) and Marcellus of Châlons-sur-Sâone (Sept. 4th) among the martyrs; Aquilinus (Oct. 19th), Philibert, Odo (Nov. 19th), Maiolus (May 11th), Odilo (Jan. 2nd), Hugh of Cluny (Apr. 29th) and Gerald of Aurillac (Oct. 13th) among the confessors; and Florentia (June 20th), Consortia (June 22nd) and Milburga (Feb. 23rd) among the virgins. Pancras (May 12th) is highly placed among the martyrs because Lewes, where the first abbot came from, was dedicated to Pancras. Milburga, was taken into the Cluniac sanctoral because the Cluniac priory of Much Wenlock in Shropshire possessed her relics. Another significant feature of the Reading calendar is James the Apostle (July 25th) with an Octave (July 31st), and the Translation of James on December 30th, because Reading possessed a relic of his hand, although James is not given a double invocation in the litany as might have been expected.[16] The double invocation for Peter may be another Cluniac feature because it is normal in their litanies as he was the dedicatory saint of the abbey of Cluny. Also the litany contains the quite rare Modwenna of Burton-on-Trent. This is probably explained by a Reading monk, William of Melbourne, who was abbot of Burton 1200–13, and who evidently had her cult introduced at his mother house.[17] The Psalter is finely illuminated, although the only figure work is the medallions of the labours of the months and signs of the zodiac in the calendar. Large ornamental initials are at the psalms of the liturgical divisions, and in their foliage type they are close to those of the workshop of William de Brailes in Oxford. It seems very likely that this Psalter was made for Reading at Oxford.[18] The feast of Edmund of Abingdon, canonised in 1246, was included in the writing out of the calendar, and related manuscripts produced in Oxford of the 1240s and 1250s suggest a dating for this book of c. 1250. The litany follows the canticles, and is itself followed by the devotional text of the Psalter of the Virgin, printed in a limited edition by the Kelmscott Press in 1896 when this manuscript was in the possession of William Morris.

Bibliography: *Laudes Beatae Mariae* 1896; James *et al.* 1906, pp. 37–9, no. 17; J. R. L. 1935, 50; Ker 1964, p. 156; Morgan 1981, p. 166 n. 57; Morgan 1988, pp. 11, 13, 20, 89, 126, no. 106 (for other bibliography up to 1988), figs. 48, 49; Coates 1999, pp. 117, 129, 142, 161; Morgan 1999, p. 126; Morgan 2004, pp. 309, 321; Morgan 2012, p. 102.

Rochester, Benedictine Cathedral Priory of St Andrew

LXIV   Paris, Bibliothèque Ste Geneviève lat. 1273, fols. 178v–181v
         Psalter   c. 1220–40

The survival of what seems to be a Rochester litany results from the lucky chance that an extensively illuminated Psalter, probably made in Paris for a lay person, had its text copied from a manuscript which contained a litany of Rochester cathedral priory. Later, in the fourteenth century, the obit of Margaret of Burgundy (d. 1308), second wife of Charles I of Anjou, and other obits were added to the calendar, suggesting lay, possibly royal, ownership

---

[16] Kemp 1970, Kemp 1990 and Yarrow 2006, pp. 190–213. It was a truncated octave taking place on July 31st, probably because it would clash with other saints in their calendar if on August 1st or 2nd. On relic cults at Reading in general see Thomas 1974, pp. 207–9.

[17] Bartlett 2002, pp. xxx–xxxi. See also on Modwenna, Baker and Bell 1947 and Price 1988.

[18] Morgan 2012 discusses the production of illuminated books in Oxford at this period, including this manuscript, and Morgan 1988 gives additional reasons for an Oxford attribution.

in Italy at that time.[19] The book has been called the 'Psalter of Margaret of Burgundy'. At the end of the manuscript, added in the late thirteenth or early fourteenth century, are a series of texts relating to St Louis of France confirming a particular interest in the French royal family by a subsequent owner. Perhaps the original patron had a connection with Rochester and provided this litany text as a model, for it could hardly have been easily obtainable in Paris. This original patron was evidently the woman who kneels before the Crucifixion in a framed picture on f. 38r set before the Passion Psalm 21, *Deus deus meus respice in me: quare me dereliquisti?* After the calendar there are twelve full-page miniatures of the life of Christ. Historiated initials are at the psalms of the liturgical divisions and illuminated initials with penflourishing around them containing animals, heads and grotesques for each of the psalms. The Psalter has an added calendar of the Benedictine abbey of St Bertin, so it cannot be entirely excluded that it might originally have been made under monastic direction at St Bertin, a house which had connections with the English Benedictines. It was in that abbey that the monks of Christ Church Canterbury found refuge when they were sent into exile by King John in 1207.[20] Also added later in the early fourteenth century is a Cistercian Office of the Dead, so at some time it may have been in Cistercian hands. Branner considered that the illuminators came from the 'Blanche atelier' which operated in Paris c. 1220–40. Of course, it is not certain whether this is an accurate litany text because no calendar or liturgical books survive from Rochester for comparison, but many pieces of evidence support the attribution. The occurrence of Ithamar among the confessors, an extremely rare saint, bishop of Rochester from 644 to c. 660, whose relics were at the cathedral, is the main piece of evidence.[21] He occurs in no other English monastic litanies or calendars, neither in calendars nor litanies from the secular church, save for some fifteenth-century Books of Hours and a Psalter which probably were made for use at the hospitals of nearby Chatham or Strood, both of which were founded by bishops of Rochester and were originally dependencies of the cathedral priory.[22] To support the attribution Paulinus, bishop of Rochester (c. 633–44), whose relics were at the cathedral, comes directly before Ithamar among the confessors in this litany. In contrast to Ithamar, he occurs in many other English litanies because formerly he was bishop of York, but his positioning beside Ithamar is significant. Rochester cathedral priory was founded in 1080 by Bishop Gundulf and the first documented prior, Ralph, who subsequently became abbot of Battle in 1107, had come from St Stephen's Abbey, Caen, to Canterbury with Lanfranc in 1070, and presumably had been a monk of Christ Church, Canterbury, before becoming prior of Rochester at some unknown time after the priory was founded in 1080. Three unusual saints in this litany are Salvius among the martyrs, Fursey among the confessors and Mildred among the virgins. The body of Salvius was at Christ Church as was that of Blaise, the saint below him in the litany. The head of Fursey and arm of Mildred were also at Christ Church.[23] Other saints of whom Christ Church had important relics, that is Audoenus (Ouen), Wilfred and Austroberta, are also in the litany.[24] Another

[19] See Leroquais 1940–41, pp. 152, 153, for this and other obits. There are other unidentified obits, and some overpainting by an Italian illuminator.

[20] Knowles 1966, p. 365.

[21] On the cult of Ithamar see Bethell 1971 and Yarrow 2006, pp. 100–21. On relic cults at Rochester in general see Thomas 1974, pp. 122–4.

[22] Richards 1985, for these calendars which need further discussion. They were probably destined for these hospitals because they include the hospital saints, Lazarus and Martha. On the hospitals see Knowles and Hadcock 1971, pp. 351, 395.

[23] Wormald 1939, p. 67.

[24] For the Christ Church relics see Wormald 1939, pp. 66–7. The only saints in his list not in the Rochester litany are the obscure pair, Wlganus and Ronan, which are noted by Wormald.

piece of evidence for Rochester is the rare petition for the local bishop, *'Ut presulem nostrum et gregem sibi commissum conservare digneris te rogamus'*, which seems to be a particular characteristic of litanies of some of the Benedictine cathedral priories. It occurs at Worcester as *'Ut episcopum nostrum et gregem sibi commissum'*, at Canterbury Christ Church as *'Ut archipresulem nostrum et gregem sibi commissum'*, at Durham as *'Ut episcopum nostrum et gregem sibi commissum'*, and in one Winchester text as *'Ut episcopum nostrum'*, but not at Ely or Norwich. Finally, the inclusion of the petition *'Ut locum istum et omnes habitantes in eo visitare et consolari digneris te rogamus'* confirms it is a litany of a religious house. In conclusion, the combined evidence points very strongly to this being a litany of Rochester cathedral priory.

Bibliography: Delisle 1893, pp. 271–3; Boinet 1921, pp. 31–6, pls. X, XI; Haseloff 1938, pp. 44–5, 110–11; Leroquais 1940–41, II, pp. 152–4; Branner 1977, pp. 30, 205; Caviness 1979, p. 39, fig. 2; Morgan 1982, p. 83; Caviness 1990, pp. 94, 130, fig. 52; Oliver 1995, p. 248, fig. 19; Sattler 2006, I, pp. 228, 243, 246, 276 and II, p. 94, no. 54.

St Albans, Benedictine Abbey of St Alban

LXV   Hildesheim, Dombibliothek St Godehard 1, pp. 403–409
         Psalter   c. 1129–35

These notes on this very famous manuscript can hardly provide an adequate discussion of a book whose controversial illustration, text content, production, intended ownership and dating have been the subject of seven books and numerous articles. So much controversial literature, particularly that published during the last ten years, cannot easily be summarised except in very simple terms.[25] It is agreed by all that the book was made at the time of Geoffrey, abbot of St Albans (c. 1119–47), and by most that it was made for Christina, an anchoress, the friend of Abbot Geoffrey who was her patron. She later became prioress of the Benedictine nunnery of Markyate.[26] The calendar and litany, both with some qualification, are of the use of the Abbey of St Albans, and the obit of a hermit, Roger, who died c. 1121–3, is added to the calendar, suggesting that the book might have been written before that date, or passed to an owner who had a particular association with Roger. The evidence for Christina's likely eventual ownership of the Psalter are the additions in the calendar of the obits of her parents and brothers, and of herself, but there is some controversy as to exactly when these were added.[27] One of her brothers, Gregory, was a monk of St Albans, so, as well as her friendship with Abbot Geoffrey, she had family contacts with the abbey. Christina died at some date after 1155, but the Psalter has always been considered to have been made at least twenty years before her death. The dating is thought by some perhaps to be after

---

[25] Also, it must be said that the literature on the book is so extensive that it would have been difficult to present an appropriate summary of all the arguments and contradictions it contains. My apologies are offered to the authors whose specific viewpoints have not been referred to. The best critical assessment of the literature up to 2008 is the excellent study by Peter Kidd in Bepler, Geddes and Kidd 2008, pp. 41–155. My only regret is that his discussion of the litany is not as detailed as would have been desirable. The fortunate outcome of this omission is that it gives me the opportunity to complement his study with my interpretation of its text. Since Kidd's publication several new viewpoints have been published in Bepler and Heitzmann 2013.

[26] Knowles, Brooke and London 1972, p. 215.

[27] The many problems of the calendar text will not be discussed here.

1129 when the new shrine for St Alban was completed.[28] The book is illustrated with many miniatures of the Old and New Testaments set before the text of the psalms. Also, every psalm has an historiated initial, as also do the canticles and litany collects. The litany begins with a framed picture of kneeling monks and nuns before the Holy Trinity, both holding open books inscribed with the litany invocations to the Trinity, with a monk standing between the two kneeling groups pointing to the open books. There is also a section of illustrations of the Life of St Alexis and the story of Christ meeting the two disciples on the road to Emmaus. The book was evidently made with a very special programme of illustration and text. What is at issue is whether it was tailor-made for Christina, and what special features of its text and illustrations support or contradict this. The remainder of these notes will discuss the litany with special emphasis on its relevance to this issue.

The basic text of the litany is of the Abbey of St Albans, as comparison with the litanies of nos. LXVI and LXVII of near contemporary date suggest, but omissions and editions have been made to adapt it for its intended destinee. It is absolutely clear that it was intended for somebody outside of the monastic community of St Albans because of the deliberate omission of the petition for the monastery and its brethren *'Ut locum istum et omnes habitantes in eo visitare et consolari digneris te rogamus'*. Incredibly, this omission seems not to have been noted before in the abundant literature on the book. All the other petitions except for the omission of *'Propicius esto libera nos Domine'* are almost identical in text and order to those in nos. LXVI and LXVII. The martyrs are almost all identical in order, and there is the characteristic double invocation for Alban, but in the Hildesheim Psalter Stephen precedes Alban and Oswald and Oswin are lacking. It also has the Roman martyrs Cosmas and Damian, and John and Paul at the end, although these do occur in St Albans litanies from the thirteenth century onward, but are lacking in the other twelfth-century examples. Among the confessors there are some small differences of order, with the Hildesheim Psalter lacking Egidius, but including Paulinus, and at the end Alexius, relevant doubtless to the Life of Alexis section specially included. The greatest difference from a 'standard' St Albans litany is among the virgins: Mary of Egypt is listed after Mary Magdalene at the beginning of the litany, Fidis is omitted, and a long list of women saints are placed at the end after Catherine. These are: Margaret, Eufraxia, Marina, Elizabeth (mother of John the Baptist), Susanna, Brigid, Etheldreda, Ursula and Cordula, Helen, Barbara, Florentia, Consortia, and the strangely named Smeralda, possibly a scribal error for Emerentiana.[29] Of these Margaret and Etheldreda are in later St Albans litanies. Evidently these saints were specially added to the litany for its intended patron. Although it might be considered simplistic to conclude this particular devotion to women saints excluded a male patron, the inclusion of a greater number of virgin saints is generally characteristic of nunnery litanies. It seems very likely that the intended destinee was a woman, but whether this was definitely Christina of Markyate remains to be assessed.

Bibliography: Goldschmidt 1895; Haseloff 1938, pp. 3, 4; Wormald 1939, p. 32; Pächt, Dodwell and Wormald 1960; Wormald 1973, pp. 18, 19, 22, 23, 25, 26, 72, 73, 93; Ker 1964, p. 166; Ayres 1974, pp. 214–17; Kauffmann 1975, pp. 17, 18, 20, 31–2, 68–70, 72, 73–4, 78, 83, 95, 101, no. 29 (for other bibliography up to 1975), figs. 72–4, 76, 78; Hartzell 1975, pp. 44–7; Oakeshott 1981, pp. 57, 61, 129–31, 132; Woledge and Short 1981, p. 5; Thomson 1982, pp. 17, 23, 25–6, 29–31, 35–7, 41–2, 49, 119–20, 135 n. 72, no. 72, figs. 62–8, 72–3,

---

28 Bepler, Geddes and Kidd 2008, p. 143.
29 As far as can be ascertained no saint named Smeralda has ever been identified.

132; *English Romanesque Art 1066–1200* 1984, p. 93, no. 17; Nilgen 1988; Bullington 1991; Giermann and Härtel 1993, pp. 107–34; Bell 1995, p. 154; Dean and Boulton 1999, pp. 279–80. no. 505; Haney 2002; Kauffmann 2003, pp. 114, 118, 119, 122, 126, 128, 133, 139–40, 172, 174, 175, 177; Cramer 2004, pp. 49–51, 74–80, 162; Klemm 2004, pp. 364–7; Nilgen 2004, pp. 239–44; Geddes 2005; Powell 2005; Powell 2006; Thomson 2006, pp. 30, 70; Bepler, Geddes and Kidd 2008; Williams 2008; Gerry 2009; Pfaff 2009, p. 558; Short, Careri and Ruby 2010, pp. 32–9, 44–5; Careri, Ruby and Short 2011, pp. 58–61 *et passim*, no. 57; Bepler and Heitzmann 2013; Gerry 2013; Haney 2013; Marchesin 2013; Mölk 2013; Stirnemann 2013; Thomson 2013.

LXVI London, British Library Add. 81084, fols. 181v–185v
    Psalter (Cron Psalter) c. 1150

From about fifteen to twenty years after the Hildesheim Psalter two relatively good texts of the St Albans litany survive in a Psalter and a Breviary (nos. LXVI, LXVII). The Psalter, in marked contrast to the Hildesheim Psalter, has no miniatures or historiated initials but only large plain gold initials at the liturgical divisions, and smaller gold or plain red, blue and green initials for the other psalms and their verses. The large gold initials have gold foliate ornament as infill. The book contains a calendar, March to August only, the Psalter, followed by the canticles, litany with its collects, and a fragmentary Office of the Dead. This last text is not of St Albans but seems to be of Westminster Abbey, although as it is fragmentary that is not absolutely certain.[30] Very simple penwork line endings are in the Psalter text, perhaps the earliest example of this feature in English art. The litany follows the Athanasian Creed. Although the *Gesta Abbatum* of St Albans records that under Abbot Geoffrey (1119–47) there was made *'unum psalterium pretiosum totum similiter auro illuminatum'* it seems likely that this was a rather grander book and probably cannot be identified with this Psalter and help in providing evidence for its dating. In contrast to the Hildesheim Psalter both its calendar and litany are accurate texts of St Albans, and can be used to define the particular saints venerated there. St Alban heads the martyrs, in capitals, and has a double invocation, and Oswin, whose relics were at the St Albans cell of Tynemouth in Northumberland, is also among the martyrs.[31] Oswald, whose relics were at Durham, and Taurinus of Evreux are among the martyrs. Among the confessors Martial is second after Silvester, and there is a cluster of unusual monk saints, Hilarion, Pachomius, Macarius and Arsenius. The only other unusual saint in the confessors is the Cluniac, Maiolus. Among the virgins the only special features are the inclusion of Radegund and the writing of Catherine's name in capitals, the only saint other than Alban so designated. The 'Golden Psalter', as it has been called, has had several distinguished owners including William Morris and Sydney Cockerell. The latter gave it to his friend, Brian Cron, in 1956, and it was widely known as the 'Cron Psalter' until its acquisition by the British Library after his death.[32]

Bibliography: Wormald 1939, p. 32; Tolhurst 1942, p. 141 (siglum SA1); Pächt, Dodwell and Wormald 1960, pp. viii, 33, 35–41; Cron 1963; Ker 1964, p. 166; Pfaff 1970, p. 22;

---

[30] Thomson 1982, p. 101, recorded Christopher Hohler's opinion that it was of a nunnery, but did not specify where, or on what basis he had come to this conclusion.
[31] On relic cults at St Albans and Tynemouth in general see Wormald 1939, p. 33, and Thomas 1974, pp. 209–18, 239–42, 528–9.
[32] The various owners of the book are listed in Cron 1963.

Thomson 1982, pp. 28–30, 48, 100–101, no. 39, figs. 81, 155–7; Thomson 2006, p. 70; Morgan 2011, p. 241.

LXVII   London, British Library Royal 2 A.X, fols. 58v–61r
        Breviary   c. 1150

Together with the Winchcombe Breviary (no. LXXXVII) this St Albans book is the earliest example of such a text to survive from England, although it does not have so much the character of a proper Breviary as the Winchcombe book.[33] It contains a calendar of St Albans, a Psalter followed by canticles and litany, a hymnal for select feasts, a part temporal also for select feasts, and a similarly selective sanctoral and collectar, the Common of the Saints, and some offices for the Virgin Mary.[34] Although finely written, its decoration is very plain with the only gold initial being for psalm 1, which is similar to those in the Cron Psalter (no. LXVI). The other initials throughout the book are plain red, green and blue with small foliate extensions or sparse foliage as infill. A fifteenth-century note at the beginning of the book records that it was kept in a cupboard in the choir (*'De armariolo in choro'*), and on the same page in a fourteenth-century hand *'Hic est liber Sancti Albani quem qui abstulerit aut titulum deleverit anathema sit. amen'*. The absence of Thomas of Canterbury in both calendar and litany imply the book was written before his canonisation in 1173, and the style of the ornamental initials suggests a mid-century date. The litany text is very close to that in the Cron Psalter with the same characteristic St Albans saints listed in that entry, including Alban in capitals with a double invocation at the head of the martyrs. One difference among the virgins is the inclusion of Mary of Egypt after Mary Magdalene, and Catherine is not in capitals. The petitions are identical in order between the two texts.

Bibliography: Stanton 1887, p. 675 (calendar no. 8); Warner and Gilson 1921, pp. 29–30; Mearns 1913, p. xii (siglum E. 5); Mearns 1914, 83; Wormald 1939, pp. 31, 34–45; Tolhurst 1942, pp. 85–9, 240 (siglum SA); Pächt, Dodwell and Wormald 1960, pp. 6, 24, 30, 33–45, 277; Brady 1963, pp. 20, 39 *et passim*; Ker 1964, p. 167; Gneuss 1968, p. 250; Pfaff 1970, p. 22; Hartzell 1975, pp. 21, 22, 23, 24, 25, 34–6, 44, 49–50, 52–7; Korhammer 1976, p. 22; Watson 1979, p. 149, pl. 88; Thomson 1982, pp. 9, 28–30, 37–8, 46, 48, 57, 94, no. 25, figs. 84, 88, 138, 150, 158; Roper 1993, pp. xxviii, 97–102, 103, 104, 110, 111–12, 121, 124, 158, 172, 239, 244–6, 253, 278, 291, 307–8 (siglum Lbl 2.A.X); Morgan 1999, pp. 118, 123; Hartzell 2006, p. 308, no. 170; Pfaff 2009, pp. 170–2, 470.

LXVIII   London, British Library Royal 2 B.VI, fols. 152v–155v
        Psalter   c. 1246–55

This Psalter indisputably belonged to and was made at St Albans and was originally owned by the monk, John of Dalling, who was allowed by the abbot to keep it as his personal possession, as is recorded in an inscription on f. 1r. On the same page it records that on

[33] I should perhaps also include the 'Portiforium of St Wulfstan', Cambridge, Corpus Christi College 391, of c. 1070, as a primitive Breviary text. A detailed account of the early development of the Breviary in England has yet to be written, although Roper 1993 provides an important discussion of some of the offices it contains. The thesis, Hartzell 1971, discusses Royal 2 A.X at length, but remains unpublished.

[34] Pfaff 2009 gives a succinct account of the nature of its contents in regard to the emerging text of the Breviary.

his death the book passed to the abbey and was kept in the choir. It has nine full-page framed tinted drawings of the life of Christ, and martyrdom scenes of Edmund, Alban and Amphibalus, seated figures of saints, and finally a full-page image of the Virgin and Child. The initials of the liturgical divisions of the Psalter are simple with gold scrolls against plain blue and pink grounds. In the past, the figure illustrations have been attributed to the St Albans monk-artist Matthew Paris, but this is no longer generally thought to be the case, although the artist may be a fellow monk or layman much influenced by Matthew's style of drawing. The book contains both a St Albans calendar and litany, and seems beyond doubt to be an indigenous product of the abbey in view of the closeness to Matthew Paris's drawing style and the ownership of John of Dalling. The text is about a hundred years later than the first three examples of the St Albans litany and there are some significant changes. The first, however, is insignificant when at the beginning of the litany a second Kyrie eleison is placed after Christe eleison, as in the text of the Kyrie's in the Mass. This seems probably to be a scribal error. After Alban at the head of the martyrs with a double invocation, now comes his companion Amphibalus, and then a later c.1400 addition of Oswin with a double invocation.[35] Oswin was in the previous two litanies, but in this addition has been moved up from a lower position in the list of martyrs.[36] The relics of Amphibalus were only discovered in 1178, so he was not in the earlier litanies of the mid-twelfth century. Also among the martyrs is the new entry of Simeon of Jerusalem placed between Hippolytus and Cornelius. He is also in St Albans calendars but as yet an explanation for the interest in him at St Albans has not been found.[37] Among other English monastic litanies he is only found elsewhere at Chester and Shaftesbury (nos. XXVI, LXXVI, LXXVII). A third addition among the martyrs is Thomas of Canterbury, canonised in 1173, who is placed between George and Alphege. After Marcellinus and Peter are now placed two other paired saints, John and Paul, and Cosmas and Damian. Although these were not in nos. LXVI and LXVII, they were in the litany of the Hildesheim Psalter. Among the confessors are now introduced three English saints canonised in the first half of the thirteenth century: Edmund of Abingdon (1246), Wulfstan (1203), and Hugh of Lincoln (1220). These three, in that order, are placed between Dunstan and Romanus. A late thirteenth-century or early fourteenth-century addition is Machutus between Remigius and Paul (the Hermit).[38] Although Mary of Egypt was after Mary Magdalene in the Hildesheim Psalter and Royal 2 A.X Breviary, she is no longer among the virgins, and is in none of the remaining St Albans texts up to the sixteenth century. Etheldreda is added in the margin by the same hand as added Machutus, set between Scholastica and Radegund. Finally Margaret is included at the end between Catherine and Fidis. The order and content of the petitions is identical to that in the Royal 2 A.X Breviary. The date of the book must be after 1246 because of the inclusion of Edmund of Abingdon in the original hand of both the calendar and litany, and before 1260 because the permission of Abbot John of Hertford (1235–60) for John of Dalling to use the book is recorded on f. 1r. A date c. 1246–55 has been suggested.

---

[35] On Amphibalus see Harden 1968, McLeod 1980 and McCulloch 1981. His relics were discovered in 1178.

[36] This litany, in a manuscript belonging to St Albans, shows that this high position of Oswin cannot signify destination for Tynemouth, where his relics were. It seems likely that from the late fourteenth century onwards the litanies of St Albans and Tynemouth were identical.

[37] Wormald 1939, p. 33, notes that this feast on Feb. 18th is characteristic of St Albans calendars. He is not found in the twelfth-century St Albans calendars and must have been introduced in the period c. 1150–1250.

[38] The cult in England of Machutus (Malo), whose main relics were at Saint-Malo in Brittany, needs study. Bath claimed relics of him, and he is quite widespread in English calendars and litanies.

Bibliography: Stanton 1887, 112, 289, 401, 676 (calendar no. 37); Warner and Gilson 1921, pp. 41–2; Wormald 1939, pp. 31, 34–45; Tolhurst 1942, pp. 77, 241 (siglum SA3); Vaughan 1958, pp. 205, 224–5, 226, pl. IX; Ker 1964, pp. 167, 301; Pfaff 1970, p. 23; Watson 1979, pp. 149–50, pl. 142; Morgan 1982, pp. 12, 16, 108, 132, 133–4, no. 86 (for other bibliography up to 1982), figs. 286–91; Lewis 1987, pp. 25–6, 304, 425–6, 427, 436, 441, 422, 471, fig. 5, pl. VI; McKendrick, Lowden and Doyle 2011, pp. 270–71, no. 84.

LXIX   Oxford, New College 358, fols. 134r–137r
           Psalter   c. 1250–70

The New College Psalter is a finely illuminated book with good texts of the St Albans calendar, litany, Commendation of the Soul and Office of the Dead, with the *Salve Regina* at the end of the book.[39] In the fifteenth century it belonged to Abbot John of Whethamstede (1420–40), the obits of whose father and mother were entered in the calendar. There are no miniatures or historiated initials, but high quality ornamental illuminated initials with border extensions at the psalms of the liturgical divisions, with the very large initial for psalm 1 framed by a large border incorporating grotesques. There are also elaborate penflourish extensions and line endings on most pages. This litany, which comes after the Athanasian Creed at the end of the canticles, follows closely the previous one of a few years earlier (no. LXVIII). Unique among St Albans litanies, Martial is placed at the end of the apostles rather than after Silvester at the beginning of the confessors. This suggests a special requirement for the destinee of the book.[40] The belief that Martial was one of the disciples was of course controversial. Oswin is not yet placed at the top of the martyrs with a double invocation after Amphibalus, but is placed lower down between Oswald and Edmund, the same place as in the Cron Psalter and Royal 2 A.X of the middle of the twelfth century, and that of his original position in Royal 2 B.VI. A change in the New College litany is that Amphibalus is given a double invocation. Machutus, added to Royal 2 B.VI, is not among the confessors, but Etheldreda, also added to that manuscript, is now in the original hand after Scolastica, a position she will occupy in all the remaining fourteenth-, fifteenth- and sixteenth-century litanies. In all other aspects the litany is identical to Royal 2 B.VI except for minor differences in spelling.

Bibliography: Wormald 1939, pp. 31, 34–45; van Dijk 1951, II, p. 16; Ker 1964, p. 168; Pfaff 1970, p. 23; Morgan 1988, pp. 10, 13, 69, 116, no, 174 (for other bibliography up to 1988), fig. 368; Roper 1993, pp. xxix, 148, 149, 171, 172, 273, 282, 291, 319 (siglum Ob 358); Morgan 2004, pp. 309, 321; Pfaff 2009, p. 172; Thomson 2013, p. 48.

---

[39] Wormald 1939, pp. 31, 34–45, used it for his edition of the St Albans calendar. Pfaff 2009 for inexplicable and completely unjustified reasons criticises Wormald's choice of this text and describes this Psalter as 'a well decorated psalter of the third quarter of the 13th century, of no great textual interest'.

[40] Rodney Thomson has suggested to me that this book was perhaps made for Abbot John of Hertford (1235–63). If so, it must have been made towards the end of his abbacy in view of the style of the illumination.

LXX   Cambridge, Fitzwilliam Museum 274, fols. 17v–23r
              Diurnal   c. 1375–1400

This undecorated book of only thirty-three leaves is a fragment of a Diurnal containing the psalms for Prime and Vespers, the Athanasian Creed, the collect for the Holy Trinity, the litany and finally the suffrages for daily Vespers.[41] The latter contain suffrages for the saints especially venerated at St Albans, that is Alban, Amphibalus and Oswin. The occurrence of the suffrage for Oswin does not justify attributing the book to the ownership or destination of Tynemouth rather than St Albans itself, where he is highly ranked in calendars and litanies. This text is a hundred years later than the previous one. Its content is identical to that litany save for the following: Martial is in the normal position after Silvester at the head of the confessors; Amphibalus lacks a double invocation, perhaps as a result of scribal error; Oswin with a double invocation is now placed after Amphibalus and it is the earliest litany where this occurs in the original text; Leodegarius has been omitted from the martyrs, probably as a result of scribal error because he is in all the other late medieval St Albans litanies; Machutus is in position between Remigius and Paul (the Hermit) among the confessors; Etheldreda is after Scholastica as usual. The petitions are identical in order and wording except for a few minor spelling differences.

Bibliography: Tolhurst 1942, pp. 105, 241 (siglum SA4); Ker 1964, p. 165; Wormald and Giles 1982, pp. 227–8, 572–4; Luxford 2013, p. 205.

LXXI   Cambridge, Trinity College R.10.5, fols. 177r–182v
              Litany and Office of the Dead   c. 1400–25

The main text of this book is a Psalter of c. 1265–75 made in Ghent and illuminated with ornamental initials and borders. The early part is lost with the text beginning at psalm 29, and the openings of the psalms of the liturgical divisions which probably contained historiated initials have been excised. At the end, following the original Flemish litany, is a St Albans litany and Office of the Dead added in the early fifteenth century. The litany and Office of the Dead are elaborately decorated with blue, red and gold capitals with large penflourish extensions, and with gold, blue and red line endings, and begins with a large illuminated K. This and the next two litanies fall in the first half of the fifteenth century. That of Trinity R.10.5 is identical to Fitzwilliam 274 (no. LXX) of the late fourteenth century, save that Amphibalus does not have a double invocation as happens in several other St Albans litanies, perhaps resulting from scribal omission. There is no reason to attribute ownership of this book to Tynemouth rather than its mother house, St Albans.

Bibliography: Frere 1898–1932, II, p. 157; James 1900–1904, II, 275–7; Ker 1964, pp. 166, 191; Morgan and Panayotova 2009, II, pp. 38–9, no. 155; Carlvant 2012, pp. 76, 77, 79, 85, 226–7, 365, 366, fig. 31; Luxford 2013, pp. 206–7.

---

[41] Tolhurst 1942, p. 50, explains that in 1278 the Benedictine general chapter for England stipulated that the Athanasian Creed was to be recited on Sundays after the collect for Prime, and that it was then to be followed by the collect for the Holy Trinity. Fitzwilliam 1–1973 is part of the same Diurnal as Fitzwilliam 274: Wormald and Giles 1982, pp. 572–4.

LXXII   Oxford, Bodleian Library Gough liturg.18, fols. 165r–171r
             Litany and Office of the Dead   c. 1430–50

This Psalter of c. 1300 has a calendar, litany and Office of the Dead of St Albans use, which were added in the second quarter of the fifteenth century. The original manuscript has four full-page miniatures before the text of the psalms in a style difficult to parallel, and unfortunately the manuscript has been almost completely ignored by art historians. There is even a possibility that they might be by a French artist rather than an English one. In the miniature of the Virgin and Child a man in a white habit with hood, probably either a Carmelite, or Trinitarian friar, or a Premonstratensian canon, kneels before them.[42] There are historiated initials with large border frames at the psalms of the liturgical divisions. The litany follows the Athanasian Creed at the end of the canticles, with the final verses of the Athanasian Creed completed by the fifteenth-century scribe, suggesting that the pages of the original early fourteenth-century litany were removed to substitute the new text. This litany is written by the same hand as the added calendar which contains the feast of the Visitation. A new altar was consecrated at St Albans in 1430 in honour of the Visitation and the Transfiguration, which gives a firm date by which the feast had been introduced there.[43] The litany is identical to Trinity R.10.5, even in not giving Amphibalus a double invocation, except for two additions among the virgins, Anne at the beginning and Ursula and her companions at the end. St Albans is one of the last of the English Benedictine houses to introduce Anne. The ownership of the book has been attributed to Tynemouth, but there seems no reason why it did not belong to St Albans itself.

Bibliography: Madan 1895–1953, IV, no. 18332, p. 290; Frere 1898–1932, p. 143, no. 53; Wormald 1939, pp. 31, 34–45; Tolhurst 1942, p. 241(SA5); van Dijk 1951, II, p. 26; Anon. 1962–67, p. 165; Ker 1964, pp. 168, 191; Pfaff 1970, p. 23; Pächt and Alexander 1973, p. 51, no. 553, pl. LV; Luxford 2013, pp. 207–9, fig. 8.

LXXIII   Private Collection (present location unknown)
              Litany   c. 1400–25

This litany of St Albans, which consists only of the leaves containing the litany text, came to light in a private collection in Norwich in the 1980s.[44] Although seen by several people at the time, unfortunately nobody transcribed or photographed them. After the death of their owner in 1995 these leaves have not been traced, but it is to be hoped that they may come to light at some future date.[45]

Bibliography: Unpublished

---

[42] The other possibilities of a Carthusian or Cistercian monk seem very unlikely.

[43] Pfaff 1970, p. 23.

[44] A letter from Christopher Hohler to Nigel Morgan, dated 1st July 1984, informed me of the existence of this text, dating it to the fourteenth century and saying that it came from a binding. Others who saw the leaves suggest that they might be of early fifteenth-century date.

[45] A thorough and lengthy search was made for the leaves in the summer of 2012, but it was unsuccessful. I would like to thank Jane Martindale, Sandy Heslop, John Mitchell, Peter Kidd and Michael Michael for all their help in providing information and in trying to find this litany.

LXXIV   Oxford, Bodleian Library lat.liturg.g.8, fols. 1r–8r
         Calendar, Litany and Office of the Dead   c. 1430

This is now a fragment from an illuminated French Psalter of c. 1300 which was intact at the time of the Sotheby sale in 1961 but which was split into two parts by the time the Bodleian Library acquired in 1964 the section of the book added in England c. 1430. The texts added to the French Psalter were probably written at Wymondham, a cell of St Albans, because the dedication of its church is in the calendar on March 30th. There were sections added before and after the Psalter. The first part (ff. i–xvii) contains material relating to penance, confession, computistica, and the calendar of Wymondham. The date 1430 occurs in an Easter Table on f. 8r amongst the computistica. The second added section (ff. 1–63) followed the Psalter and contains a litany with collects, the Office of the Dead, the Fifteen Oes, and ends with a long series of prayers (ff. 36v–62r). By the early sixteenth century the book had transferred to another St Albans cell, Tynemouth, because on f. 63v is a note of ownership *'Dompnus robertus blakeney huius libri est pocessor'*. Robert Blakeney was the last prior (1536–39), but his name suggests that he came from Norfolk in which county Blakeney is situated, and he may have formerly been a monk at Wymondham and brought the Psalter from there to Tynemouth. This litany, whose first page is lacking, is identical to the almost contemporary text in Gough liturg.18, except that it does give Amphibalus a double invocation and lacks Anne and Ursula.

Bibliography: Sotheby 11th April 1961, lot 123; Anon. 1964, 165; Ker 1964, pp. 191, 311; Pfaff 1970, p. 23; Pächt and Alexander 1973, p. 81, no. 934; Boffey and Edwards 2005, p. 103, no. 1502; Luxford 2013, p. 207.

LXXV   London, British Library C.110.a.27 (pr.bk), unfoliated and unpaginated
        Breviary   c. 1526–35

Only the printed Breviaries of Abingdon and St Albans have survived from the English Benedictine houses. Fortunately the St Albans copy was printed by John Herford's press at the abbey just a few years before it was dissolved in 1539, and is the latest in date surviving of any service book of the English medieval monastic church. It has no title page but begins with the rubric for the beginning of Advent, *De adventu. Primo sciendum*, at the beginning of the temporal. The litany follows the Athanasian Creed at the end of the canticles after the liturgical Psalter. Its text is identical to that in Bodleian Gough liturg.18, and contains Anne and Ursula among the virgins. Amphibalus has a double invocation, confirming that this is a standard feature, even though some earlier texts lack it.

Bibliography: Brady 1963, pp. 20, 39 *et passim*; Gneuss 1968, p. 250; Knowles 1971, p. 26; Hartzell 1975, pp. 23–4, 34–6, 49–50, 52–7; STC, p. 70, no. 15793.5; Turner and Stockdale 1980, pp. 47, 49, 106, no. 37, fig. 29; Roper 1993. pp. 104, 110, 172, 239, 240, 249, 253, 291, 306 (siglum Lbl C.110.a.27); Clark 2004, p. 87.

Shaftesbury, Benedictine Abbey of the Blessed Virgin Mary and St Edward the Martyr (nunnery)

LXXVI   London, British Library Lansdowne 383, fols. 146v–149v
            Psalter   c. 1130–40

This famous and much discussed Psalter was probably made for the lay woman who kneels before the Virgin and Child in a full-page miniature preceding a prayer to the Virgin which follows the Psalter. Her elegant dress could hardly have ever been worn by any of the nuns of Shaftesbury. It has been argued that she may be Adeliza of Louvain, daughter of Godfrey of Louvain, count of Brabant, the second wife of Henry I, whom she married in 1121, and that this Psalter was made for her after the king's death in 1135. The reason for attributing the book to her patronage is the unusual inclusion of a prayer to St Lambert, a saint much venerated in the territory ruled by her father.[46] Also, several of her ancestors, the counts of Brabant, bore the name Lambert. The calendar of the book deviates somewhat from that which would have been used at the nunnery of Shaftesbury, although the litany seems to be an almost unaltered text. It is an exactly analogous situation to the Imola Psalter for Amesbury and the Hildesheim Psalter for St Albans, all being books made for women outside of the monastic community. In regard to the litany it should be stressed that the only other litany text of Shaftesbury to survive dates from four hundred years later, and such differences as there are between the two texts could be explained either as the result of changes introduced during those four hundred years, or alternatively that the twelfth-century text was a slight adaptation of the Shaftesbury litany. The occurrence of extremely unusual petitions, and the order of the petitions, is however very close, and it can be claimed with some confidence that the Lansdowne Psalter's text does quite accurately represent the litany of Shaftesbury in the twelfth century. Its characteristics are: Edward the Martyr, placed in capitals after Stephen at the head of the martyrs; Savinian and Potentian after Edmund high up among the martyrs; Simeon Stylites at the end of the confessors;[47] Elviva (Ælfgifu) at the end of the virgins. The relics of Edward the Martyr and Ælfgifu were at Shaftesbury.[48] She was reputed to be the foundress of the abbey and was the wife of Edmund, king of Wessex (921–46). After his murder in 979 King Edward the Martyr was first buried at Wareham but translated to Shaftesbury in 980.[49] The reason for emphasising Savinian and Potentian, whose relics were at Sens, is unclear, although they are also in some English Cluniac litanies. Apart from the saints, the Shaftesbury litany is characterised by several unusual 'Ut' petitions which will be discussed in Volume III, and of course it contains the essential petition for the abbess 'Ut abbatissam nostram'.

Bibliography: Stanton 1887, p. 678 (calendar no. 72); Haseloff 1938, pp. 8–12, 100–101; Tolhurst 1942, p. 241 (siglum SH); Pächt, Dodwell and Wormald 1960, pp. 52 n. 1, 163, 170, 200; Ker 1964, p. 177; Turner 1966, p. 8; Pfaff 1970, p. 25; Wormald 1973, pp. 18, 72, 99; Kauffmann 1975, pp. 78, 82–4, 86, 91, 106, 117, no. 48 (for other bibliography up to 1975), figs 131–4, col. pl. on p. 29; Watson 1979, p. 148, pl. 97; Morgan 1981, p. 156;

---

[46] Kauffmann 2003, pp. 140–44, argues in detail for Adeliza as owner of the Psalter.

[47] There is no Simeon in the sixteenth-century Shaftesbury calendar, although he is still in the litany. It is probably Simeon Stylites (Jan. 5th) who is in the calendar of Lansdowne 383.

[48] On cults at Shaftesbury see Smith 1991 and Smith 1999, pp. 298, 305, 312–13.

[49] On Edward the Martyr see Fell 1971, Fell 1978, Ridyard 1988, pp. 154–71, Smith 1999, Yorke 1999 and Blair 2002, p. 529.

Oakeshott 1981, 99–100, figs. 129, 177, 179a, b, 180b; Thomson 1982, pp. 34, 125, no. 85, figs. 122–3; *English Romanesque Art 1066–1200* 1984, p. 99, no. 25; Smith 1991, p. 6; Bell 1995, p. 166; Dean and Boulton 1999, p. 304, no. 549; Morgan 1999, pp. 126, 127, 133, 134–5, pls. 7, 10; Smith 1999, pp. 312–3; Kaufmann 2001; Kauffmann 2003, pp. 118–36, 156, 157, 191, 228; Büttner 2004, pp. 42, 43, 45, 57 n. 54, 71, Thomson 2006, pp. 38, 80; Pfaff 2009, pp. 345, 542, 543; McKendrick, Lowden and Doyle 2011, pp. 116–7, no. 11; Vincent 2013, pp. 87–8.

LXXVII   Cambridge, Fitzwilliam Museum 2–1957, fols. 58r–62r
         Book of Hours   c. 1505–28

Four hundred years after the previous litany another Shaftesbury text of assured provenance has survived. This Book of Hours was made for Elizabeth Shelford, abbess of Shaftesbury 1505–28, and has a calendar and litany of the abbey.[50] The text contents are: calendar, the Office of Prime for the year, Hours of the Virgin with interpolated Hours of the Cross, the Penitential Psalms, Litany, Office of the Dead and Commendation of the Soul. At the end there is an inscription recording the later ownership of the nun Alice Champeneys, of whom there is a record of her still being alive in 1553. In the section of the Office of Prime there are antiphons for special feast days including saints specially venerated at Shaftesbury: Edward the Martyr, Elgiva, Edith, Savinian and Austroberta. The book is decorated with ornamental initials with foliage and flowers, many containing the monogram E S intertwined with an abbatial staff, referring to Elizabeth Shelford for whom the book was made. Her rebus and the arms of the abbey of Shaftesbury are also found in the book. The litany text has all the special Shaftesbury features described for Lansdowne 383 with the saints in almost the same order, and the same order and unusual items in the petitions. Several saints are now included which were not in the earlier text, most of them because they were canonised, or their cult introduced, after the middle of the twelfth century, the latest date for the Lansdowne Psalter. These are: among the martyrs, Hippolytus, Kenelm, George, Quentin, Blaise, Thomas of Canterbury and Erasmus; among the confessors, Julian, Leonard, Edmund of Abingdon, Wulfstan, Brithelm, Anthony the Abbot and Osmund; among the virgins, Edburga, Frideswide, Dorothy and Winifred. The petitions are identical in order and text except for minor differences in wording, save for the omission of *'Ut miserias pauperum et captivorum intueri et relevari digneris te rogamus'*. The identity of Brithelm (Beorhthelm) is a great problem. It seems that the tomb of this man, perhaps a West Saxon bishop, was at Shaftesbury as described in an instruction in the Office of the Commendation of the Soul in this Book of Hours: *'In die animarum post missam eat processio ad tumbam sancti brithelmi ... In die sancti brithelmi post missam eat processio ad tumbam'*. The *'die sancti brithelmi'*, however, is not recorded in the calendar. A famous man of this name is Brithelm, bishop of Wells (d. 974), but his tomb is in Wells Cathedral, so he cannot be the Shaftesbury Brithelm.[51]

Bibliography: Wright and Halliwell, 1845, II, p. 117; Stanton 1887, pp. 124, 677 (calendar no. 61); Ker 1964, p. 177; Pfaff 1970, p. 108; Wormald 1973, p. 108; Morgan 1981, pp. 156, 166 n. 57; Smith 1991. p. 6; Wormald and Giles 1982, pp. 516–21; Bell 1995, pp. 163–4;

---

[50] A very detailed description of the manuscript is in Wormald and Giles 1982.
[51] On this tomb see Robinson 1913–14, pp. 95, 99, 103, 104, 105. For bishops with the name Beorhthelm see Keynes 2002, Table XLIX. Those from the south and west of England relatively close to Shaftesbury were bishops of Selsey, Wells and Winchester, of which the Wells one can probably be excluded.

Smith 1999, pp. 312–3; Blair 2002b, p. 516; Luxford 2005, pp. 5, 25, 70, pl. 1; Scott-Stokes 2006, pp. 21, 156; Pfaff 2009, pp. 542–4.

Sheen, Charterhouse of Jesus of Bethlehem

LXXVIII Oxford, Bodleian Library lat.liturg.e.21, fols. 176v–178r
      Litany   c. 1425–50

The attribution of litanies to individual Charterhouses is a major problem. Some monks transferred between monasteries and so ownership of a book at a particular place is no proof that it was originally destined for that house, or made there. The problem is compounded by the almost identical texts of all English Carthusian litanies, and an overall assessment of the very few differences there are between them will be in the General Introduction in Volume III. Although in these editions both nos. LXXVIII and LXXIX have been attributed to Sheen, and no. XCVII to Witham, there is some doubt as to which of these houses was the original owner of the manuscript, or for which place these litanies were originally written. It would perhaps have been better to put all three under the category 'Sheen or Witham'. These two Charterhouses were both royal foundations, Witham founded in 1178 by Henry II, and Sheen in 1414 by Henry V. This manuscript was certainly at Sheen in the late fifteenth or early sixteenth century when f. 180r–v has a list of the psalms and antiphons for Lauds in the hand of William Darker (d. 1512), a monk of Sheen.[52] The main part of the book, a liturgical Psalter with calendar, canticles, monastic canticles, hymnal and Office of the Dead, dates from the middle years of the fourteenth century, and was made in France for Carthusian use. It must have reached England by the early fifteenth century when the feasts of Edward the Martyr (Mar. 18th), Alban (June 22nd), Etheldreda (June 23rd), Swithun (July 5th), Anne (July 26th) and Edward the Confessor (October 13th) were added to the French calendar of which only March to October survives. Two different scribes, possibly earlier in the late fourteenth century, but perhaps near contemporary with the other additions, added Dunstan (May 19th), Augustine of Canterbury (May 26th), Translation of Thomas of Canterbury (July 7th) and Swithun (July 15th). If these additions were made at Sheen they would have to be after its foundation in 1414. From f. 171v, following the Office of the Dead by the scribe of the Psalter, there is a change of hand, beginning with the writing of the Athanasian Creed. This seems to be by a scribe of the early fifteenth century who writes out a litany on ff. 173v–175r which has been much corrected by a scribe some years later, perhaps c. 1425–50. Then follows a second litany on ff. 176v–178r, perhaps by one of the correcting hands of the first litany, and it is this litany which is printed here, A possible implication is that the first litany, before correction, was of the London Charterhouse founded in 1371, and that the book passed to Sheen at some time shortly after its foundation in 1414, when the first litany was extensively corrected and a fair copy second litany was written out. Jerome, among the confessors, is placed after Augustine as in the litany of no. XCVII which has been attributed to Witham. One English saint, Edmund of Abingdon, is among the confessors in this and all English Carthusian litanies, but as his relics were in the Cistercian abbey of Pontigny in France it is very likely he entered the Carthusian litany via Cistercian influence rather than him being considered an addition for English houses. The only other English saint included is Edward the Confessor, who is also in nos. LXXIX and XCVII. The reason

[52] Parkes 2008, pp. 123, 124, and Doyle 2011, p. 201.

for his inclusion seems very likely to be because both Sheen and Witham were founded by English kings, and Edward, enshrined in the royal abbey of Westminster, is the principal saint to whom the English kings were devoted. At the time of the foundation of Witham by Henry II in 1178, it was only fifteen years after the canonisation of Edward and his translation at Westminster Abbey in the presence of the king in 1163. Similarly Henry V, founder of Sheen, had strong devotion to Edward the Confessor.[53] The specifically Carthusian features are Hugh of Grenoble and Hugh of Lincoln, signified by the double invocation for Hugh among the confessors, and Blandina among the virgins.[54]

Bibliography: van Dijk 1951, II, p. 100; Pächt and Alexander 1966, p. 46, no. 595; Korhammer 1976, p. 35; Biggs 1997, p. xxiv n. 11; Parkes 2008, pp. 123, 124; Pfaff 2009, p. 270; Doyle 2011, p. 201.

| LXXIX | Lincoln, Cathedral Library 64, fols. 64v–66r | |
| | Collectar, Offices for the Sick and Dead, and Litany | c. 1500–12 |

The texts in this Carthusian manuscript are a Collectar, Offices for the Sick and Dead including a litany specifically associated with those offices, a directory for the principal feast days, offices for benefactors and for the reception of a cardinal legate, and finally a litany of standard Carthusian type added in the early sixteenth century whose text is presented here. The decoration consists of simple red and blue initials. Among the benefactors in the offices relating to them is mentioned Cardinal Talleyrand de Périgord who had the prebendary of Thame in Lincoln Cathedral. The main text, which can perhaps be dated to the second half of the fifteenth century, was once attributed to the Charterhouse of Axholme in Lincolnshire, presumably because of the named benefactor, Cardinal Talleyrand de Périgord, being associated with Lincoln Cathedral. The Collectar has the collect for Edward the Confessor which seems to be a characteristic of the royal foundation of Sheen, so the Axholme attribution has been rejected. Subsequently an ownership note of John Bromley, a monk of Sheen in the 1530s, and also a hymn for the vigil of Christmas added on f. 3v by the Sheen monk William Darker (d. 1512), shows that it must have been at Sheen by the early sixteenth century when the litany which is printed here was added at the end. The first litany on ff. 26v–29v, part of the original content of the book, is a special text for the Visitation of the Sick and Dying with special petitions appropriate to that office.[55] The other litany was added in the early sixteenth century after the text of the offices for benefactors. Its text is identical to no. LXXVIII except for the position of Jerome among the confessors, one of the few differences between the litanies of the English Carthusians, and also Bruno, canonised in 1514, in the original hand among the confessors. It seems that Bruno was in some Carthusian litanies before his canonisation, and as this book has added text by William Darker its writing out must antedate 1512. Possibly there was some revision of the Carthusian litany during the

---

[53] Taylor and Roskell 1975, pp. 106–7, 152–3. The latter reference relates to the special memorials for saints Edward the Confessor, John the Baptist and George to be made in the king's chapel daily after Compline.

[54] Her inclusion is because her cult was centred on Lyons and that rite influenced the formation of the liturgy at the Grande Chartreuse at Grenoble which contains many of the unusual features of the rite of Lyons, for which see King 1955, 16–17. Although in the litanies, Blandina does not occur in English Carthusian calendars.

[55] A single page fragment of a similar Carthusian litany for the sick and dead is Bodleian Rawlinson D. 894, f. 14r–v.

second half of the fifteenth century in which Jerome was removed to a higher position among the confessors, placed after Gregory.[56]

Bibliography: Frere 1898–1932, II, p. 16, no. 591; Ker 1964, pp. 178, 304; Thomson 1989, pp. 45–6; Biggs 1997, p. xxiv n. 11; Luxford 2008, pp. 259–60; Parkes 2008, p. 123; Pfaff 2009, p. 267; Doyle 2011, p. 201.

Shrewsbury, Benedictine Abbey of St Peter and St Paul

LXXX   York, Cathedral Library XVI.O.19, fols. 92v–95v
            Psalter and Hymnal   c. 1250–75

This Psalter lacks a calendar but is followed by the canticles ending with the Athanasian Creed, after which follows the litany, a hymnal and the monastic canticles. At the end there is a hymn for St Winifred. The psalms of the liturgical divisions have large red and blue ornamental initials with penflourishing. The evidence for the litany text being of Shrewsbury use is firstly the double invocation for Peter, the dedicatory saint of the abbey, and secondly the placing of Winifred, whose relics were there, after Mary Magdalene and Anne at the head of the virgins. The hymn for Winifred in the hymnal supports the destination of the book as Shrewsbury. The placing of Martin with a double invocation at the head of the confessors is explained by the first monks at its foundation in 1083 coming from Sées Abbey in Normandy which was dedicated to St Martin.[57] The founder of Shrewsbury, Roger de Montgomery, had also re-established Sées Abbey in Normandy in 1060, the former monastery having fallen into oblivion after its destruction by the Vikings in the ninth century.[58] No calendar survives, but a Shrewsbury relic list of the mid-twelfth century added to a late eleventh-century Gospel Lectionary, Cambridge, Fitzwilliam Museum 88–1972, enables the identification of another special saint associated with the abbey.[59] This is the obscure Eleri, abbot of Gwytherin, whose body was at Shrewsbury, as the relic list records after Winifred, and who is among the confessors in the litany.[60] Other saints in the litany of whom Shrewsbury had relics are Edmund the Martyr, Ethelwold, Birinus, Milburga and Edith. Unfortunately the relic list does not contain the many other very unusual saints in this very interesting litany. Perhaps some, such as Vigor of Bayeux, can be explained by the litany of Sées which may have formed the basis of the Shrewsbury litany.[61] Relatively unusual British saints are: Fremund (written as Formund) among the martyrs;[62] Chad, Oswald and Aldhelm among the confes-

---

[56] Jerome is after Gregory in the early printed Carthusian Breviaries, as in Cambridge University Library, Norton e. 40, of 1506, and Rit.d.252.1, of 1521.

[57] On the cult and life of Winifred see de Smedt 1887, Wade-Evans 1944, pp. 288–309, Henken 1987, pp. 141–51, Winward 1999, Pepin and Feiss 2007, Scully 2007, Gregory 2012, Thacker 2013a and Wade-Evans and Lloyd 2013.

[58] The original abbey which had been destroyed by the Vikings was also dedicated to Martin.

[59] Wormald and Giles 1982, p. 569, print the complete text. As the list begins with Winifred the text must date from after 1138 when her relics were translated to Shrewsbury. On this manuscript see also Morgan and Panayotova 2013, no. 82. On relic cults at Shrewsbury in general see Thomas 1974, pp. 224–9.

[60] The literature on Welsh saints has rather neglected Eleri, but see Baring-Gould and Fisher 1907–13, II, pp. 428–30, for the fullest account of him. A 'Helerus' has been added to the calendar of the Augustinian canons on Launceston on Nov. 6th, who might possibly be Eleri of Gwytherin: Wormald 1938a, pp. 9, 20, and Orme 2000, p. 141. Unfortunately no calendar of Shrewsbury survives to provide evidence of the date of his feast day there.

[61] As yet I have not been able to track down any litany of Sées.

[62] On Fremund see Wood 1893 and Townsend 1994c.

sors; Modwenna, Werburga and Edburga (of Pershore or Winchester?) among the virgins. The Mello, high up among the confessors, is presumably Mellonius of Rouen, and Berta among the virgins is probably Austroberta of Pavilly. There remain saints which as yet cannot be identified: Geminus at the end of the martyrs, Lordonus among the confessors, and Moderana among the virgins.[63]

Bibliography: Frere 1898–1932, II, 4, no. 555; Gneuss 1968, pp. 80 n. 10, 250; Korhammer 1976, p. 23; Ker and Piper 1992, pp. 761–2.

Thetford, Cluniac Priory of the Blessed Virgin Mary

LXXXI   New Haven, Beinecke Library, Yale University 417, fols. 120v–123r
         Psalter   c. 1330–35

Since its first appearance in a private collection in Australia which was sold at Sotheby's in 1969, this finely illuminated Psalter has been attributed to the East Anglian Cluniac house of either Castle Acre or Thetford. The reason for locating the Cluniac house in East Anglia is because the illumination is related to manuscripts of provenance in this region such as the Ormesby, Gorleston, Douai and Macclesfield Psalters.[64] The book is decorated with historiated initials at the liturgical divisions of the psalms with these pages also having large full borders containing grotesques, birds and human figures. On f. 7r there is a kneeling monk in black habit holding a scroll *'Ave Maria gracia'*. Analysis of the calendar by Lucy Sandler has argued persuasively for Thetford rather than Castle Acre as the intended destination of the manuscript. The litany provides additional arguments to support her conclusion. The Cluniac priory of Bromholm in Norfolk was founded from Castle Acre, and one would expect its litany to be very close to its mother house. The Bromholm litany (no. X), close in date to that in the Yale Psalter, differs from it in many respects, and for that reason an attribution to Castle Acre has definitely been rejected. Other than the three priories mentioned, the only other Cluniac houses in Norfolk and Suffolk, that is Mendham and Wangford, only had about four monks and were very small institutions compared with the other three, and it is very unlikely that they would have possessed such a luxury Psalter. The Cluniac characteristics are: Pancras high up among the martyrs; Austremonius, Marinus, Marcellus of Châlon-sur-Sâone in the martyrs;[65] Aquilinus, Florus, Philibert, Odo, Maiolus, Odilo, Hugh of Cluny and Gerald of Aurillac among the confessors; Cirilla, Milburga, Florencia and Consortia among the virgins. The saints with cults in England included are: Thomas of Canterbury, Edmund, Olaf and Alban among the martyrs; Augustine of Canterbury, Dunstan, Cuthbert and Edmund of Abingdon among the confessors; Etheldreda among the virgins.[66] Of these only Olaf calls for comment. He is also in the calendar, as is the apostle to East Anglia, Felix of Dunwich, but Felix is not in the litany. There seems to have been a significant cult of Olaf

---

[63] It would be convenient if Lordonus could be considered as a mistranscription of Frontonus who is in the Shrewsbury relic list. The relics of this saint, otherwise unknown in England, were at Périgueux.
[64] The recent discovery of the Macclesfield Psalter (Cambridge, Fitzwilliam Museum 1–2005) has resulted in much discussion of this group of manuscripts as in Michael 2007, Panayotova 2008, Dennison 2008/9. For the Ormesby, Gorleston and Douai Psalters see Sandler 1986, nos. 43, 50, 105.
[65] This is the second Marcellus listed, the first being Marcellus the pope.
[66] On relic cults at Thetford in general see Thomas 1974, pp. 244–5.

in East Anglia which has yet to be defined.[67] As discussed in the notes on the two unidentified Cluniac litanies (nos. CVIII, CIX) it is likely that the Cluniac priory of Bermondsey in London also had an interest in Olaf, so there may have been channels other than local by which his cult was introduced at Thetford.

Bibliography: Sinclair 1969, pp. 257–8; Sotheby July 9th 1969 lot 44; *Art at Auction* 1969, pp. 288–9; Lasko and Morgan 1973, p. 23; Cahn and Marrow 1978, pp. 201–2, no. 28, pl. 11; Sandler 1986, p. 121, no. 108, figs, 279, 281 (for other bibliography up to 1986); Shailor 1987, pp. 331–3; Michael 2007, pp. 117, 120, 124, fig. 12; Panayotova 2008, p. 28; Dennison 2008/9, p. 271.

Westminster, Benedictine Abbey of St Peter

LXXXII   London, British Library Royal 2 A.XXII, fols. 181r–184r
       Psalter   c. 1200

The first litany of Westminster Abbey is in the famous illuminated psalter known as the Westminster Psalter, whose ownership by the abbey is well attested. It contains a calendar and litany of the abbey and has been identified in the 1388 inventory of books. Before the Psalter are five full-page illuminated miniatures of the Annunciation, Visitation, the Virgin and Child, Christ in Majesty and King David, by an artist of exceptional quality whose style is very close to the latest artists of the Winchester Bible (Winchester, Cathedral Library). There are ornamental illuminated initials to the psalms of the liturgical divisions. The book was evidently made shortly after 1200 when Abbot Ralph of Arundel introduced new gradings of certain feasts, and these are included in the calendar. The special characteristics of the litany are: Edward the Confessor, whose shrine was at the abbey, with a double invocation heads the confessors, which also include Ethelwold, and with the addition of Wlsinus later in the thirteenth century; Honorina, Mildred and Ethelburga among the virgins.[68] The writing of Gregory in the confessors in capitals is inexplicable. Although Botulph is in several other monastic litanies, it is probably significant that he is at the end of the confessors because he had an established cult in London.[69] Wlsinus was added to this Westminster litany because he was abbot of Westminster before becoming bishop of Sherborne where his shrine was. The Ethelwold among the confessors is very probably Ethelwald of Lindisfarne, whose relics were given to Westminster by King Edgar, and not the more famous Ethelwold of Winchester. In the calendar of Westminster a Bishop Ethelwold is commemorated on April 21st and not on the feast days in August of Ethelwold of Winchester.[70] Ethelburga would be

---

[67] There were two churches dedicated to Olaf in Norwich, as also was the Augustinian priory of Herringfleet in Suffolk. A Psalter belonging to the Benedictine nunnery of Carrow on the outskirts of Norwich contains scenes of the life of Olaf, on which see Morgan 1988, pp. 88–9, no. 118, fig. 105.

[68] On relic cults at Westminster in general see Wormald 1946, pp. 58–62, and Thomas 1974, pp. 295–312. On Edward the Confessor see Scholz 1961, Barlow 1970, Folz 1984, pp. 91–101, and Barlow 1992. On Wlsinus (Wulfsige) see Talbot 1969, Grosjean 1960, Blair 2002, p. 562, Keynes 2005 and Love 2005.

[69] It should perhaps be noted that a full study of the cult of Botolph in England is very much needed. His absence from the secular calendar of Sarum, adopted by most of the province of Canterbury by the first half of the fourteenth century, should not obscure the fact that his cult in England throughout the Middle Ages was widespread, and he is a frequent diocesan supplement to Sarum in many dioceses.

[70] Wormald 1946, p. 59. There must have been some confusion as to who this Ethelwald was because April 21st is the feast day of Ethelwald, a recluse of Farne: Rushforth 2008, Table IV, calendar no. 1.

expected because her shrine was at the Benedictine nunnery of Barking near London. Hono-rina, a saint highly venerated at Bec, seems to have entered some English monastic calendars and litanies at the time of Lanfranc's post-Conquest reforms. Mildred's main relics were at St Augustine's Canterbury, and might be explained by the customs of Westminster deriving from those of St Augustine's.

Bibliography: Stanton 1887, pp. 181, 677 (calendar no. 54); Wickham Legg 1891–96, III, cols. 1385–1398; Warner and Gilson 1921, pp. 36–8; Haseloff 1938, pp. 8–12, 100–101; Tolhurst 1942, pp. 48, 49, 241 (siglum WE1); Wormald 1946a, pp. 57, 63–74; Ker 1964, p. 196; Watson 1979, p. 149, pl. 103; Morgan 1982, pp. 12, 16, 26, 27, 30, 32, 49–51, 53, 76, 95, 97, 132, no. 2 (for other bibliography up to 1982), figs. 8–13; Thomson 1982, pp. 61, 126, 140 n. 74, no. 90, fig. 225; *English Romanesque Art 1066–1200* 1984, p. 131, no. 82; Morgan 1988, pp. 10, 21, 22–3, 49–50, 51, 60, 63, 64, 69–70, 74, 77, 82, 89, 96, 104, 116, 177, 178, 186, no. 95 (for other bibliography up to 1988), figs. 1–5; Morgan 2004, pp. 309, 313, 321; Parkes 2008, p. 135; Pfaff 2009, pp. 229, 230–32, 333; McKendrick, Lowden and Doyle 2011, pp. 118–21, no. 12, Vincent 2013, p. 90.

LXXXIII Oxford, Bodleian Library Rawl. liturg.g.10, fols. 7r–11v
Litany, Office of the Dead and Breviary Offices   c. 1475–1500

This very small book contains a calendar, litany and Office of the Dead of Westminster Abbey, various offices for saints, prayers for prime and compline, and graces. Among the offices for the saints are those for Edward the Confessor, whose relics were at Westminster, and for Peter to whom the abbey was dedicated. The book is very simply decorated with red and blue small initials. The litany follows directly after the calendar, but seems originally to have followed the Penitential Psalms which are no longer in the text. The reason for this is that the antiphon associated with these psalms, *Ne reminiscaris*, is at the top of the page on which the litany begins. The text of the book up to f. 56r, excepting the calendar, is by a single scribe, but from the bottom of that page three or four other scribes complete the remaining sections of the text. Nearly three hundred years later than the only other surviving Westminster litany, its text in the order of saints and petitions is identical to that of c. 1200 save for four saints whose cults were only introduced widely in England in the fifteenth century: David and Chad among the confessors, and Brigid and Ursula among the virgins. It is not absolutely clear whether it is Brigid of Kildare or Brigid of Sweden who is intended, and this issue of the two Brigids will be discussed in the catalogue of saints in Volume III.

Bibliography: Wickham Legg 1891–96, III, p. xiii, cols. 1303–1384; Madan 1895–1953, III, no, 15832, p. 512; Frere 1898–1932, I, p. 45, no. 127; Tolhurst 1942, pp. 3, 48, 49, 51, 52, 76, 95–8, 101, 104, 165, 241 (siglum WE); Wormald 1946a, pp. 57, 63–74; van Dijk 1951, II, p. 347; Ker 1964, p. 196; Pfaff 1970, p. 107; Korhammer 1976, p. 240; Roper 1993, pp. 123, 240, 251, 252, 253, 291, 315–6 (siglum Ob g.10); Pfaff 2009, pp. 229, 230.

Whitby, Benedictine Abbey of St Peter and St Hilda

LXXXIV   This item is deleted

A Psalter fragment of 28 folios of c. 1275 with a possible litany of Whitby first appeared in a Leighton sale in 1912, and then in a Sotheby sale in 1937, and until recently was assumed to have been dismembered and untraceable. In 2006 it emerged still intact, and was purchased that year by the Houghton Library of Harvard University with the shelfmark Lat. 394. On the final leaf at the end of the litany is written in a post-medieval archaicising hand *'Abbatia de Whitby in Com. Ebor.'*, which of course cannot be relied upon as any certain proof of Whitby ownership. The litany on ff. 25r–28r on examination has turned out to be a secular text of the use of York and in no way connected with Whitby.

Wilton, Benedictine Abbey of the Blessed Virgin Mary and St Edith (nunnery)

LXXXV   London, Royal College of Physicians 409, fols. 204v–206v
       Psalter   c. 1245–55

This is a luxury illuminated Psalter whose artist is the famous so-called 'Sarum Master' who decorated a Psalter for Amesbury, a Missal for Henry of Chichester, a canon of Exeter, and a Bible for Thomas de la Wile, master of the schools in Salisbury.[71] The Bible is dated 1254 by a colophon. The Missal calendar contains the feast of Edmund of Abingdon who was canonised in 1246 which helps in the dating of this group of books – however, that feast is added in the calendar of the Wilton Psalter and is not in the litany, suggesting the possibility that it might date from the 1240s. The Amesbury Psalter and the Missal have calendars of the use of Sarum with a few additions, and in view of all these books being made either for patrons in the vicinity of Salisbury, or in the case of the Missal it being of the use of Salisbury, it has been suggested that this illuminator and the scribes of these books were working in Salisbury itself.[72] The Wilton Psalter has large historiated initials to the psalm of the liturgical divisions, but some of these pages have been lost. All the other psalms have illuminated initials containing grotesques and animals as well as religious and lay people in prayer. Unusually, the canticles too have historiated initials, and in every respect it is a luxury book. It has both a calendar and litany, the latter definitely being of the use of the abbey, but the calendar is an adaptation and not a proper text of Wilton use.[73] After the litany there is the Commendation of the Soul and Office of the Dead of monastic use, perhaps of Wilton, followed by the burial rite. The litany follows the last of the canticles, *Nunc dimittis*, which are placed at the end of the Psalter text. The unusual saints in this litany are: the high placing of Edward the Martyr among the martyrs;[74] Iwi, whose relics were at Wilton, is high among the confessors;[75] Contestor of Bayeux, exceptional in English litanies, is also at the end of the confessors; Anne is among the virgins in the original hand, and at a very early date for

[71] Hollaender 1943, in an important, seldom read article, was the first to recognise the close stylistic and provenance links between all of these manuscripts. For more recent discussion and bibliographies see Morgan 1988, pp. 55–63, nos. 99–102.
[72] The Missal of Henry of Chichester is the earliest surviving text of the Sarum Missal, although idiosyncratic in some aspects. Its text content and patron are admirably discussed in Pfaff 2009, pp. 357–63, 380–86, 393–5.
[73] It is likely that this Psalter, like the Imola Amesbury Psalter and the Hildesheim St Albans Psalter, may have been made for somebody outside of the abbey. A difference, though, is that the litany in the Wilton Psalter is very close to the proper Wilton text, as is evident when it is compared with that of fifty years later in no. LXXXVI. Its calendar, which is printed in full in Millar 1914–20, pp. 129–34, needs further study. Its connection with Wilton has to be assessed with regard to certain major feasts having been omitted, possibly with the intention of writing in a different colour, or in gold, but this was never done.
[74] On Edward the Martyr see Fell 1971, Fell 1978, Ridyard 1988, pp. 154–71, Yorke 1999 and Blair 2002, p. 529.
[75] On Iwi see Gougaud 1919/21, p. 275, Doble 1934, Wilmart 1938, pp. 273–4, Smith 1999, Orme 2000, pp. 148–9, and Blair 2002, p. 541.

her inclusion; Edith of Wilton whose relics were at the abbey, Edburga of Winchester, Ethelfleda and Radegund are among the virgins.[76] Of these saints Contestor of Bayeux has yet to be explained, but the rare Ethelfleda, whose relics were at Romsey Abbey, and Edburga of Winchester, are probably 'local' cults in regard to Wilton. As would be expected there is the petition for the abbess *'Ut abbatissam nostram'*, and also *'Ut congregationem sancte Marie sancteque Edithe'* specifically for the nuns of Wilton. Some of the other petitions are unusual: e.g. *'Ut lacrimas et compunctionem cordis'*, *'Ut spacium penitencie'*, *'Ut inimicis nostris caritatem largiri'*, and *'Ut vultum tuum gloriosum'*.

Bibliography: Millar 1914–20, pp. 128–49, pls. LIII–LIV; Nordenfalk 1939, p. 117; Hollaender 1943, pp. 231, 248–52, pl. XIV; Ker 1964, p. 198; Pfaff 1970, pp. 25, 123; Morgan 1981, pp. 157, 160 n. 8, 165 n. 53, 166 n. 61, 167 n. 65, 168 n. 88, 171 n. 114 (siglum WP); Morgan 1988, pp. 10, 13, 14, 54, 55–7, 60, 68, 74, 83, 89, 116, 138, 160, no. 99 (for other bibliography up to 1988), figs. 18, 19; Bell 1995, p. 214; Dean and Boulton 1999, p. 344, no. 629; Smith 1999, pp. 305, 306, 312 n. 96; McKitterick, Morgan, Short and Webber 2005, p. 26, fig. 17; Morgan 2004, pp. 310, 321; Pfaff 2009, p. 343.

LXXXVI   Oxford, Bodleian Library Rawl. G.23, fols. 171r–174v
          Litany   c. 1300–50

Some fifty or more years later a litany of Wilton was added, at the end of the book, to a modestly illuminated Psalter with canticles of c. 1270 containing a Dominican calendar, litany and the Office of the Virgin.[77] The book probably left Wilton later in the Middle Ages because it contains obits of Beatrice Bowman (1458) and Thomas Bowman (1462). There are historiated initials for the liturgical divisions of the Psalter, and the book presumably passed into ownership of Wilton Abbey in the first half of the fourteenth century when it became necessary to add the second litany. The text is identical to that in the c. 1250 Wilton Psalter except for the addition of recently canonised saints among the confessors, the omission of Fides, Spes, Karitas and Eugenia among the virgins, and the addition of Brigid. The confessors added are Edmund of Abingdon, Richard of Chichester, Francis and Dominic. It seems to be a characteristic of several nunneries to take up the two mendicant saints.[78] The unusual series of petitions is identical in text content and order to no. LXXXV, save for the omission of *'Ut nos exaudire digneris te rogamus'* at the end, probably a scribal error. In particular the text contains the petition for the community of Wilton: *'Ut congregationem sancte Marie sancteque Edithe'*.

Bibliography: Madan 1895–1953, III, no. 14756, pp. 344–5; Frere 1898–1932, I, 56, no. 160; Tolhurst 1942, pp. 135, 241 (siglum WL – wrongly cited as Rawl.liturg.g.23); Ker 1964, p. 198; van Dijk 1951, II, p. 38; Bell 1995, p. 214; Smith 1999, p. 306; Morgan 2004, pp. 309, 310, 321.

---

[76] On Edburga of Winchester see Braswell 1971, Ridyard 1988, pp. 96–139, 255–310, and Blair 2002, pp. 526–7. On Ethelfleda see Liveing 1906, pp. 17–27, 44–5, 52, 192, and Blair 2002, p. 507. On Edith of Wilton see Wilmart 1938, Ridyard 1988, pp. 140–54, Gosling 1990, Yorke 1998, Smith 1999 and Blair 2002, p. 528.

[77] Pfaff 2009 dates this added litany to the fifteenth century, but it seems to me much earlier, and it was dated to the fourteenth century by Madan.

[78] This issue will be discussed further in the commentaries on Dominic and Francis in Vol. III.

Winchcombe, Benedictine Abbey of St Kenelm

LXXXVII   Valenciennes, Bibliothèque municipale 116, fols. 25r–26r
           Breviary   c. 1130–50

This is the earliest English Breviary and contains a calendar and litany of Winchcombe. In addition to the Breviary text it contains a short section with the Canon of the Mass and votive masses. The text contents are discussed in some detail by Pfaff as an early example of this form of liturgical book. The only decoration is a drawing of the Crucifixion on f. 27r and a historiated initial of the Annunciation on a gold ground. Although another calendar of the abbey survives, this is the unique text of the litany.[79] The only unusual saints among the martyrs are Kenelm, whose relics were at Winchcombe, by far the highest placed of the English martyr saints, and an unidentified Innocentius.[80] The unusual saints among the confessors are: Autbert of Avranches, Ethelwold, Paternus (presumably of Avranches rather than Llanbadarn Fawr), Oswald of Worcester, Egwin, Aldhelm, Ansbert and Maiolus.[81] Unusual among the virgins are: Celumpna, Radegund, Mildred and Edburga. Celumpna is yet to be identified, but she is also in the Gloucester litany. She cannot be a mistranscription of Columba because she is two positions further down in the litany. The other problem is the identification of Edburga. In the region of Winchcombe she might well be Edburga of Pershore.[82] The petitions are all common ones. In the sanctoral of the Breviary the offices of Kenelm have the highest grade of twelve lessons.

Bibliography: Leroquais 1934, IV, pp. 283–5, no. 853; Tolhurst 1942, pp. 85–9, 91–2, 95–8, 101, 241 (siglum WN); Brady 1963, pp. 20 *et passim*; Ker 1964, p. 199; Morgan 1981, p. 157; Korhammer 1976, pp. 22, 52; Roper 1993, xxx, 102–3, 104, 121, 123, 239, 247–8, 291, 324 (siglum F-VAL 116); Morgan 1999, pp. 118, 123, 126; Pfaff 2009, pp. 173–6, 185–6, 225, 283.

Winchester, Benedictine Cathedral Priory of St Peter, St Paul and St Swithun

LXXXVIII   Oxford, Bodleian Library Auct. D.2.6, fols. 150v–153r
           Psalter   c. 1150

The first two Winchester litanies are problematic texts, but their strong Winchester elements have made it advisable to include them. Although they are both clearly derivative from a cathedral priory litany, they differ in including or omitting several entries, and both seem to have been made for people or institutions outside the monastic community. In this they

---

[79] This calendar is of the second quarter of the twelfth century, in British Library, Cotton Tiberius E.IV. Part of this text is metrical and those entries have been published in Lapidge 1984, pp. 366–9.
[80] On the cult of Kenelm see Hartland 1916, Bassett 1985, Thacker 1985, pp. 8–12, Love 1996, pp. lxxxix–cxxxix, 49–90, and Blair 2002, p. 524.
[81] On Paternus of Llanbadarn Fawr and Avranches see Doble 1940, Wade-Evans 1944, pp. 252–69, Henken 1987, pp. 121–7, Orme 2000, pp. 209–11, Thomas and Howlett 2003, and Wade-Evans and Lloyd 2013.
[82] The most famous of the Edburgas was the one at Winchester, but others are associated with Bicester near Oxford, Minster-in-Thanet in Kent, and Pershore in Worcestershire. The main article is on Edburga of Winchester: Braswell 1971. For the other Edburgas see Blair 2002b, pp. 525–7 with bibliographies. He also lists an Edburga whose relics were at Southwell. See also on Edburga cults Greening Lamborne 1934 (for Bicester) and Ridyard 1988, pp. 19–31, 96–139, 255–310.

are analogous to the St Albans Psalter in Hildesheim. This first text is the second of three separate manuscripts bound together at various dates: A (ff. 2v–8v), a calendar of St Albans, followed by an Easter Table for which a date c. 1140–58 has been proposed; B (ff. 9r–155v), a c. 1150 Psalter with canticles, Pater Noster, Credo, Gloria and Athanasian Creed, followed by a litany and prayers, for the Cathedral Priory of Winchester; C (ff. 156r–200v) the Meditations and Prayers of St Anselm.[83] The first two seem to have been bound together by the late twelfth century, and by the thirteenth century belonged to the Benedictine nunnery of Littlemore. Section C was bound with this book at a much later date. Sections A and C are illuminated with figure scenes, but the Winchester part only has ornamental illuminated initials for psalms 51, 101 and 109, with that for psalm 1 cut out. The style of the ornament has been compared with other mid-twelfth-century Winchester manuscripts.[84] The litany follows the Athanasian Creed at the end of the canticles and prayers after the Psalter. The accuracy of the compiler of this first Winchester text does not inspire confidence because he mistakenly places three confessors, Dunstan, Ethelwold and Alphege of Winchester, at the end of the martyrs, with these names all repeated in the list of confessors! From comparison with later proper Winchester Cathedral Priory litanies the saints characteristic of that house in this litany can be listed:[85] Justus of Beauvais among the martyrs; Birinus, Hedda, Swithun with double invocation, Brinstan (Beornstan), Alphege of Winchester, Ethelwold and Gaugericus among the confessors;[86] Austroberta and Edburga of Winchester among the virgins.[87] Frideswide, after Agnes, is rewritten in capitals, probably over Fides, suggesting a possible later destinee in the region of Oxford.[88] It was claimed that King Athelstan had given the head relic of Justus of Beauvais to the cathedral priory, and subsequently Bishop Henry of Blois donated a head reliquary for it in the twelfth century.[89] There are some very unusual petitions characteristic of this house such as *'Ut angelum tuum sanctum ad tutelam nobis mittere digneris'*. This text, alone among all Winchester litanies, has the petition for the local bishop *'Ut episcopum nostrum'*.

Bibliography: Madan 1895–1953, II pt 2, no. 3636, pp. 713–4; Tolhurst 1942, p. 241 (siglum WI1); van Dijk 1951, II, p. 11; Pächt 1956; Pächt, Dodwell and Wormald 1960, p. 158; Ker 1964, pp. 119, 168, 200; Pächt and Alexander 1973, pp. 14, 18, 19, nos. 117, 154, 169, pls. XI, XVI, XVIII; Wormald 1973, pp. 83, 123, fig. 75; Kauffmann 1975, pp. 78, 95, 101, 103–4, 105, 107, 109, nos. 71, 75 (for other bibliography up to 1975), figs. 203–4, 208–10; Morgan 1981, 135, 149; Oakeshott 1981, pp. 39, 131–2; Thomson 1982, pp. 28–31, 36–8,

---

[83] The book was given a new binding in 2010.

[84] Kauffmann 1975, pp. 104, 107, 109. One of these, a Psalter, Madrid, Biblioteca Nacional Vit. 23–8, contains a litany of unparalleled length which contains Winchester elements, but is in no way linked to either of the Winchester monasteries or even the Nunnaminster, the Benedictine nunnery there. The calendar of the Madrid Psalter, however, shows much closer links with that of the cathedral priory; on this see Buchthal 1957, p. 123. I would like to thank Peter Kidd for providing me with images of the Madrid Psalter calendar and litany.

[85] A reconstruction of the post-Conquest cathedral priory calendar, for which no good complete text survives, is given in Morgan 1981. That article discusses cults of saints in post-Conquest Winchester. See also on Winchester saints Thomas 1974, pp. 132–7, 187–96. For the lives and cults of Ethelwold and Swithun see Lapidge 2000 and Lapidge 2003. For the life and cult of Birinus see Love 1996, pp. xlix–lxxxviii, 1–48, Townsend 1994b and Field 1902. For Alphege of Winchester, Brinstan and Hedda see Blair 2002, pp. 504, 516–17, 537. On relic cults at Winchester in general see Thomas 1974, pp. 132–7.

[86] As yet I have not found an explanation for the cult of Gaugericus (Géry), a bishop of Cambrai, at Winchester. On his life see Anon. 1888 and Krusch 1890. I have not been able to find any literature on his cult.

[87] On Austroberta see Corrêa 1997.

[88] Fides is placed after Agnes in all the other cathedral priory litanies.

[89] Luard 1865, p. 10. On Justus of Beauvais see Coens 1956, Thomas 1974, pp. 135–6, and Blair 2002, p. 542.

41, 101, 138 n. 64, no. 40, figs. 100–14, 148; Watson 1984, p. 7, pl. 53; Bell 1995, pp. 147–8; Morgan 1999, p. 130, pl. 8; Kauffmann 2003, 143; Lapidge 2003, pp. 34, 53 n, 135 n; Hartzell 2006, p. 388, no. 241; Thomson 2006, pp. 69, 70.

LXXXIX   Oxford, Bodleian Library Auct. D.4.6, fols. 146v–148v
          Glossed Psalter   c. 1175–80

The second litany associated with the cathedral priory is further removed from a proper Winchester text than the first. It is contained in a Psalter with interlinear and marginal glosses by Gilbert de la Porrée (d. 1154), containing also the canticles, litany and prayers, and fine arabesque initials in blue, red and green at the psalms of the liturgical divisions.[90] It has been included for the very good reason that an incorrect provenance of this book has been wrongly claimed for over 125 years without anybody examining the information provided by the text of the litany. The litany not only contradicts the destination claimed for the book, but also its date. In the Palaeographical Society volume of 1884–94 it was noted that the book contained later texts relating to Reading Abbey in the fourteenth and fifteenth centuries on ff. 157v–58v. An initial inscribed by the scribe or artist *'Iohannes me fecit Rogerio'* led to the claim that this book was made for Abbot Roger (1158–64) and from henceforth it has always been cited as of Reading provenance and dated to the period of his abbacy. If its litany is compared with the Reading litany, no. LXIII, it will be found to be in no way similar to it either in its content of saints or petitions, except of course for saints and petitions common to almost all litanies. In the litany of Bodleian Auct. D.4.6, which follows the Athanasian Creed as the last of the canticles, there is an erasure of the fourth saint following the three English martyrs, Alban, Oswald and Edmund. There is little doubt that the erasure is of the English martyr commonly erased in litanies at the Reformation, namely Thomas of Canterbury.[91] The litany text, which seems to be by the main scribe of the whole book, must therefore be after 1173, and the connection of the book at the time of its making with Abbot Roger and Reading must inevitably be completely abandoned.[92] It certainly later reached Reading Abbey by the fourteenth century, but neither Abbot Roger nor his institution was its original destinee. The Winchester characteristics of its text are: Peter, the dedicatory saint of the cathedral, in capitals; Birinus, Hedda, Swithun, Brinstan (Beornstan), Ethelwold and Gaugericus among the martyrs; Edburga of Winchester among the virgins. These are all saints whose relics were at the cathedral priory, save for the rare Gaugericus, a bishop of Cambrai, whose Winchester association has not yet been determined. He is highly graded in the Winchester calendar in Cotton Vitellius E.XVIII and in the fragmentary 1424 Winchester Breviary, Oxford Bodleian Library Rawl. C.489.[93] The petitions are close in order to Auct.

[90] On f. 160v there is added a very fragmentary Office of the Dead which, as far as it goes, seems neither to be of Winchester nor of Reading use.

[91] Thomas of Canterbury is placed in this position, the last in the list of martyrs, in the Winchester cathedral priory litanies no. XCI of c. 1200, and no. XCII of c. 1400–25. No. LXXXVIII was produced long before 1173, so Thomas is not in, and no. XC, even though of the early thirteenth century, does not have him in.

[92] This calls into question the claim by Coates 1999, pp. xx, 53–4, 59, 153, that it is by the same scribe as some other Reading books. Particularly questionable is his comparison with Bodleian Rawl. A.416, which does not look to me to be in the same hand.

[93] Morgan 1981, p. 142 on August 11th. Gaugericus occurs once in the pre-1100 English litanies published by Michael Lapidge. He is in the exceedingly long litany in London, British Library Harley 2904: Lapidge 1991, no. XXIV, p. 206. Although this litany has slight connections with Winchester it is clearly not a proper Winchester text.

D.2.6 but a few have been omitted, notably the characteristic Winchester *'Ut angelum tuum sanctum'*. Also some which are in later Winchester litanies such as *'Ut inimicos sancte Dei ecclesie comprimere digneris te rogamus'* are in this litany but not in those in Auct. D.2.6. In comparing these two litanies it should be remembered that the evidence from other English Benedictine monasteries shows that during the twelfth century there was a revision of their litanies, and texts of this period are not so regular as those of the thirteenth to the fifteenth centuries. The differences between the texts of nos. LXXXVIII and LXXXIX are therefore complicated, not only as a result of them being made for people outside Winchester cathedral priory, but also that at the time they were made its litany was probably in flux.

Bibliography: Bond, Maunde Thompson and Warner 1884–94, 2nd Ser, II, pl. 132; Madan 1895–1953, II pt. 1, no. 1879, pp. 94–5; Hurry 1901, p. 115; van Dijk 1951, II, p. 12; Ker 1964, p. 156; Pächt and Alexander 1973, p. 19, no. 164, pl. XVI; Alexander 1978, pp. 93, 104, pl. 12d; Morgan 1981, 163 n. 25; de Hamel 1984, pp. 5, 20; de Hamel 1986, p. 79, pl. 78; Watson 1984, p. 8, pl. 64; Coates 1999, xx–xxi, 25, 48, 53–5, 59, 113, 142, 152–3, pl. 6; Sharpe *et al.* 1996, 406, 809 (B68.531), 422–3, 813 (B71.20).

XC   London, British Library Add. 61888, fols. 119r–121v, 117r–v
      Psalter   c. 1200

This early thirteenth-century Psalter contains a calendar only of the months of January, February and September to December; it is a 'simplified' text of that of Winchester Cathedral Priory, but has a relatively good text of its litany. The book is simply decorated with penflourish initials, although the KL's in the calendar are in gold. In the late thirteenth century it was in the hands of the Bottetourt family with 1291 and 1298 Bottetourt obits added at that time. This may suggest that the original manuscript was made for a lay person outside the cathedral priory. This, and the remaining two litanies (XCI, XCII), are very close in their texts in both the saints and the petitions, and there seems little doubt that all represent the authentic text of Winchester Cathedral Priory. It has the following characteristics: Peter with a double invocation among the apostles; Justus of Beauvais among the martyrs; Birinus with double invocation; Hedda, Swithun, Brinstan, Alphege of Winchester, Ethelwold with double invocation; Gaugericus and Grimbald among the confessors; Austraberta and Edburga of Winchester among the virgins. It contains the unusual Winchester petition *'Ut angelum tuum sanctum ad tutelam nobis mittere digneris'*.

Bibliography: Sotheby June 24th 1980 lot 71; Morgan 1981, pp. 135, 149; *Catalogue of Additions* 1995, pp. 305–6.

XCI   London, British Library Cotton Vitellius E.XVIII, fols. 141r–142v
Calendar and Litany   c. 1200

The main text of this book is a Gallican Psalter and canticles of c. 1050 with an interlinear Anglo-Saxon gloss. The original eleventh-century calendar is probably of the New Minster but was adapted to that of the cathedral priory c. 1200 at the same time as a litany was added, and that is a good text.[94] There is a problem of legibility of parts of the text because

---

[94] The adaptation of the calendar c. 1200, with some entries added later, is the nearest approach to a text of

the manuscript is extremely damaged at the edges as a result of the Cotton fire of 1731, but comparison with other litany texts of the priory helps to make a complete reading possible. This text is identical to no. XC save for the following: Peter is in capitals and does not have a double invocation; Laurence, Justus of Beauvais, Thomas of Canterbury (who is not in no. XC) are in capitals in the martyrs, and Blaise is added to the martyrs by a later hand; Benedict, Martin of Tours, Gregory, Birinus, Swithun and Ethelwold are in capitals among the confessors; Frithestan, Wulfstan and Edward the Confessor are new entries in the confessors, although all are interlinear additions later in the thirteenth century; Agatha and Katherine are in capitals among the virgins. This is the first text to include Frithestan, bishop of Winchester (d. c. 932) who is also in the fifteenth-century litany text (no. XCII).[95] The petitions are identical in order and wording to those in no. XC.

Bibliography: Wildhagen 1921; Wormald 1934, pp. 155–67, no. 12; Tolhurst 1942, p. 241 (siglum WI); Ker 1957, pp. 298–301; Rosier 1962; Ker 1964, pp. 103, 200, no. 224; Morgan 1981, 134, 135, 136–46, 149, 162 n. 15, 164 (siglum V); Wormald 1973, p. 123 (cited in error as Vitellius A.XVIII); Pulsiano 1995, pp. 64, 70, 71, 75, 77, 81–3; Pulsiano 2001, *passim*; Lapidge 2003, pp. 4, 27, 51 n, 53 n, 221 n.; Rushforth 2008, pp. 48–9, no. 23 (with full bibliography).

XCII   Cambridge, University Library Kk.6.39 (Litany I), fols. 34r–40r
            Prayer Book and Breviary Offices   c. 1410–25

This is the first litany in a Prayer Book which was made for Winchester Cathedral Priory but later passed to the nunnery of Amesbury where a litany of that house was added. The Amesbury litany is published in Volume I (no. VIII). The main part of the book contains the psalms for Prime (1, 2, 6–19), the Penitential Psalms, the Litany, Office of the Dead, Commendation of the Soul, Vespers Psalms, Commemorations of Saints and Prayers. Among the prayers to the saints are those for Birinus, Alphege of Winchester, Ethelwold, Hedda, Brinstan and Frithestan, all specially venerated at Winchester Cathedral Priory. The book has several large illuminated ornamental initials with large borders at the main divisions of the text, and a small miniature of the Instruments of the Passion for a prayer to the Cross on f. 125v. This final litany of the cathedral priory of the first quarter of the fifteenth century is over two hundred years later than no. XCI, by which time its litany must have long since settled down to a standard text. It is identical to no. XCI with the saints added in later hands in that litany now in the original hand, and with just a single new saint, Frideswide, who is placed at the end of the virgins. In this standard form of the litany text the following have double invocations: Peter, Benedict, Nicholas (to whom a double invocation was added in no. XCI), Birinus, Swithun and Ethelwold.

Bibliography: Hardwick and Luard 1856–67, III, p. 731; Frere 1898–1932, II, no. 798; Binski and Zutshi 2011, pp. 193–5, no. 207.

---

the cathedral priory calendar. On this see Morgan 1981, where a calendar text is reconstructed using other manuscripts.
[95] Blair 2002, p. 535, provides a short note on this very obscure saint.

Winchester, Benedictine Abbey of the Holy Trinity, the Blessed Virgin Mary and St Peter (The New Minster, Hyde Abbey)

XCIII   Vatican City, Biblioteca Apostolica Vaticana Ottob.lat.514, fols. 89r–91r
            Psalter   c. 1275–1300

Although it has been interesting to have litany texts for some religious houses spread over three or more hundred years, it is particularly satisfying for Hyde Abbey Winchester to have four texts within the hundred years from the late thirteenth to the late fourteenth century. They are almost identical and there is no doubt that they are all proper texts of the litany of the abbey. This manuscript is a Psalter, lacking a calendar, but with the litany of the original late thirteenth-century text being of Hyde Abbey, but in the fifteenth century an Office of the Dead, a second litany and hymns were added, all of which seem to be of Franciscan use. The book only has simple illuminated ornamental initials to the liturgical divisions of the psalms. The first litany follows the Athanasian Creed. The Hyde Abbey characteristics in this litany are: among the martyrs Valentine high up, and Justus of Beauvais;[96] Birinus, Swithun, Ethelwold, Judoc, Grimbald, Petroc and Patrick among the confessors;[97] Edburga, Edith and Gertrude among the virgins. The head of St Valentine was given to the New Minster by Emma, widow of King Canute, in 1041/42, and was possibly obtained from Jumièges.[98] Grimbald came to England from St Bertin in 887 and died in 901, the year the New Minster was founded. His relics were translated there in 934.[99] The relics of Judoc were brought from Saint-Josse-sur-Mer in Picardy to the New Minster c. 901 at the time of its foundation by Edward the Elder.[100] In 1110 the site of the monastery was transferred from the centre of Winchester to outside the city walls at Hyde. The other special saints in the litany of Hyde Abbey are almost all associated with the Old Minster at Winchester. Gertrude, whose cult was centred at Nivelles, was perhaps introduced at the time shortly before Grimbald's death in 901.[101] The petitions are mostly the usual ones, but *'Ut nos hodie sine peccato custodi'* is found relatively infrequently. This earliest litany of Hyde Abbey might be of c. 1275 date, or even earlier because it lacks Richard of Chichester (canonised in 1262, translated 1276) and Edward the Confessor (translated 1269) who are in all subsequent litanies of that house.

Bibliography: Ehrensberger 1897, pp. 7–8; Salmon 1968, p. 14; Morgan 1981, 160 n. 6.

---

[96]   The head of Justus of Beauvais was probably given to the Old Minster by Athelstan, and provided with a reliquary by Bishop Henry of Blois in the mid-twelfth century. See n. 89 on this.

[97]   On the life and cult of Petroc see Gougaud 1919/21, pp. 276–7, Doble 1939, Stonor 1948, Grosjean 1956, Henken 1987, pp. 199–205, Orme 1992, pp. 101–4, 164–5, Jankulak 2000 and Orme 2000, pp. 214–19. His relics were in the possession of the Augustinian canons of Bodmin.

[98]   Thomas 1974, p. 190.

[99]   On Grimbald see Grierson 1940, Bately 1966 and Blair 2002, p. 536. On relic cults at Hyde in general see Thomas 1974, pp. 187–96. It should be noted, with regret, that one saint who is in some calendars of Hyde, Branwalator (Jan. 19th), is not in any of the Hyde litanies. On him see Gougaud 1919/21, pp. 274–5, Doble 1960–97, IV, pp. 116–27, Morgan 1981, pp. 152, 169 nn. 92–4, Orme 1992, pp. 58, 118–19, and Orme 2000, pp. 73–4. King Athelstan c. 933 gave the relic of the arm of Branwalator to Milton Abbey. The extant calendars of Hyde are in three of the manuscripts which also contain the litany, nos. XCIV–XCVI.

[100] On Judoc at Winchester see Gougaud 1919/21, pp. 275–6, Trier 1924, pp. 152–3, Lapidge 2000 and Blair 2002, p. 542. Trier's book hardly discusses his cult in England, but documents at great length his more important cult in Germany, the Low Countries and northern France.

[101] She occurs in a few pre-1100 English litanies in Lapidge 1991, p. 310.

XCIV   Oxford, Bodleian Library Gough liturg. 8, fols. 66r–67v
             Breviary (Psalter part)   c. 1310

This finely illuminated, but much damaged Psalter is a separately bound part of the Breviary of Hyde Abbey, whose remaining text is in Oxford, Bodleian Rawl. liturg.e.1*.[102] It
has twenty-six full-page miniatures dispersed throughout the book by an artist who worked
primarily in the Fenland region for the abbeys of Peterborough and Ramsey, but who probably travelled to Winchester to do this commission for Hyde Abbey. The remaining decoration is by artists of the Queen Mary Psalter group who worked on the historiated initials
and border extensions in both the Psalter and the remaining parts of the Breviary. The litany
opens with a large illuminated K with a partial border extension. As is usual in Breviaries, it
follows the Athanasian Creed as the last of the canticles which are at the end of the Psalter.
It is identical in the order of and content of saints and petitions to those in the Vatican Psalter
except for the following: Valentine is given a double invocation in the martyrs; Richard
of Chichester and Edward the Confessor are added among the confessors, and Benedict is
given a double invocation; Mary of Egypt, Ethelfleda and Frideswide are included among the
virgins, and Radegund is added later in the second half of the fourteenth century. The cult of
Mary of Egypt became well established in England in the twelfth century, but it is difficult to
explain why it is taken up by some religious houses and not by others.[103] Ethelfleda's relics
were at nearby Romsey nunnery.[104] Also, uniquely among Hyde Abbey litanies, the petition
'A peste superbie libera' is included.

Bibliography: Madan 1895–1953, IV, no. 18338, p. 292; Frere 1898–1932, 143, no. 454;
Tolhurst 1930–39; Tolhurst 1942, pp. 240 (siglum N) *et passim*; van Dijk 1951, II, p. 265;
Brady 1963, pp. 20, 39 *et passim* (as part of Bodleian Rawl. liturg. e.1*); Ker 1964, p. 104;
Plummer 1968, p. 28; Pfaff 1970, p. 105; Lasko and Morgan 1973, pp. 10–11, no. 4; Pächt
and Alexander 1973, p. 50, nos. 545–6, pls. LIV, LV; Sandler 1970, 44 n. 2, Pl. XIV.3;
Wormald 1973, p. 123; Sandler 1974, pp. 9, 10, 12, 38, 47–55, 88, 92, 94, 95, 98–9, 119–21,
128, 132, 133, 134, 150, figs. 90–115, 332–3; Morgan 1981, pp. 156, 160 n. 6; Hughes 1982,
p. 398 (siglum B39); Sandler 1983, p. 161 n. 7; Sandler 1986, pp. 48–9, no. 42 (for other
bibliography up to 1986); Dennison 1990, pp. 120, 121, 122, pl. XXVIIB; Roper 1993, pp.
xxix, 291 (Ob 8); Smith 1999, p. 310; Lapidge 2003, p. 107; Pfaff 2009, pp. 220–21.

XCV   New York, Pierpont Morgan Library G.19, fols. 138v–141v
           Psalter and Hymnal   c. 1300–20

This is another finely illuminated Psalter, but seems to be a self-contained book and not
part of a Breviary like no. XCIV. Unfortunately the pages which probably contained historiated initials of the psalms of the liturgical divisions have all been excised, but all the other
psalms have illuminated initials and decorative line endings are used throughout the text. A
Benedictine monk is seated in the border on f. 122v. The book contains a calendar, litany
and Office of the Dead, all of the use of Hyde Abbey, Winchester, together with the monastic
canticles and a hymnal. There are some small differences from the litany text in the Breviary

---

[102] A complete edition of the Breviary is Tolhurst 1930–39, with a commentary volume in Tolhurst 1942.
[103] Her cult in England needs investigation. She does not occur in any of the pre-1100 litanies published by
Lapidge 1991, but is found in several of the Anglo-Saxon calendars published by Rushforth 2008.
[104] See Liveing 1906, pp. 17–27, 44–5, 52, 192, and Blair 2002, p. 507, for references to her cult.

(no. XCIV). Firstly Barnabas is given a double invocation among the apostles. He had a very important cult at Hyde resulting from miracles that occurred there in 1182 at the intercession of the saint.[105] Among the confessors both Judoc and Grimbald are given double invocations. Frideswide is not included among the virgins, but Radegund is. There are some additions among the virgins: Anne is added at the top of the list, and Ursula at the bottom in the same late fourteenth- or early fifteenth-century hand. The most unusual addition is the unique inclusion of Modwenna in a Hyde litany, for which no explanation can be provided.[106] It is very tempting to suggest confusion by the scribe with Merwenna whose relics were at the nearby nunnery of Romsey, and who was abbess at the time that Ethelfleda became a nun there.[107] Modwenna, however, has been added to the calendar on her correct feast day of July 5th, so perhaps it is definitely her and not Merwenna who is intended.

Bibliography: Ker 1964, p. 104; Plummer 1968, p. 28, no. 35; Morgan 1981, pp. 156, 160 n. 6, 166 n. 57.

XCVI   London, British Library Harley 960, fols. 223v–229v
         Psalter   c. 1380–1400

The final litany text of Hyde is in a late fourteenth-century Psalter. On f. 246r is recorded the ownership of an Abbot Richard, probably Richard Hall (1488–1509) or Richard Romsey (1509–30).[108] It contains a calendar and litany of Hyde Abbey and has illuminated initials and borders to the psalms of the liturgical divisions. After the litany, which follows the Athanasian Creed at the end of the canticles, are the Office of the Dead and Commendation of the Soul. It has the following minor differences from no. XCV: Anne is not there at the head of the virgins, and Petronella is omitted, very probably as the result of scribal error; the entries of Christine and Ethelfleda are inverted in order; Gertrude is given a double invocation; Modwenna (or Merwenna) and Ursula are not included.

Bibliography: *Catalogue of Harleian Manuscripts* 1808–12, p. 484; Tolhurst 1942, pp. 60, 77, 78, 79, 80, 81, 240 (siglum N3); Ker 1964, pp. 103, 270; Pfaff 1970, p. 105; Wright 1972, pp. 177, 302; Morgan 1981, pp. 156, 160 n. 6; Luxford 2005, pp. 25, 69–70.

Witham, Charterhouse of the Blessed Virgin Mary

XCVII   Oxford, Trinity College 46, fols. 162r–164r
         Psalter   c. 1460–70

This is a finely written illuminated Psalter with calendar, litany and Office of the Dead (a contemporary addition) of Carthusian use. Although there are no figure initials there are

---

[105] Thomas 1974, p. 190, on his cult at Hyde, noting that the seal of the abbey has Barnabas in the centre flanked by Grimbald and Valentine holding a skull to signify his head relic. Thomas remarks the significance of the absence of Judoc from the seal. For this seal see Pedrick 1902, pp. 91–3, pl. XXIV, and Ellis 1986, p. 100.

[106] On Modwenna see Baker and Bell 1947, Hohler 1966, pp. 65–6, Price 1988, Bartlett 1999, pp. 69–70, Bartlett 2002 and Blair 2002, p. 546.

[107] On Merwenna and Ethelfleda see Liveing 1906, pp. 14–15, 17–27, Smith 1999, Orme 2000, pp. 187–8, and Blair 2002, pp. 507, 544.

[108] Smith 2008, p. 84.

good quality large illuminated ornamental initials with decorative borders incorporating flowers and leaves of various types to the psalms of the liturgical divisions, and also illuminated line endings. On ff. 166v–167v is a list of the royal saints of England, divided into martyrs and confessors, in most cases referring to where their relics rest. This royal interest suggests that the Psalter was made for one of the two Carthusian royal foundations, Sheen or Witham. The litany text follows the Athanasian Creed. This litany is almost identical to no. LXXVIII which has been attributed to Sheen, in particular in placing Jerome after Augustine among the confessors. In the earlier discussion of the two supposedly Sheen litanies the difficulty of distinguishing between Sheen and Witham was raised. The Trinity Psalter is a typical example of a book that could have been made for Witham, but which may have later belonged to Sheen, but in whose litany no corrections or additions have been made, with the likelihood that the litanies of the two houses were nearly identical. This book is by the scribe Stephen Dodesham (d. 1481/82), previously a monk of Witham but who moved to Sheen in 1470/71. On f. 166v is written *'Orate pro anima domni Stephani Dodesham huius libri scriptoris dicendo devote. Anima eius et anime omnium fidelium defunctorum per misericordiam Dei requiescant in pacem'*. It has been considered by most that this book was made after Dodesham arrived at Sheen, but there seems no reason why it could not have been made in the 1460s when he was a monk at Witham.[109] It is quite possible that it was his own Psalter, and he took it with him when he transferred to Sheen. Doyle, Edwards and Biggs have demonstrated that Dodesham was a professional scribe who wrote many books in Latin and Middle English, some definitely before 1470 when he became a monk of Sheen. The illumination of this book is in a style more French or Flemish than English, and there is no reason to assume that Dodesham was also the illuminator who may have been trained in France or Flanders.

Bibliography: Frere 1898–1932, I, p. 156, no. 516; van Dijk 1951, II, p. 29; Ker 1964, pp. 178, 305; Alexander and Temple 1985, p. 58, no. 589, pl. XXXV; Doyle 1990, p. 14; Edwards 1991, p. 184; Doyle 1997, pp. 95–6, 97, 115; Luxford 2008, pp. 234, 235; Pfaff 2009, p. 270.

Worcester, Benedictine Cathedral Priory of the Blessed Virgin Mary

XCVIII   Oxford, Bodleian Library Bodley 862, fols. 201v–202r
          Litany   c. 1350[110]

As a result of misdating of this litany text it was placed as the earliest of the Worcester texts in the list in Volume I, whereas it is in fact the latest. The book to which it was added in the fourteenth century is a late twelfth-century illuminated text of the psalms with interlinear and parallel column gloss. There are large illuminated ornamental initials for the psalms of the liturgical divisions containing tight coils, Byzantine blossom and small white lions, typical of English ornament of the 'Channel Style' of the last quarter of the twelfth century. Worcester ownership is recorded in a c. 1400 inscription on f. 1r, *'Liber monasterii Wigornie'*. Also in a c. 1300 hand on f. … is written *'Psalterium Johannis de Pagah(am)'*. This may refer to

[109] Doyle 1990, p. 14, is obviously uncertain whether this Psalter was made for Witham or Sheen, for he describes it as 'a large psalter and calendar for one or other house'.
[110] In the list in Vol. I this c. 1350 litany added to a Glossed Psalter of c. 1175–1200 was misdated. The original text was not necessarily written for Worcester.

the supposed ownership of John of Pagham, bishop of Worcester 1151–8, but the book was written long after his death, for it is not at all possible that the book could have been written and decorated as early as the 1150s. It is bound in black velvet with brass clasps, and is part of a group of books in the Bodleian Library which probably came from Henry VIII's library and which were presented by Charles Howard, earl of Nottingham, in 1604. The text will be discussed here as if it followed the latest of the thirteenth-century Worcester litanies, no. CI of c. 1250–70. This litany of the middle of the fourteenth century differs from the three texts of the c. 1220–70 period in the following features: Edward the Confessor and Edmund of Abingdon are included among the confessors in the original hand; the petition *'Ut inimicos sancte Dei ecclesie comprimere digneris te rogamus'* is lacking. All the other saints and petitions are identical in order and text content. The omission of *'Ut inimicos'* could be a result of scribal error, or possibly it was decided to omit this petition in some revision of the Worcester litany in the fourteenth century.

Bibliography: Madan 1895–1953, II pt. 1, no. 2730, p. 518; Turner 1916, pp. lxiii, lxvi–lxvii; van Dijk 1951, II, p. 374; Ker 1964, p. 208; Pächt and Alexander 1973, p. 24, no. 228, pl. XXIII; Morgan 1978, p. 98; Thomson 1982, p. 127, no. 96; Watson 1984, p. 22, pl. 63; Carley 1997, p. 371, no. 7; Coates 1999, pp. 49, 130; Carley 2000, p. xxxviii; Pfaff 2009, p. 214.

XCIX   Oxford, Magdalen College 100, fols. 187v–191r (192v–196r)
           Psalter   c. 1220–60

This illuminated Psalter contains a calendar and litany of Worcester.[111] There are historiated initials to the psalms of the liturgical divisions, unusually painted on separate pieces of vellum and pasted in. Unfortunately several have been removed and only four survive. In the 1240s the book was evidently in the possession of Prior Richard (1242–52) who had the obits of his parents added in the calendar. The litany follows the Athanasian Creed at the end of the canticles which follow the Psalter. Although first written out in the 1220s or 1230s this litany text was carefully modified in the 1250s by erasures and replacements closely imitating the original scribe. This was done by erasing entries in the original text and adding one or two lines below the two column text block to accommodate the increase in the number of lines caused by the insertions.[112] The rewriting of thirteen entries resulted from the need to insert two saints in the correct position: Edward the Confessor after Wulfstan at the head of the confessors, and Edmund of Abingdon (canonised in 1246, translated in 1249) after Dunstan in the middle of the confessors. This involved extending the first text column on f. 188v by one line and erasing and rewriting the four entries after Wulfstan in order to add Edward the Confessor at that point; in the second column the addition of Edmund of Abingdon after Dunstan necessitated erasing and rewriting nine entries with the result of two extra lines at the bottom outside the original text block.[113] Thus in the two column text

---

[111] The Worcester calendar from the Antiphoner, Worcester, Cathedral Library F. 160, with which this calendar compares well, has been printed and analysed in *Antiphonaire monastique de Worcester* 1922, pp. 29–40. See also Turner 1916 and Morgan 1978. The only other extant Worcester calendar is that in Magdalen 100.

[112] It should be said that the way the text is adapted can only be comprehended clearly from the visual appearance of the page.

[113] In order to better understand this description the edition of the litany and the accompanying footnotes should be consulted.

there is an extra line (or two lines) below the text block at the bottom of each column. The entries were erased and rewritten at and below the insertion point, but the original 'S' with its penflourishing of the 1220s was retained. For the extra line(s) each had to have a new capital 'S' which, as expected, has penflourishing of a later date in the 1250s. The special features of the Worcester litany are: Demetrius included among the martyrs;[114] Oswald the bishop and Wulfstan at the head of the confessors; Birinus, Ethelwold, Egwin, Vigor, Chad, Godwal, Wilfrid and Paulinus among the confessors; Mildred, Milburga, Edburga (of Pershore?), Werburga, Winifred and Frideswide among the virgins.[115] Of these saints the relics of Oswald and Wulfstan, both bishops of Worcester, were in the cathedral, and Egwin, Milburga, Winifred and Frideswide were at Evesham, Much Wenlock, Shrewsbury and Oxford, all within reasonable distance from Worcester.[116] The reasons for the cults of Vigor of Bayeux and Godwal are uncertain.[117] Probably Vigor was introduced by Bishop Samson of Worcester (1096–1112) who was formerly a canon of Bayeux Cathedral. Godwal's relics by the mid-tenth century were at the abbey of Mont Blandin near Ghent. In 955 Dunstan, when in exile, sought refuge at Mont Blandin and possibly the cult of Godwal was introduced in some way by him at Worcester. The chapel of the Hospital founded by Bishop Wulfstan at Worcester was dedicated to Godwal. The saints whose names were rewritten in the revision of the 1250s are: Edward the Confessor, Silvester, Martial, Hilary, Martin, Edmund of Abingdon, Egwin, Vigor, Audoenus, Romanus, Nicholas, Remigius, Cuthbert and Chad. Among the petitions the Worcester litany contains that for the local bishop *'Ut episcopum nostrum et gregem sibi commissum conservare digneris te rogamus'* which is characteristic of several other cathedral priories. Unusual is *'Ut inimicos sancte Dei ecclesie comprimere digneris te rogamus'*.

Bibliography: Frere 1898–1932, I, p. 151, no. 494; Turner 1916, p. lx, lxiii; Ker 1964, p. 210; Ayres 1969, p. 49, pls. 8b, d; Pfaff 1970, p. 107; Morgan 1978, pp. 92, 93, 94, 98, 99, 103, pl. XVIIIc; Hughes 1982, pp. 228, 408 (siglum P1); Morgan 1982, pp. 12, 16, 38 n. 81, 96, 97, no. 49 (for other bibliography up to 1982), figs. 163–6; Alexander and Temple 1985, p. 19, no. 171, pl. IX; Lapidge 2003, p. 711; Morgan 2004, pp. 309, 311, 321, fig. 285; Pfaff 2009, pp. 161, 212, 213, 214.

C   Worcester, Cathedral Library F. 160, fols. 163v–164r
        Antiphoner   c. 1230–50

The earliest parts of this text were written shortly after no. XCIX, but the dating of this famous Antiphoner of Worcester Cathedral Priory is controversial, parts being by different scribes

[114] The cult of the eastern saint Demetrius of Thessaloniki seems to have entered the West as a result of the crusades. On this see Lapina 2009.
[115] There are a number of other fairly unusual saints in the Worcester litany which will be discussed in the commentary in Vol. III.
[116] On relic cults at Worcester in general see *Antiphonaire monastique de Worcester* 1922, pp. 41–6, and Thomas 1974, pp. 137–43. As there are so many unusual saints in the Worcester litany, discussion and bibliographic references to them, and in particular to the extensively documented cults of Oswald and Wulfstan, will be given in Vol. III. The very rare Godwal (Gulval), probably of Breton origin, is discussed in Loth 1910, p. 44, Doble 1960–97, I, pp. 61–78, and Orme 2000, pp. 134–5. On the dedication of the chapel at the Hospital of St Wulfstan to Godwal see Willis-Bund and Page 1906, p. 176.
[117] On Vigor see Deslandes 1920 and Howe 1984. More will be speculated on his inclusion in the commentary on Worcester in Vol. III.

writing at different dates.[118] One section with the offices and masses for Corpus Christi and the Visitation was added in the fourteenth and fifteenth centuries (ff. 116r–45v). Thomson dates the first scribe who does the Antiphoner and Processional part (ff. 1–115v, 147r–286r) to c. 1230, and the second (ff. 287r–354v) which contains a Gradual and Sequences, to c. 1250. The litany is found in the c. 1230 section following the canticles after the Psalter. A date 'second quarter of the thirteenth century' is probably a more cautious dating for the litany text and therefore making it near contemporary with writing out and subsequent editing of no. XCIX. The differences from that text in the litany in the Antiphoner are: double invocation marks have been added later to Oswald and Wulfstan at the beginning of the confessors; Edward the Confessor, Edmund of Abingdon and Richard of Chichester have been added in the margin to the confessors in the late thirteenth or early part of the fourteenth century; Thomas of Hereford has also been added to the confessors in the fourteenth century;[119] a double invocation mark has been added later to Anne at the head of the virgins. The petitions are identical to no. XCIX apart from occasional differences in spelling.

Bibliography: Frere 1898–1932, II, p. 24, no. 608; Mearns 1913, p. xiii (siglum E. 26); Mearns 1914, 83; Turner 1916, pp. lx, lxiii; *Antiphonaire monastique de Worcester* 1922; Tolhurst 1942, pp. 20–27, 43–4, 51, 53, 65, 66, 73, 77, 78, 79, 80, 81, 85, 87, 91–2, 95–8, 103, 114–9, 122, 125, 143, 189, 242 (siglum WO1); Brady 1963, pp. 20, 39 *et passim*; Ker 1964, p. 213; Gneuss 1968, p. 250; Pfaff 1970, p. 107; Hesbert 1975, pp. 18, 41 (siglum 894) *et passim*; Korhammer 1976, pp. 24, 53, 119–22, 123; Morgan 1978, p. 99; Hesbert 1979, 410 (siglum 894) *et passim*; Morgan 1981, 156, 159 n. 1; Hughes 1982, pp. 168, 171, 181, 392 (siglum A14); Roper 1993, pp. xxix, 117–8, 125–31, 132, 147, 158, 171, 172, 174, 176, 209, 212–4, 227, 229–35, 239, 250, 252, 254–72, 278, 291, 322, 337–49 (siglum WO F.160); Thomson 2001, pp. 108–9; Hiley 2004, pp. 199–200, 203–8, 209, Pfaff 2009, pp. 161, 210–12, 219; Hughes 2011–12, I, pp. xxii (with wrong shelf mark of F.10), 92, 138 (siglum EWC F.160) and II, pp. 428, 439, 448, 474.

CI   Preston, Harris Museum s.n., fols. 45v–47r
            Psalter and Hymnal   c. 1250–70

This Psalter, hymnal, prayers and the Office of the Dead was made for a secular priest outside the monastic community who kneels in the initial to psalm 101, but the litany with very minor changes was copied from a text of Worcester Cathedral Priory. The hymnal and Office of the Dead are of Sarum Use with minor variants. The calendar contains saints suggesting a Lincolnshire or Yorkshire connection: Guthlac (Apr. 11th), John of Beverley (May 7th), William of York (June 8th), Wilfrid (Oct. 12th), Hugh of Lincoln (Nov. 17th). The two feasts of Frideswide (Feb. 12th, Oct. 18th) are probably included because the book may have been produced in Oxford. Several of the books illuminated in the same style have evidence suggesting Oxford as the production centre. A book of identical size and style of illumination, which belonged to the same owner as the Preston Psalter in the eighteenth century, Ralph Palmer, contains the Prayers and Meditations of St Anselm, and originally the two manuscripts may have been bound together.[120] The differences from the litany text

---

[118] Thomson 2001 gives a very good description of the text content, dividing the hands and suggesting dates which I have followed.

[119] See Jancey 1982 for discussion of the rise and spread of his cult.

[120] Morgan 1988, no. 141.

in the Antiphoner are: *'Christe exaudi nos'* is after *'Christe audi nos'* at the beginning of the litany; Edmund of Abingdon and Richard of Chichester are not among the confessors, but Edward the Confessor is in the original hand at the top after Oswald and Wulfstan; Cadoc, Robert (of Knaresborough?), William of York with a double invocation, and Gilbert of Sempringham are at the end of the confessors, perhaps specially inserted for the secular priest patron; Radegund and Aldegundis are inserted in the middle of the virgins. The petitions are identical in order and wording to those in the Antiphoner. The saints selected to supplement those in the Worcester litany do not add up to a single region with which the secular priest might have been associated. Cadoc is very rarely found in the dioceses of Bath and Wells and Worcester, and only at the abbeys of Abbotsbury and Glastonbury in other monastic litanies.[121] Robert of Knaresborough, William of York and Gilbert of Sempringham are associated with Lincolnshire and Yorkshire, but Radegund and the rarely found Aldegund have no clearly definable institutional or regional cults in England.[122] Apart from these six interpolated saints this is a good text of the litany of Worcester. The Psalter is finely illuminated with historiated initials at the liturgical divisions of the psalms, and once belonged to John Ruskin who had acquired it by July 1875.

Bibliography: Ruskin 1896, pp. 325–32; Dearden 1966, p. 138, no. 26; *Medieval and Early Renaissance Treasures* 1976, no. 15; Morgan 1988, pp. 10, 13, 89, 116, 124–5, 126, 132, 164, 188, no. 140 (for other bibliography up to 1988), figs. 200, 201; Ker and Piper 1992, pp. 188–90; Morgan 2004, pp. 309, 320, 321, figs. 286–7.

York, Benedictine Abbey of the Blessed Virgin Mary

CII   Oxford, Bodleian Library Rawl. C.553, fols. 120r–125v
           Liturgical Miscellany of Masses and Offices   c. 1400–25

This book is a sort of monastic liturgical miscellany containing a part calendar of York Abbey much rewritten to adapt to the secular use of York, prayers, votive masses, the Mass of the Dead, Fifteen Oes, commemorations, Penitential Psalms, litany and a misbound Office of the Dead rewritten to adapt to the secular use of York.[123] The book was clearly made for St Mary's York and fortunately its litany has not been rewritten for secular use like its calendar and Office of the Dead. One of the commemorations is for St Bega, probably intended as the saint of that name whose relics were at the cell of St Bees, who controversially was a different person to the St Bega whose principal relics were at Whitby.[124] The litany, which follows the Penitential Psalms, has the following special characteristics: Olaf is at the end of the martyrs before Thomas of Canterbury; Maiolus, Maclonius (Maclou, Maclovius), John of Beverley, Wilfrid, William of York, Chad and Botulph are among the confessors; Hilda

---

[121] On the life and cult of Cadoc see Grosjean 1942, Wade Evans 1944, pp. 24–141, Brooke 1963, Corner 1985, Henken 1987, pp. 89–98, Orme 1992, pp. 62–4, 122–3, Orme 2000, pp. 79–82, and Wade-Evans and Lloyd 2013.

[122] Radegund does of course have a substantial cult in England, whereas Aldegundis does not. On Radegund in England see Brittain 1925 and Brittain 1926, but more work needs to be done on the reasons for the spread of her cult. On the rarely found Robert of Knaresborough see Grosjean 1939, Bottomley 1993 and Bazire 1953. For Gilbert of Sempringham, who occurs in Franciscan calendars, see Munro 1910.

[123] A correct text for the calendar and litany of St Mary's York is in Oxford, Bodl. lat. liturg.g.1.

[124] On St Bega see Wilson 1915, pp. v–vi, xxi–xxii, xxxi–xxxiv, 497–20, and Todd 1980. On relic cults at York Minster, where there was little or no interest in her, see Thomas 1974, pp. 143–48.

and Bega are at the end of the virgins. Unusual among the petitions is *'Ut aeris serenitatem nobis dones te rogamus'*. York, like Exeter, London and East Anglia, was one of the centres of the cult of Olaf in England, and a church is dedicated to him there.[125] John of Beverley, Wilfrid, William of York and Chad have widespread cults in the North, and Botulph is quite widespread in many regions of England.[126] Bega and Hilda are included, although only at the very bottom of the virgins, because there were quite close contacts between York St Mary's and Whitby with monks or priors from these abbeys sometimes becoming abbots at the other house, such as Abbot Stephen (c. 1080–1112) who came from Whitby. The reasons for the inclusion of the Cluniac Maiolus and the Breton Maclovius in the York litany are unclear.[127]

Bibliography: Macray 1878, cols. 299–300; van Dijk 1951, IVA, p. 7; Todd, 1980, pp. 24, 31–2, 33 n. 15, 35; Ker and Watson 1987, p. 70; Friedman 1995, p. 250, no. 185; Dennison, Orr and Scott 2002, p. 54, no. 95.

CIII   Oxford, Bodleian Library lat.liturg.g.1, fols. 140r–143r
            Psalter and Hymnal   c. 1425

This is a small illuminated Psalter which contains a calendar and the *Dicta Augustini de laude psalmorum* before the psalms, which are followed by the canticles, the Athanasian Creed, a litany, hymnal, the monastic canticles and the Office of the Dead with musical notation. The psalms of the liturgical divisions have gold initials with ornamental foliage infill and partial borders, both with acanthus leaves in blue, pink, orange and green. The book may be for a cell of St Mary's York at St Bees in Cumberland, but the calendar in this book seems little different from the calendar of York Abbey in London, British Library Harley 3812, and it is difficult to be certain for which place it was written. The litany is a good text of St Mary's York but the calendar less good because some important feasts intended to be written in colour or gold are missing. The Office of the Dead compares well with that in the Ordinal of St Mary's York in Cambridge, St John's D.27.[128] The litany is preceded by the antiphon to the Penitential Psalms, *Ne reminiscaris*, which follows directly on from the Athanasian Creed. The text is almost contemporary in date with that in no. CII, and is identical to it, save for the omission in this litany of the petition *'Per gloriosam resurrectionem tuam libera'*, almost certainly as the result of a scribal error.

Bibliography: Madan 1895–1953, VI, no. 31379, p. 45; Frere 1898–32, I, p. 63, no. 179; Mearns 1914, p. 83; Tolhurst 1942, pp. 71, 242 (siglum Y1); van Dijk 1951, II, p. 27; Ker 1964, pp. 169, 217; Gneuss 1968, p. 250; Pfaff 1970, p. 24; Korhammer 1976, pp. 22, 119, 121, 239–40; Todd 1980, pp. 24, 33 n. 15; Roper 1993, p. xxix (siglum Ob g.1); Friedman

---

[125] Although there is Bull 1912–13 and the fine 1945 article of Bruce Dickins, more work has to be done on Olaf's cult in the British Isles. See also Orme 2000, pp. 208–9, for his cult in Exeter and Cornwall.

[126] The cult of Botulph in England, particularly in the later Middle Ages, much needs further investigation. On him in Anglo-Saxon times see Blair 2002, pp. 518–19, with accompanying bibliography.

[127] On the cult of Maclovius (Machutus, Malo) see Duchesne 1890, Loth 1910, p. 87, and Brown and Yerkes 1981.

[128] See Abbess of Stanbrook and Tolhurst 1936–51, I, pp. 73–4 for the text of the responsories for the matins lessons of the Office of the Dead in the St John's manuscript. There is also an Office of the Dead in Bodleian Library Rawl. C.553, but this has been rewritten in parts to adapt it to the secular use of York, and the original texts of the responsories and versicles in these sections are no longer legible.

1995, p. 249, no. 174; Dennison, Driver, Nichols and Scott 2001, p. 65, no. 598; Boffey and Edwards 2005, p. 43, no. 624.

Unidentified houses

CIV   Cambridge, Fitzwilliam Museum 246 (Carthusian), fols. 213v–215v
            Hymnal and Litany   c. 1275

A Carthusian hymnal and litany was added on ff. 190r–227r to a calendar, Psalter, Litany, Office of the Dead and Hours of the Virgin for the use of the Knights Templar of London who followed the use of the Holy Sepulchre in Jerusalem. The Templar part is illuminated with historiated initials at the liturgical divisions of the psalms and at the opening of the Office of the Virgin, and may have been made for a lay patron rather than for the Templars themselves. The Carthusian texts were added shortly after the Psalter and Hours was written and decorated, and it seems that the book passed very soon from the lay person into their hands. The penflourishing of the initials in the Carthusian part differs from the Knights Templar part, although the scribe seems to be contemporary with the scribe of the earlier part. At this time in the third quarter of the thirteenth century there were only two Charterhouses in England, Witham and Hinton, both in Somerset. Witham was a royal foundation of Henry II, and Hinton was founded by Ela, countess of Salisbury. In discussing the litany of Witham (no. XCVII) it has been argued that its litany contained Edward the Confessor as a result of its royal patron. This litany does not contain Edward, and it is reasonable to assume that it may have belonged to Hinton, whose litany is probably represented by this text. Preceding the text is the rubric *'Letania in quadragesima'*. In most of the monastic orders the litany was said more frequently during Lent.[129] As in all Carthusian litanies, the number of saints invoked is small in comparison with the number in litanies of the Benedictines and Cluniacs, with a full list given only for the apostles. There are no English saints included, and the martyrs, confessors and virgins are all saints with international cults, save for Blandina among the virgins whose relics were in Lyons, the province in which the Grande Chartreuse at Grenoble lay. Carthusian litanies are distinguished by a few unusual petitions, as in this text, such as *'A concupiscencia iniqua libera'* and *'Ut spatium penitentie et emendationem vite nobis dones te rogamus'*.

Bibliography: Wormald and Giles 1982, pp. 166–8; Dondi 2003, pp. 245–6; Morgan 2004, pp. 310 n. 8, 320.

CV   Hatfield House, Marquess of Salisbury CP 292 (Carthusian), fols. 19v–20v
            Litany and Office of the Dead   c. 1510–25

In the early sixteenth century a section containing a Carthusian Office of the Dead and litany was added to a finely illuminated copy of the *Flores psalterii* and Psalter with historiated initials at the liturgical divisions, both of c. 1380–90. The *Flores psalterii* is incorrectly attributed in the rubric to Pope Gregory the Great, but was probably written in the twelfth

---

[129] Tolhurst 1942, p. 143.

century by Lethbert of Saint-Ruf.[130] The Carthusian texts are decorated with simple initials in red, pale yellow and green, and this section may date to sometime after 1514 because, in the litany among the confessors, Bruno is in the original hand, and he was canonised in that year. However, it not impossible for the Carthusians to have added their own saint to the litany slightly before his formal canonisation. The litany follows the Office of the Dead and is preceded by the rubric *'Sequitur letania maior'* and the antiphon *'Ne reminiscaris'* which is normally associated with the recitation of the Penitential Psalms.[131] The text of the litany is of standard Carthusian type with fewer saints listed than in Benedictine and Cluniac litanies, but the unusual Carthusian petitions such as *'A concupiscencia iniqua libera'*, and *'Ut regem nostrum et totum regnum suum ab omni inimicorum invasione omnique divisione defensare eique cunctos adversarios suos pacificare digneris te rogamus'*.[132] The saints are those found in nearly all monastic and secular litanies, save for Hugh with a double invocation to signify the two Carthusian Hughs (of Grenoble and Lincoln), Bruno placed at the end of the confessors, and Blandina among the virgins. The only English saint included is Edmund of Abingdon, whose shrine was at the Cistercian abbey of Pontigny and who probably entered the Carthusian litany as a result of Cistercian influence. Edward the Confessor is not present as he is in the litanies of the royal Carthusian foundations of Witham and Sheen. As a result of this standard form of the Carthusian litany, no particular house in England can be suggested as the owner of this manuscript.

Bibliography: Sandler 1986, p. 170, no. 147, figs. 386, 390, 391 (on the fourteenth-century part of the book).

CVI   Cambridge, St John's College T.9.1 (James no. 506)
       (Benedictine nunnery), fols. 1r–3r
       Breviary Offices   c. 1516–36

A litany and selected offices from a Breviary have been added before and after the 1516 printed edition of the Psalter according to the use of Sarum and York. On a flyleaf at the end, originally pasted to the back cover of the sixteenth-century binding, now replaced, is an inscription of ownership: *'Thys booke belonges unto Dame Elizabeth Trotter prophessyd noyne in the Abbay of Ikelyngton in the Dyocess of Ely'*. Notwithstanding her mistaken view that Ickleton Priory was an abbey, this is firm evidence of provenance. It has been thought that the person who inscribed this text, presumably Elizabeth Trotter herself, also wrote out the texts of the Breviary Offices, but this is not absolutely certain. These texts, beginning with a litany, contain commemorations and offices for various saints' days, above all those of the Virgin Mary, many with twelve lessons indicating Benedictine use. In respect of local English saints the only significant entry is a collect for St Osyth of Chich. *A priori* it might be assumed that the litany is of the Benedictine nunnery of Ickleton, but this is questionable because it is an adapted litany of St Albans and it seems that it may be the litany of one of the two nunneries dependent on St Albans, St Mary de Pre (founded 1194) or Sopwell (founded 1140).[133] Of course, it may be that when Ickleton (founded by 1154) was estab-

---

[130] See Wilmart 1914 on the authorship.

[131] Tolhurst 1942, p. 70, notes that the Cluniacs seemed to have introduced the saying of the Penitential Psalms after Prime followed by the litany.

[132] This is not in all Carthusian litanies, but is in that of Coventry (no. XXVII).

[133] Knowles and Hadcock 1971, pp. 264–5, 389.

lishing its liturgical use in the twelfth century it took one of these St Albans nunnery litanies as a model, but there is no evidence to confirm this.[134] The litany has many saints added to the St Albans litany, clearly adapting it for an East Anglian nunnery in view of the great increase in the number of women saints among the virgins, several from that region:[135] Blaise and the Dominican, Peter Martyr, at the end of the martyrs; Lazarus, Botulph, Neot, Francis, Dominic, Guthlac and Edmund of Abingdon among the confessors; Anne, Martha, Austroberta, Etheldreda, Withburga, Sexburga, Ermenilda, Frideswide, Osith of Chich, Edburga of Winchester, Ethelburga, Helena, Brigid, Mildred, Modwenna, Susanna, Clare, Elizabeth of Hungary, Barbara and Ursula among the virgins. The inclusion of several mendicant saints, both men and women, has been noted to be a characteristic of nunneries.[136] These apart, the text is clearly based on a St Albans model of the late twelfth or early thirteenth century, after the canonisation of Thomas of Canterbury in 1173 but before the inclusion of Amphibalus at some time before c. 1250. Also Simeon of Jerusalem, lacking in 'Ickleton', was introduced there at the same time into the martyrs. Although the relics of Amphibalus were discovered in 1178 it cannot be determined when he was introduced in the St Albans litany because no text survives between c. 1150 and c. 1250, by which time he was included. Very unusual saints in the 'Ickleton' text are Lazarus and Martha. When these two appear together in English litanies they usually point to a hospital. St Mary de Pre was founded in 1194 by Abbot Warin of St Albans as a conventual leper hospital for thirteen women and thirteen men under a rule, but by the mid-fourteenth century, with the decline of leprosy, it became a Benedictine nunnery. It is concluded that this 'Ickleton' litany derives from a litany of St Mary de Pre, whose text probably originated in a litany of the 1190s used by the leper community. Whether this was the official litany text used at Ickleton, adapted there from the St Mary de Pre text, is uncertain, so it has been listed as of an 'unidentified Benedictine nunnery'.

Bibliography: Goddard 1903–6, p. 193; James 1913, pp. 367–8, no. 506; Salzman 1948, p. 225; Ker 1964, pp. 104, 270; Bell 1995, pp. 67, 143.

CVII   London, British Library Add. 49363 (Cluniac), fols. 187r–188v
         Breviary and Missal   c. 1280–1300

The English Cluniacs seem to favour combining the Breviary and Missal in a single volume. The litany of Lewes in Volume I (no. XLII) was in a Breviary-Missal of almost the same date as this finely illuminated example from an unidentified house. It contains several historiated initials and borders with grotesques. The Lewes book was illuminated by a French artist whereas this is by an English hand close to the artist of a Bible, Princeton, University Library Garrett 28. The Psalter section, lacking the beginning up to psalm 26, which the litany follows, is misbound in the middle of the Temporal.[137] The litany contains the usual Cluniac saints: Austremonius, Iuvinianus and Pancras among the martyrs; Aquilinus, Odo,

---

[134] The first prioress of Ickleton recorded is Eufemia (c. 1206–15): Knowles, Brooke and London 1972, p. 213.
[135] In addition to the virgins Etheldreda, Withburga, Sexburga, Ermenilda and Osith of Chich, Botulph and Neot among the confessors have significant cults in East Anglia. On Neot see Chibnall 1966, Richards 1980, Richards 1981, Dumville and Lapidge 1985, Orme 1992, pp. 94–7, 160–61, and Orme 2000, pp. 200–3. On Osith see Baker 1911, Hohler 1966, Bethell 1970, Hagerty 1987 and Zatta, Russell and Wogan-Browne 2005. For the other virgin saints see the notes on the Ely litanies nos. XXX–XXXIII.
[136] As in the case of Wilton, no. LXXXVI.
[137] *Catalogue of Additions* 2000 gives an exemplary very full description of the text content.

Maiolus, Odilo, Hugh of Cluny and Gerald of Aurillac among the confessors; Milburga, Florencia and Consortia among the virgins. As in the case of all English Cluniac litanies, there are many English Saints: Edmund, Thomas of Canterbury, Alphege and Alban among the martyrs; Dunstan, Swithun and Cuthbert among the confessors; Mildred among the virgins. Of these, Alphege and Mildred are not so often found in English Cluniac litanies. The relics of both saints were at Canterbury, and a Kent location of the Cluniac house whose litany is here represented is possible. The only candidate would be Monks Horton where there were thirteen monks at the time this Breviary-Missal was made, making it a sufficiently large establishment to have such an illuminated book.[138]

Bibliography: Ker 1964, p. 195 (under Holkham 39); Turner and Stockdale 1980, pp. 47, 106, no. 30; Hughes 1982, pp. 227, 228, 396 (siglum B15); Ker and Watson 1987, p. 67; Morgan 1988, pp. 15, 58, 179, 185; *Catalogue of Additions* 2000, pp. 62–7; Pfaff 2009, p. 245; Hughes 2011–12, II, p. 461 (siglum ELB add.49363).

CVIII   London, Lambeth Palace Library 427 (Cluniac), fols. 202v–204v
          Litany   c. 1375–1425

The main part of this book is a well-known eleventh-century Gallican text Psalter and canticles with interlinear gloss in Anglo-Saxon, to which a Cluniac litany was added in the late fourteenth and early fifteenth centuries by two scribes.[139] The earlier scribe (ff. 202v–204r) writes up to the sixth '*Ut*' petition, and seems to have broken off at this point. Some years later a second scribe finishes the text on f. 204v and also rewrites some entries on f. 203v. This litany contains the usual Cluniac saints: Pancras, Austremonius, Marinus and Marcellus of Châlons-sur-Sâone among the martyrs; Aquilinus, Philibert, Odo, Maiolus, Odilo, Hugh of Cluny and Gerald of Aurillac among the confessors; Cirilla, Milburga, Florencia and Consortia among the virgins. Those saints included with cults in England are: Thomas of Canterbury after Stephen at the head of the martyrs; Edmund, Olaf and Alban among the martyrs; Augustine of Canterbury, Dunstan, Cuthbert and Edmund of Abingdon among the confessors; Etheldreda among the virgins. The most distinctive feature is the inclusion of Olaf, which suggests that the litany text is associated with a place or region where he had a cult. The Cluniac house of Bermondsey in London provides a likely explanation. It was very close to the important London church of St Olave, Tooley Street.[140] An argument that could be put for this litany not being of Bermondsey is the placing of Guthlac at the end of the confessors, because there was very little interest in him in the diocese of London, although of course his inclusion could result from an interest in him by one of the priors. Before it passed into Cluniac hands the book belonged to the Augustinian priory of Lanthony secunda in Gloucestershire. As Guthlac did have a cult in Gloucestershire and Herefordshire it is

---

[138] Knowles and Hadcock, p. 101. This number compares with eighteen at Bermondsey and Bromholm, and twenty-two at Thetford at the same time, three of the other smaller Cluniac houses, two of whose litanies are published in these volumes (nos. X, LXXXI). In the same years Lewes had fifty monks.

[139] The text of the Anglo-Saxon part is edited by Lindelöf 1909–1914. Two scribes write the litany. It was probably partly written in the late fourteenth century, left unfinished and then completed in the early fifteenth century.

[140] Arnold-Forster 1899, II, pp. 452–3, and III, p. 432. Eeles 1955–8 prints a thirteenth-century calendar of a parish church in the diocese of London, Writtle in Essex, which closely follows that of St Paul's Cathedral and which has Olaf on July 29th. Olaf, who also had a cult in East Anglia, is in the Cluniac litany of Thetford (no. LXXXI).

possible that the Cluniac house of Clifford in Herefordshire might be the place for which this litany was written.

Bibliography: Cockayne 1866, pp. 428–33; Logeman 1889, pp. 103–5; Lindelöf 1909–1914; Förster 1914; Mearns 1914, pp. 63, 79; James 1932, pp. 588–90; Ker 1957, pp. 342–3; Ker 1964, p. 111; Korhammer 1976, p. 238; O'Neill 1991; O'Neill 1993; Pulsiano 1995, pp. 65–6, 70, 71, 72, 81, 82–3; Pulsiano 2001, *passim*.

CIX   New Haven, Beinecke Library, Yale University 10 (Cluniac),
          fols. 69v–78v
          Office of the Dead, Penitential Psalms and Litany   c. 1430–60

Slightly later than the previous Cluniac litany, this one is in a book containing the Cluniac Office of the Dead and the Penitential Psalms followed by the litany. A prayer for the dead is added at the end. The book is only simply decorated with penflourished initials in red and blue. The Cluniac saints in the litany are: Pancras, Austremonius, Marinus and Marcellus of Châlons-sur-Saône among the martyrs; Aquilinus, Florus, Philibert, Odo, Maiolus, Odilo, Hugh of Cluny and Gerald of Aurillac among the confessors; Cirilla, Milburga, Florencia and Consortia among the virgins. The saints included with cults in England are: Thomas of Canterbury at the head of the martyrs after Stephen, and Edmund, Olaf and Alban among the martyrs; Augustine of Canterbury, Dunstan, Cuthbert and Edmund of Abingdon among the confessors; Etheldreda among the virgins. The text is very close to the previous litany (no. CVIII) and the presence of Olaf may again suggest some connection with the Cluniac house of Bermondsey in London, or it may be from another region where his cult was important.

Bibliography: Shailor 1984, pp. 22–3.

APPENDIX: Litanies in Scotland

Dunfermline, Benedictine Abbey of the Holy Trinity

CX   Boulogne, Bibliothèque municipale 92, fols. 196r(195r)–201v(200v)
         Psalter   c. 1445–68

The sole survivor of the litany of Dunfermline is in a Psalter of the fifteenth century. At the beginning of the book is an inscription of ownership of Richard Bothvel, abbot 1445–68, giving a date span for the making of the book. It is illuminated with historiated initials to the liturgical divisions of the psalms. The litany is after the Athanasian Creed at the end of the canticles, and is followed by the Office of the Dead, the seven psalms of the Passion and prayers. The abbey was founded as a priory c. 1070 by Queen Margaret of Scotland and became an abbey in 1128 at the request of King David I. From the beginning it was under strong influence from Christ Church, Canterbury, and in 1128 the first appointed abbot, Geoffrey, had formerly been prior of Christ Church.[141] This would suggest its litany should contain Canterbury elements, which indeed it does, interspersed with Scottish saints. The

---

[141] Easson 1957, p. 51.

special characteristics are: Thomas of Canterbury and Blaise high up among the martyrs, and Dunstan high up among the confessors;[142] Servanus, Monan, Vulganus, Kentigern, Wilfred, Paulinus, Ronan of Scotland,[143] Ninian, Duthac, Mordac and David of Scotland among the confessors;[144] Margaret of Scotland with a double invocation after Mary Magdalene at the head of the virgins; Ebba at the bottom of the virgins.[145] The Canterbury elements are the high placing of Dunstan, the unusual Vulganus whose body was at Christ Church, as were those of Blaise and Wilfred.[146] The petitions are the standard ones with no unusual items.

Bibliography: Leroquais 1940–41, I, pp. 101–2; McRoberts, no. 59; Ker 1964, p. 59; Holmes 2011, p. 162.

Culross, Cistercian Abbey of the Blessed Virgin Mary and St Serf

CXI   Edinburgh, National Library of Scotland Adv.18.8.11, fols. 185v–188r
          Psalter   c. 1449–57

This Psalter, of relatively small size, was probably intended for personal use by one of the monks rather than as a choir book like the much larger Psalter from Kinloss (no. CXII), and its ownership inscription confirms this. It has a calendar of Cistercian use with their characteristic saints, but also containing several saints with cults in Scotland: Fillan (Jan. 9th), Margaret of Scotland (June 19th), Servanus (July 1st), Ninian (Sept. 16th) and Findoca (Oct. 13th). At the end of the calendar there is an inscription written in gold: '*Me fieri fecit Ricardus Marchel quondam abbas de Culeros quem deus salvet hic et in evum*'. Richard Marshall (d. 1470) was abbot of Culross 1449–67 which gives a dating for the Psalter. The psalms are followed by the canticles, ending with the Athanasian Creed, after which comes the litany, and finally an Office of the Dead of Cistercian use. The litany contains among the confessors the Cistercian saints Peter of Tarentaise, Malachy, William of Bourges, Bernard and Robert of Molesme. Interpolated among these are the Scottish saints Servanus (Serf), Blaan (Blane) and Kentigern, the English saints Edmund of Abingdon and Cuthbert, and among the virgins Findoca and Margaret of Scotland. Culross was dedicated to St Servanus and it is the place where he was buried.[147] It is about a third of the way from Dunfermline to Dunblane, which explains the presence of Margaret of Scotland and Blane, whereas the cult of Kentigern, whose relics were at Glasgow, is widespread in the south of Scotland.[148] The particular interest in Findoca at Culross is yet to be explained, but she must be of some special importance there because her feast in the calendar is highly graded as 'duplex', and in the litany she is placed above Margaret of Scotland.[149] At the liturgical divisions of

[142] Very surprisingly Alphege of Canterbury is not among the martyrs.
[143] There is the possibility that this might be Ronan of Canterbury.
[144] The Scottish saints will be discussed individually in Vol. III. For Kentigern see Forbes 1874, Jackson 1958, McRoberts 1973, Macquarrie 1986 and Macquarrie 2012, *passim*. For Ninian see Boyle 1967 and Macquarrie 2012, *passim*. For Servanus (Serf) see Macquarrie 1993 and Macquarrie 2012, *passim*.
[145] On Margaret of Scotland and Ebba see Folz 1992, pp. 93–104, Bartlett 2003, Boardman and Williamson 2010, pp. 77–8, 148, and Macquarrie 2012, *passim*.
[146] Wormald 1939, p. 66.
[147] Macquarrie 2012, pp. 414–16, discusses the cult of Servanus (Serf).
[148] Macquarrie 2012, pp. 328–30, discusses the cult of Blane.
[149] Macquarrie 2012, pp. 362–63, discusses places in Scotland having evidence of cults of Findoca. Dunning, to the south of Perth, had a fair of St Findoca, and the nearby village of Gask is also known as Findo Gask, suggesting an association with her. These places are about thirty miles to the north of Culross.

the psalms there are illuminated initials and large borders containing flowers, foliage and birds. Only that for psalm 1 is historiated, containing the figure of David harping with the unusual feature of a bird flying down, perhaps to indicate the inspiration of the Holy Spirit for David's writing of the psalms.[150] The other illuminated initials contain foliage on gold grounds.

Bibliography: Forbes 1872, pp. xx–xxi, 53–64; Frere 1894–1932, II, p. 54; Dickson 1917; McRoberts 1953, no. 60; Ker 1964, p. 56; Scott 1996, II, p. 118; Holmes 2011, p. 162, no. 88.

Kinloss, Cistercian Abbey of the Blessed Virgin Mary

CXII   London, Victoria and Albert Museum Reid 52, fols. 145r–146v
        Psalter   c. 1500–30

This illuminated Psalter lacks a calendar and only on the evidence of its Cistercian litany can a possible destination for Kinloss be suggested, although a cautious assessment perhaps necessitates an attribution as 'probably Kinloss'. It contains after the Psalter the canticles, ending with the Athanasian Creed, followed by the Penitential Psalms, designated only by their incipits and ending with their accompanying antiphon *Ne reminiscaris*, the litany, and finally a series of prayers, some of them with indulgences. A miniature of David harping in a landscape is set at the beginning of psalm 1 with a full border containing flowers, two birds and a jewel on a gold ground. This page is somewhat faded with the paint surface damaged. In the bottom border, surmounted by a crown, is a shield containing the IHS monogram, and in the right-hand border the added arms of Boswell. This addition must be of the eighteenth century because the book contains the signature of Alexander Boswell (later Lord Auchinleck) with the date 1745. This illumination of average quality is evidently imitating late fifteenth- or early sixteenth-century Flemish manuscripts and probably is by a Scottish artist. The large ornamental initials to the liturgical divisions of the psalter are better preserved with finely painted flowers, fruit and birds on gold grounds. The litany is of the usual short Cistercian type listing only some of the apostles, just a few martyrs, and with the characteristic Cistercian saints among the confessors: Malachy, Peter of Tarentaise, William of Bourges, Bernard and Robert of Molesme. The confessors also contain two English saints, Edmund of Abingdon and Cuthbert, and two Scottish saints, Ninian and Adamnan. The cult of Adamnan was centred on Iona, and more popular in the north of Scotland where the Cistercian abbeys of Deer (Aberdeen) and Kinloss (Morayshire) were located, all the others being in the south. The pre-Cistercian monastery of Deer was founded by St Drostan, and he would be expected in its litany, so Kinloss has been considered to be the most likely destination for the Psalter. The cult of Ninian was widespread throughout Scotland and does not help in localisation. Rowan Watson has noted the presence of Jerome among the confessors which is not usual in Cistercian litanies of this short type. He does not occur, for example, in those of Fountains (no. XXXVII) or Culross (no. CXI). Watson points out that the abbot of Kinloss in the early sixteenth century, Thomas Crystall (abbot 1504–35), had a particular devotion to St Jerome, repaired the chapel dedicated to him at Kinloss, and gave to the abbey a relic and silver statuette of the saint. His arguments provide convincing additional evidence for the attribution of this litany to Kinloss.

---

[150] Kathleen Scott notes this motif in two English Psalters, Cambridge, Trinity College O.3.10, of c. 1410, and Austin (Texas), University Library 18, of c. 1480: Scott 1996, II, p. 118.

Bibliography: McRoberts 1953, no. 63; Ker 1969, p. 383; Holmes 2011, p. 169, no. 116; Watson 2011, II, pp. 774–7, no. 147.

ADDENDUM TO VOLUME I

Norwich, Benedictine Cathedral Priory of the Holy Trinity

CXIII   Oxford, Bodleian Library Rawl. D. 894, fols. 15r–v
            Litany fragment   c. 1300–20

This is a single half leaf in a volume of fragments, many of them seemingly binding fragments. Van Dijk, in his typescript catalogue of liturgical manuscripts in the Bodleian Library, did not notice that the text is from a Norwich Cathedral Priory litany. It contains most of the confessors and all the virgins in the same sequence as in Norwich litanies.[151] The significant Norwich features are: Felix of Dunwich, Bonitus and Neot among the confessors; Austroberta, Mildred and Osith among the virgins.

Bibliography: Macray 1878, col. 89, no. 11; van Dijk 1951, VI, p. 319.

---

[151] See Vol. I, pp. 32–6, 138–53.

EDITIONS OF THE LITANY TEXTS

PONTEFRACT – YORK

UNIDENTIFIED HOUSES

APPENDIX: LITANIES IN SCOTLAND

ADDENDUM TO VOLUME I: NORWICH

Pontefract, Cluniac Priory of the St John the Evangelist

LXI   Oxford, University College 101, fols. 227r–228v   c. 1300

[f. 227r] Kyrieleyson
Christeleyson
Christe audi nos
Pater de celis Deus miserere nobis
Fili redemptor mundi Deus miserere nobis   5
Spiritus sancte Deus miserere nobis
Sancta trinitas unus Deus miserere Deus
Sancta Maria ora pro nobis
Sancta Dei genetrix ora
Sancta virgo virginum ora   10
Sancte Michael ora
Sancte Gabriel ora
Sancte Raphael ora
Omnes sancti angeli et archangeli orate pro nobis
Omnes sancti beatorum spirituum ordines orate   15
pro nobis
Sancte Johannes baptista ora
Omnes sancti patriarche et prophete orate pro nobis
Sancte Petre ii ora
Sancte Paule ora   20
Sancte Iohannes ii ora
Sancte Andrea ora
Sancte Jacobe ora
Sancte Philippe ora¹
Sancte Bartholomee ora   25
Sancte Mathee ora
Sancte Thoma ora
Sancte Jacobe ora
Sancte Symon ora
Sancte Taddee ora   30
Sancte Mathie ora
Sancte Barnaba ora
Sancte Luca ora
Sancte Marce ora
Omnes sancti apostoli et evangeliste orate pro   35
nobis
Sancte Marcialis ora
Omnes sancti discipuli Domini orate
Omnes sancti innocentes orate
Sancte Stephane ora   40
Sancte Clemens ora
Sancte Alexander ora
Sancte Marcelle ora
Sancte Corneli ora
Sancte Austremoni ora   45
Sancte Ignati ora
Sancte Iuviniane ora
Sancte Marine ora
Sancte Laurenti ora
Sancte Vincenti ora   50
Sancte Thoma ora
Sancte Marcelle ora
Sancte Quintine ora

Sancte Maurici cum sociis tuis ora pro nobis
Sancte Yrenee cum sociis tuis ora (pro nobis)   55
Sancte Dionisi cum sociis tuis ora (pro nobis)
Sancte Victor cum sociis tuis ora (pro nobis)
Sancte Georgi ora
Sancte Leodegari ora
Sancte Juliane ora   60
Sancte Sebastiane ora
[f. 227v] Sancte Fortunate ora
Sancte Blasi ora²
Sancte Albane ora
Sancte Eadmunde ora   65
Sancte Oswalde ora
Sancti Johannes et Paule orate
Sancti Crispine et Crispiniane orate pro nobis
Sancti Saviniane et Potentiane orate pro nobis
Sancti Marcelline et Petre orate   70
Omnes sancti martires orate
Sancte Silvester ora
Sancte Ylari ora
Sancte Martine ora
Sancte Dunstane ora   75
Sancte Gregori ora
Sancte Augustine cum sociis (tuis ora)³
Sancte Amator ora
Sancte Germane ora
Sancte Taurine ora   80
Sancte Aquiline ora
Sancte Swythune ora⁴
Sancte Ambrosi ora
Sancte Augustine ora
Sancte Edmunde ora⁵   85
Sancte Jeronime ora
Sancte Eucheri ora
Sancte Nicholae ora
Sancte Cuthberte ora
Sancte Wilfride ora   90
Sancte Willelme ora
Sancte Iohannes ora⁶
Sancte Ricarde ora
Sancte Albine ora
Sancte Benedicte ora   95
Sancte Maure ora
Sancte Leonarde ora
Sancte Philiberte ora
Sancte Columbane ora
Sancte Egidi ora   100
Sancte Oddo ora
Sancte Maiole ora
Sancte Odilo ora
Sancte Hugo ora
Sancte Geralde ora   105
Omnes sancti confessores orate

55

Sancta Maria Maddalene ora
Sancta Martha ora[7]
Sancta Anna[8]
Sancta Felicitas ora   110
Sancta Perpetua ora
Sancta Agatha ora
Sancta Agnes ora
Sancta Cecilia ora
Sancta Lucia ora   115
Sancta Fides ora
Sancta Felicula ora
Sancta Scolastica ora
Sancta Milburga ora
Sancta Radegundis ora   120
Sancta Walburgis ora
Sancta Florentia ora
Sancta Consortia ora
Sancta Daria ora
Sancta Columba ora   125
Sancta Katerina ora
Sancta Margareta ora
Sancta Helena ora
Omnes sancte virgines orate
Omnes sancti orate pro nobis ii   130
Propitius esto parce nobis Domine
Ab omni malo libera
Ab insidiis diaboli libera
A dampnacione perpetua libera
[f. 228r] Ab imminentibus peccatorum   135
nostrorum periculis libera
Ab infestacionibus demonum libera
A spiritu fornicacionis libera
Ab appetitu inanis glorie libera
Ab omni inmundicia mentis et corporis libera   140
Ab ira et odio et omni mala voluntate libera
Ab inmundis cogitacionibus libera nos Domine
A cecitate cordis libera
A fulgure et tempestate libera
Per misterium sancte incarnationis tue libera   145
Per passionem et crucem tuam libera
Per gloriosam resurrectionem tuam libera
Per admirabilem ascentionem tuam libera
Per gratiam sancti spiritus paracliti libera
In die iudicii libera   150
Peccatores te rogamus audi nos
Ut pacem nobis dones te rogamus
Ut misericordia et pietas tua nos custodiat te
rogamus

Ut ecclesiam tuam regere et defensare digneris   155
te rogamus
Ut dompnum apostolicum et omnes gradus ecclesie
in sancta religione conservare digneris te rogamus
Ut locum istum et omnes habitantes in eo visitare et
consolari digneris te rogamus[9]   160
Ut regibus et principibus nostris pacem et veram
concordiam atque victoriam donare digneris te
rogamus
Ut episcopos et abbates nostris et omnes
congregaciones illis commissas in sancta   165
religione conservare digneris te rogamus
Ut congregaciones omnium sanctorum in tuo sancto
servicio conservare digneris te rogamus
Ut cunctum populum christianum precioso
sanguine tuo redemptum conservare digneris   170
te rogamus
Ut omnibus benefactoribus nostris sempiterna bona
retribuas te rogamus
Ut animas nostras et parentum nostrorum ab eterna
dampnatione eripias te rogamus   175
Ut fructus terre dare et conservare digneris te
rogamus
Ut oculos misericordie tue super nos reducere
digneris te rogamus
Ut obsequium servitutis nostre rationabile   180
facias te rogamus
Ut mentes nostras ad celestia desideria erigas te
rogamus
Ut miserias pauperum et captivorum intueri et
relevare digneris te rogamus   185
Ut regularibus disciplinis nos instruere digneris te
rogamus
Ut omnibus fidelibus defunctis requiem eternam
dones te rogamus
Ut nos exaudire digneris te rogamus   190
Fili Dei te rogamus
Fili Dei te rogamus
Agnus Dei qui tollis peccata mundi parce nobis
Domine
Agnus Dei qui tollis peccata [f. 228v] mundi   195
exaudi nos Domine
Agnus Dei qui tollis peccata mundi miserere nobis
Christe audi nos
Kyrie eleyson
Christe eleyson   200
Kyrie eleyson

Ramsey, Benedictine Abbey of the Blessed Virgin Mary and St Benedict

LXII Cambridge, Corpus Christi College 468, fol. 158v c. 1280–1300

[f. 158v] Kyrieleyson
Christeleyson
Christe audi nos
Pater de celis Deus miserere (nobis)
Fili redemptor mundi Deus mis(erere nobis) 5
Spiritus sancte Deus miserere nobis
Sancta trinitas unus Deus m(iserere nobis)
Sancta Maria ora pro nobis
Sancta Dei genetrix ora
Sancta virgo virginum ora 10
Sancte Michael ora
Sancte Gabriel ora
Sancte Raphael ora
Omnes sancti angeli et archangeli orate
Omnes sancti beatorum spirituum or(dines) orate 15
Sancte Iohannes baptista ora
Omnes sancti patriarche et prophete (orate)
Sancte Petre ii ora
Sancte Paule ora
Sancte Andrea ora 20
Sancte Iacobe ora
Sancte Iohannes ora

Sancte Iacobe ora
Sancte Philippe ora
Sancte Bartholomee ora 25
Sancte Mathee ora
Sancte Thoma ora
Sancte Symon ora
Sancte Taddee ora
Sancte Mathia ora 30
Sancte Barnaba ora
Sancte Luca ora
Sancte Marce ora
Sancte Marcialis ora
Omnes sancti apostoli et evangeliste (orate) 35
Omnes sancti Domini discipuli orate
Omnes sancti innocentes orate
Sancte Stephane ora
Sancte Clemens ora
Sancte Syxte ora 40
Sancte Dionisi cum sociis tuis ora
Sancte Thoma ora
Sancte Nigasi cum sociis tuis ora
Sancte Gereon cum sociis tuis ora[10]

Reading, Benedictine Abbey of the Blessed Virgin Mary

LXIII   New York, Pierpont Morgan Library M.103, fols. 132v–135r   c. 1250

[f. 132v] Kyrieleyson
Christeleyson
Christe audi nos
Pater de celis Deus miserere nobis
Fili redemptor mundi Deus (miserere nobis)   5
Spiritus sancte Deus miserere nobis
Sancta trinitas unus Deus miserere nobis
Sancta Maria ora pro nobis
Sancta Dei genetrix ora
Sancta virgo virginum ora   10
Sancte Michael ora
Sancte Gabriel ora
Sancte Raphael ora
Omnes sancti angeli et archangeli orate
Omnes sancti beatorum spirituum ordines (orate) 15
Sancte Johannes baptista ora
Omnes sancti patriarche et prophete (orate)
Sancte Petre ii ora
Sancte Paule ora
Sancte Andrea ora   20
Sancte Johannes ora
Sancte Jacobe ora
Sancte Philippe ora
Sancte Bartholomee ora
Sancte Mathee ora   25
Sancte Thoma ora
Sancte Jacobe ora
Sancte Symon ora
Sancte Thaddee ora
Sancte Mathia ora   30
Sancte Barnaba ora
Sancte Luca ora
Sancte Marce ora
Omnes sancti apostoli et evangeliste (orate)
Sancte Marcialis ora   35
Omnes sancti discipuli Domini orate
Omnes sancti innocentes orate
Sancte Stephane ora
Sancte Clemens ora
Sancte Alexander ora   40
[f. 133r] Sancte Marcelle ora
Sancte Pancrati ora
Sancte Quintine ora
Sancte Appollinaris ora
Sancte Marine ora   45
Sancte Laurenti ora
Sancte Vincenti ora
Sancte Marcelle ora
Sancte Maurici cum sociis tuis ora
Sancte Hirenee cum sociis tuis ora   50
Sancte Dionisii cum sociis tuis ora
Sancte Ernulfe ora
Sancte Leodegari ora

Sancte Thoma ora
Sancte Juliane ora   55
Sancte Sebastiane ora
Sancte Albane ora
Sancte Edmunde ora
Sancte Edwarde ora
Sancte Oswalde ora   60
Sancte (sic!) Marcelline et Petre (orate)
Sancte (sic!) Marce et Marcelliane (orate)
Sancti Crispine et Crispiniane (orate)
Sancti Cosma et Damine (orate)
Omnes sancti martires orate   65
Sancte Silvester ora
Sancte Hilari ora
Sancte Martine ora
Sancte Gregori ora
Sancte Germane ora   70
Sancte Taurine ora
Sancte Aquiline ora
Sancte Ambrosi ora
Sancte Augustine ora
Sancte Jeronime ora   75
Sancte Nicholae ora
Sancte Augustine ora
Sancte Dunstane ora
Sancte Swithune ora
Sancte David ora   80
[f. 133v] Sancte Cuthberte ora
Sancte Brici ora
Sancte Aldelme ora
Sancte Wlstane ora
Sancte Juliane ora   85
Sancte Benedicte ora
Sancte Maure ora
Sancte Philiberte ora
Sancte Columbane ora
Sancte Egidi ora   90
Sancte Oddo ora
Sancte Maiole ora
Sancte Odilo ora
Sancte Hugo ora
Sancte Geralde ora   95
Sancte Leonarde ora
Omnes sancti confessores orate
Sancta Maria Magdalena (ora)
Sancta Felicitas ora
Sancta Perpetua ora   100
Sancta Agatha ora
Sancta Agnes ora
Sancta Cecilia ora
Sancta Lucia ora
Sancta Cirilla ora   105
Sancta Scolastica ora

Sancta Radegundis ora
Sancta Walburgis ora
Sancta Florentia ora
Sancta Consortia ora   110
Sancta Daria ora
Sancta Columba ora
Sancta Fides ora
Sancta Katerina ora
Sancta Milburga ora   115
Sancta Margareta ora
Sancta Modwenna ora
Sancta Anastasia ora
Sancta Brigida ora
Omnes sancte virgines orate   120
[f. 134r] Omnes sancti ii (orate)
Propitius esto parce nobis Domine
Ab insidiis diaboli libera nos Domine
A dampnatione perpetua libera
Ab imminentibus peccatorum nostrorum   125
periculis libera
Ab infestationibus demonum libera
A spiritu fornicationis libera
Ab appetitu inanis glorie libera
Ab omni immunditia mentis et corporis libera   130
Ab ira et odio et omni mala voluntate libera
Ab immundis cogitationibus libera
A cecitate cordis libera
A fulgure et tempestate libera
Per misterium sancte incarnationis tue libera   135
Per passionem et crucem tuam libera
Per gloriosam resurrectionem tuam libera
Per admirabilem ascensionem tuam libera
Per gratiam sancti spiritus paracliti libera
In die iudicii libera   140
Peccatores te rogamus audi nos
Ut pacem nobis dones te rogamus
Ut misericordia et pietas tua nos custodiat te
rogamus
Ut ecclesiam tuam regere et defensare digneris   145
te rogamus
Ut dompnum apostolicum et omnes gradus ecclesie
in sancta religione conservare digneris te rogamus[11]

Ut regibus et principibus nostris pacem et veram
con[f. 134v]cordiam atque victoriam donare   150
digneris te rogamus
Ut episcopos et abbates nostros et omnes
congregationes illis commissas in sancta religione
conservare digneris te rogamus
Ut congregationes omnium sanctorum in tuo   155
sancto servitio conservare digneris te rogamus
Ut cunctum populum christianum precioso sanguine
tuo redemptum conservare digneris te rogamus
Ut omnibus benefactoribus nostris sempiterna bona
retribuas (te rogamus)   160
Ut animas nostras et parentum nostrorum ab eterna
dampnatione eripias te rogamus
Ut fructus terre dare et conservare digneris te
rogamus
Ut oculos misericordie tue super nos reducere   165
digneris te rogamus
Ut obsequium servitutis nostre rationabile facias te
rogamus
Ut mentes nostras ad celestia desideria erigas te
rogamus   170
Ut miserias pauperum et captivorum intueri et
revelare digneris te rogamus
Ut regularibus disciplinis nos instruere digneris te
rogamus
Ut omnibus fidelibus defunctis requiem   175
eternam dones te rogamus
Ut nos exaudire digneris te rogamus
Fili Dei te rogamus ii
Agnus Dei qui tollis peccata mundi parce nobis
Domine   180
[f. 135r] Agnus Dei qui tollis peccata mundi exaudi
nos Domine
Agnus Dei qui tollis peccata mundi miserere nobis
Christe audi nos
Kyrieleison   185
Christeleison
Kyrieleison

Rochester, Benedictine Cathedral Priory of St Andrew

LXIV Paris, Bibliothèque Ste Geneviève 1273, fols. 178v–181v c. 1220–40

[f. 178v] Kyrieleison
Christeleison
Christe audi nos
Pater de celis Deus miserere nobis
Fili redemptor mundi Deus miserere nobis 5
Spiritus sancte Deus miserere nobis
Sancta trinitas unus Deus miserere nobis
Sancta Maria ora
Sancta Dei genetrix ora
Sancta virgo virginum ora 10
Sancte Michael ora
Sancte Gabriel ora
Sancte Raphael ora
Omnes sancti angeli et archangeli orate
Omnes sancti beatorum spirituum ordines orate 15
Sancte Iohannes baptista ora
Omnes sancti patriarche et prophete orate
Sancte Petre ora
Sancte Paule ora
Sancte Andrea ora 20
Sancte Iohannes ora
Sancte Iacobe ora
Sancte Phylippe ora
[f. 179r] Sancte Bartholomee ora
Sancte Mathee ora 25
Sancte Thoma ora
Sancte Iacobe ora
Sancte Symon ora
Sancte Thaddee ora
Sancte Mathia ora 30
Sancte Barnaba ora
Sancte Luca ora
Sancte Marce ora
Omnes sancti apostoli et evangeliste orate
Omnes sancti discipuli Domini orate 35
Omnes sancti innocentes orate pro nobis
Sancte Stephane ora
Sancte Clemens ora
Sancte Alexander ora
Sancte Marcelle ora 40
Sancte Syxte ora
Sancte Laurenti ora
Sancte Vincenti ora
Sancte Georgi ora
Sancte Elphege ora 45
Sancte Salvi ora
Sancte Blasi ora
Sancte Albane ora
Sancte Edmunde ora
Sancte Dionisi cum sociis tuis orate pro nobis[12] 50
Sancte Maurici cum sociis tuis orate pro nobis
Sancte Nychasi cum sociis tuis (orate pro nobis)
Sancte Eustachi cum sociis tuis (orate pro nobis)

Sancte Fabiane ora
Sancte Sebastiane ora 55
Sancte Gervasi ora
[f. 179v] Sancte Prothasi ora
Sancte Christofore ora
Sancte Marcelline ora
Sancte Silvester ora[13] 60
Omnes sancti martires orate
Sancte Marcialis ora
Sancte Hylari ora
Sancte Martine ora
Sancte Ambrosi ora 65
Sancte Augustine ora
Sancte Damase ora
Sancte Leo ora
Sancte Gregori ora
Sancte Augustine cum sociis tuis ora pro nobis 70
Sancte Pauline ora
Sancte Ythamare ora
Sancte Dunstane ora
Sancte Suuithune ora
Sancte Audoene ora 75
Sancte Nicholae ora
Sancte Remigi ora
Sancte Cuthberte ora
Sancte Ealdelme ora
Sancte Fursee ora 80
Sancte Wilfride ora
Sancte Felix ora
Sancte Antoni ora
Sancte Ieronime ora
Sancte Benedicte ora 85
Sancte Maure ora
Sancte Leonarde ora
Sancte Columbane ora
Sancte Wandregesile ora
Sancte Egidi ora 90
Omnes sancti confessores orate
Omnes sancti monachi et heremite orate pro nobis
[f. 180r] Sancta Maria Magdalene ora pro nobis
Sancta Felicitas ora
Sancta Perpetua ora 95
Sancta Agatha ora
Sancta Agnes ora
Sancta Lucia ora
Sancta Cecilia ora
Sancta Petronilla ora 100
Sancta Scolastica ora
Sancta Fidis ora
Sancta Katerina ora
Sancta Baltildis ora
Sancta Fides ora 105
Sancta Spes ora

Sancta Caritas ora
Sancta Tecla ora
Sancta Iuliana ora
Sancta Praxedis ora   110
Sancta Anastasia ora
Sancta Christina ora
Sancta Iustina ora
Sancta Etheldritha ora
Sancta Mildritha ora   115
Sancta Prisca ora
Sancta Eufemia ora
Sancta Margarita ora
Sancta Austroberta (ora)
Omnes sancte virgines orate   120
Omnes sancti orate pro nobis
Propicius esto parce nobis Domine
Propicius esto libera nos Domine
Ab omni malo libera
Ab insidiis diaboli (libera)   125
A damnatione perpetua (libera)
Ab imminentibus [f. 180v] peccatorum nostrorum
periculis libera
Ab infestationibus demonum libera
A spiritu fornicationis (libera)   130
Ab appetitu inanis glorie libera
Ab omni immundicia mentis et corporis (libera)
Ab ira et odio et omni mala voluntate (libera)
Ab immundis cogitationibus libera
A cecitate cordis libera   135
A fulgure et tempestate libera nos Domine
A subitanea et eterna morte libera
Per mysterium sancte incarnationis tue libera
Per passionem et crucem tuam libera
Per gloriosam resurrectionem tuam libera   140
Per admirabilem ascensionem tuam libera
Per gratiam sancti spiritus paraclyti libera
In hora mortis succurre nobis Domine
In die iudicii libera
Peccatores te rogamus audi nos   145
Ut pacem nobis dones te rogamus
Ut misericordia et pietas tua nos semper custodiat te
rogamus
Ut ecclesiam tuam regere [f. 181r] ac
defensare digneris te rogamus   150
Ut domnum apostolicum et omnes gradus ecclesie
in sancta religione conservare digneris te rogamus

Ut presulem nostrum et gregem sibi commissum
conservare digneris te rogamus
Ut regibus et principibus nostris pacem et   155
veram concordiam atque victoriam donare digneris
te rogamus
Ut episcopos et abbates nostros et omnes
congregationes illis commissas in sancta religione
conservare digneris te rogamus   160
Ut congregationes omnium sanctorum in tuo sancto
servitio conservare digneris te rogamus
Ut cunctum populum christianum precioso sanguine
tuo redemptum conservare digneris te rogamus
Ut omnibus benefactoribus nostris sempiterna   165
bona retribuas te rogamus
Ut animas nostras et parentum nostrorum ab eterna
damnatione eripias te rogamus
Ut mentes nostras ad celestia desideria erigas te
rogamus   170
Ut obsequium servitutis nostre rationabile
[f. 181v] facias te rogamus
Et locum istum et omnes habitantes (in eo) visitare
et consolari digneris te rogamus[14]
Ut fructus terre dare et conservare digneris te   175
rogamus
Ut inimicos sancti Dei ecclesie comprimere digneris
te rogamus
Ut oculos misericordie tue super nos reducere
digneris te rogamus   180
Ut miserias pauperum et captivorum intueri et
relevare digneris te rogamus
Ut omnibus fidelibus defunctis requiem eternam
dones te rogamus
Ut nos exaudire digneris te rogamus   185
Fili Dei te rogamus audi nos
Agnus Dei qui tollis peccata mundi parce nobis
Domine
Agnus Dei qui tollis peccata mundi exaudi nos
Domine   180
Agnus Dei qui tollis peccata mundi miserere nobis
Christe audi nos
Kyrieleison
Christeleison
Kyrieleison   185

St Albans, Benedictine Abbey of St Alban

LXV   Hildesheim, Dombibliothek St Godehard 1, pp. 403–409   c. 1129–35

[p. 403] (Kyrieleyson)[15]
Christe eleyson
Christe audi nos
Pater de celis Deus miserere nobis
Fili redemptor mundi Deus miserere (nobis)   5
Spiritus sancte Deus miserere
Sancta trinitas unus Deus miserere
Sancta MARia ora pro nobis
Sancta Dei genetrix ora
Sancta virgo virginum ora   10
Sancte Michael ora
Sancte Gabriel ora
Sancte Raphael ora
[p. 404] Omnes sancti angeli et archangeli orate pro nobis[16]   15
Omnes sancti beatorum spirituum ordines orate (pro nobis)
Sancte Iohannes baptista ora
Omnes sancti patriarche et prophete orate pro (nobis)   20
Sancte Petre ora
Sancte Paule ora
Sancte Andrea ora
Sancte Iohannes ora
Sancte Iacobe ora   25
Sancte Philippe ora
Sancte Bartholomee ora
Sancte Mathee ora
Sancte Thoma ora
Sancte Iacobe ora   30
Sancte Symon ora
Sancte Thaddee ora
Sancte Mathia ora
Sancte Barnaba ora
Sancte Luca ora   35
Sancte Marce ora
Omnes sancti apostoli et euangeliste orate
Omnes sancti discipuli Domini orate
Omnes sancti innocentes orate
Sancte Stephane ora   40
Sancte Albane ii ora
Sancte Clemens ora
Sancte Alexander ora
Sancte Marcelle ora
Sancte Syxte ora   45
Sancte Laurenti ora
Sancte Ypolite cum sociis tuis ora
Sancte Corneli ora
Sancte Cipriane ora
Sancte Policarpe ora   50
Sancte Theodore ora
Sancte Vincenti ora

LXVI   London, British Library Add. 81804, fols. 181v–185v   c. 1150

[f. 181v] Kyrieleyson
Christe eleyson
Christe audi nos
Pater de celis Deus miserere nobis
Fili redemptor mundi Deus miserere nobis   5
Spiritus sancte Deus miserere nobis
Sancta trinitas unus Deus miserere nobis
Sancta MARIA ora pro nobis
Sancta Dei genitrix ora
Sancta virgo virginum ora pro nobis   10
Sancte Michael ora
Sancte Gabriel ora
Sancte Raphael ora
Omnes sancti angeli et archangeli orate pro nobis   15
Omnes sancti beatorum spirituum ordines orate pro nobis
Sancte Iohannes baptista ora
Omnes sancti patriarche et prophete orate pro nobis   20
Sancte Petre ora
Sancte Paule ora
Sancte Andrea ora
Sancte Iohannes ora
Sancte Iacobe ora   25
[f. 182r] Sancte Phylippe ora
Sancte Bartholomee ora
Sancte Mathee ora
Sancte Thoma ora
Sancte Iacobe ora   30
Sancte Symon ora
Sancte Taddee ora
Sancte Mathia ora
Sancte Barnaba ora
Sancte Luca ora   35
Sancte Marce ora
Omnes sancti apostoli et euangeliste orate pro nobis
Omnes sancti discipuli Domini orate pro nobis
Omnes sancti innocentes orate pro nobis
Sancte ALBANE ii ora   40
Sancte Stephane ora
Sancte Clemens ora
Sancte Alexander ora
Sancte Marcelle ora
Sancte Syxte ora   45
Sancte Laurenti ora
Sancte Ypolite cum sociis tuis ora pro nobis
Sancte Corneli ora
Sancte Cypriane ora
Sancte Policarpe ora   50
Sancte Theodore ora
Sancte Vincenti ora

Sancte Georgi ora		Sancte Georgi ora	
Sancte Elfege ora		Sancte Alfege ora	
–	55	Sancte Osuualde ora	55
–		Sancte Osuuine ora	
Sancte Edmunde ora		[f. 182v] Sancte Eadmunde ora	
Sancte Dionisi cum sociis (tuis) ora		Sancte Dionisi cum sociis tuis ora	
Sancte Maurici cum sociis (tuis) ora		Sancte Maurici cum sociis tuis ora	
[p. 405] Sancte Nigasi cum sociis (tuis) ora	60	Sancte Nigasi cum sociis tuis ora	60
Sancte Luciane cum sociis (tuis) ora		Sancte Luciane cum sociis tuis ora	
Sancte Eustachi cum sociis (tuis) ora		Sancte Eustachi cum sociis tuis ora	
Sancte Leodegari ora		Sancte Leodegari ora	
Sancte Fabiane ora		Sancte Fabiane ora	
Sancte Sebastiane ora	65	Sancte Sebastiane ora	65
Sancte Grisogone ora		Sancte Grisogone ora	
Sancte Gorgoni ora		Sancte Gorgoni ora	
Sancte Saturnine ora		Sancte Saturnine ora	
Sancte Quintine ora		Sancte Quintine ora	
Sancte Gervasi ora	70	Sancte Gervasi ora	70
Sancte Prothasi ora		Sancte Prothasi ora	
Sancte Christofore ora		Sancte Christofore ora	
Sancte Marcelline ora		Sancti Marcelline et Petre orate pro nobis	
Sancte Petre ora		–	
Sancti Cosma et Damiane orate	75	–	75
Sancti Iohannes et Paule orate		–	
Omnes sancti martires orate		Omnes sancti martyres orate pro nobis	
Sancte Silvester ora		Sancte Silvester ora	
Sancte Marcialis ora		Sancte Marcialis ora	
Sancte Hilari ora	80	Sancte Ylari ora	80
Sancte Martine ora		Sancte Martine ora	
Sancte Ambrosi ora		Sancte Ambrosi ora	
Sancte Augustine ora		Sancte Augustine ora	
–		Sancte Germane ora	
Sancte Damase ora	85	Sancte Damase ora	85
Sancte Leo ora		Sancte Leo ora	
Sancte Gregori ora		Sancte Gregori ora	
Sancte Athanasi ora		Sancte Athanasi ora	
Sancte Basili ora		Sancte Basili ora	
Sancte Augustine cum sociis tuis ora	90	Sancte Augustine cum sociis tuis ora pro nobis	90
Sancte Suithune ora		Sancte Swithune ora	
–		Sancte Cuthberte ora	
Sancte Dunstane ora		[f. 183r] Sancte Dunstane ora	
Sancte Germane ora		–	
Sancte Romane ora	95	Sancte Romane ora	95
Sancte Cuthberte ora		–	
Sancte Audoene ora		Sancte Audoene ora	
Sancte Pauline ora		–	
Sancte Nicholae ora		Sancte Nicholae ora	
Sancte Taurine ora	100	Sancte Taurine ora	100
Sancte Remigi ora		Sancte Remigi ora	
Sancte Paule ora		Sancte Paule ora	
Sancte Antoni ora		Sancte Antoni ora	
Sancte Hilarion ora		Sancte Ylarion ora	
Sancte Pacomi ora	105	Sancte Pachomi ora	105
[p. 406] Sancte Machari ora		Sancte Machari ora	
Sancte Arseni ora		Sancte Arseni ora	
Sancte Ieronime ora		Sancte Ieronime ora	
Sancte Benedicte ii ora		Sancte Benedicte ii ora	
Sancte Maure ora	110	Sancte Maure ora	110

Sancte Columbane ora		Sancte Columbane ora	
Sancte Wandregisile ora		Sancte Wandregisile ora	
Sancte Philiberte ora		Sancte Philiberte	
Sancte Maiole ora		Sancte Leonarde	
Sancte Leonarde ora	115	Sancte Maiole	115
Sancte Alexi ora		–	
–		Sancte Egidi ora	
Omnes sancti confessores orate		Omnes sancti confessores orate pro nobis	
Omnes sancti monachi et heremite orate pro nobis		Omnes sancti monachi et heremite orate	
Sancta Maria Magdalene ora	120	Sancta Maria Magdalene ora	120
Sancta Maria Egiptiaca ora		–	
Sancta Felicitas ora		Sancta Felicitas ora	
Sancta Perpetua ora		Sancte Perpetua ora	
Sancta Agatha ora		Sancta Agatha ora	
Sancta Agnes ora	125	Sancta Agnes ora	125
Sancta Petronilla ora		Sancta Petronilla ora	
Sancta Cecilia ora		Sancta Cecilia ora	
Sancta Lucia ora		Sancta Lucia ora	
Sancta Scolastica ora		Sancta Scolastica ora	
Sancta Radegundis ora	130	Sancta Radegundis ora	130
Sancta Baltildis ora		[f. 183v] Sancta Baltildis ora	
Sancta Fides ora		Sancta Fides ora	
Sancta Spes		Sancta Spes ora	
Sancta Caritas		Sancta Caritas ora	
Sancta Genovefa	135	Sancta Genovefa	135
Sancta Tecla		Sancta Tecla ora	
Sancta Luciana[17]		Sancta Iuliana ora	
Sancta Praxedis		Sancta Praxedis ora	
Sancta Anastasia		Sancta Anastasia ora	
Sancta Cristina	140	Sancta Cristina ora	140
Sancta Prisca		Sancta Prisca ora	
Sancta Eufemia		Sancta Eufemia ora	
Sancta Caterina		Sancta CATERINA ora	
–		Sancta Fidis ora	
Sancta Margareta	145	–	145
Sancta Eufraxia		–	
Sancta Marina			
Sancta Elizabeth			
Sancta Susanna		–	
Sancta Brigida	150	–	150
[p. 407] Sancta Etheldritha		–	
Sancta (sic!) Ursula et Coruula cum sociis		–	
vestris orate pro (nobis)[18]		–	
Sancta Elena		–	
Sancta Barbara	155	–	155
Sancta Florentia		–	
Sancta Consortia		–	
Sancta Smeralda[19]		–	
Omnes sancte virgines orate pro nobis		Omnes sancte virgines orate pro nobis	
Omnes sancti orate pro nobis ii	160	Omnes sancti orate ii	160
Propicius esto parce nobis Domine		Propicius esto parce nobis Domine	
–		Propicius esto libera nos Domine	
Ab omni malo libera nos Domine		Ab omni malo libera	
Ab insidiis diaboli libera		Ab insidiis diaboli libera	
A da(m)natione perpetua libera nos Domine	165	A damnatione perpetua libera	165
Ab imminentibus peccatorum nostrorum periculis		Ab imminentibus peccatorum nostrorum periculis	
libera		libera	
Ab infestationibus demonum libera		Ab infestationibus demonum libera	

A spiritu fornicationis libera
Ab apetitu inanis glorie libera   170
Ab omni immundicia meritis et corporis libera
Ab ira et odio et omni mala voluntate
libera
Ab immundis cogitationibus libera
A cecitate cordis libera   175
A fulgure et tempestate libera
A subitanea morte libera
Per misterium sancte incarnationis tue libera
Per passionem et crucem tuam libera
Per gloriosam resurrectionem tuam libera   180
Per admirabilem ascensionem tuam libera
Per gratiam sancti spiritus paracliti libera
In hora mortis succurre nobis Domine
[p. 408] In die iudicii libera nos Domine
Peccatores te rogamus audi nos   185
Ut pacem nobis dones te rogamus
Ut misericordia et pietas tua nos custodiat te
rogamus
Ut ecclesiam tuam regere et defensare digneris te
rogamus   190
Ut do(m)num apostolicum et omnes gradus ecclesie
in sancta religione conservare digneris te
rogamus
Ut regi nostro et principibus nostris pacem et veram
concordiam atque victoriam donare digneris te   195
rogamus
Ut episcopos et abbates nostros et omnes
congregationes illis comissas in sancta religione
conservare digneris te rogamus
Ut congregationes omnium sanctorum in tuo   200
sancto servitio conservare digneris te rogamus
Ut cunctum populum christianum precioso sanguine
tuo redemptum conservare digneris te rogamus
Ut omnibus benefactoribus nostris sempiterna bona
retribuas te rogamus   205
Ut animas nostras et parentum nostrorum ab eterna
dampnatione eripias te rogamus

–

–

Ut fructus terre dare et conservare digneris te   210
rogamus
Ut oculos misericordie tue super nos reducere
digneris te rogamus
Ut obsequium servitutis nostre rationabile facias te
rogamus   215
Ut mentes nostras [p. 409] ad celestia desideria
erigas te rogamus
Ut miserias pauperum et captivorum intueri et
revelare digneris te rogamus
Ut regularibus disciplinis nos instruere digneris 220
te rogamus audi nos
Ut omnibus fidelibus defunctis requiem eternam
dones te rogamus audi nos
Ut nos exaudire digneris te rogamus
Fili Dei te rogamus audi nos ii   225

A spiritu fornicationis libera
Ab appetitu inanis glorie libera   170
Ab omni immundicia mentis et corporis libera
[f. 184r] Ab ira et odio et omni mala voluntate
libera
Ab immundis cogitationibus libera
A cecitate cordis libera nos Domine   175
A fulgure et tempestate libera
A subitanea morte libera
Per mysterium sancte incarnationis tue libera
Per passionem et crucem tuam libera
Per gloriosam resurrectionem tuam libera   180
Per admirabilem ascensionem tuam libera
Per gratiam sancti spiritus paraclyti libera
In hora mortis succurre nobis Domine
In die iudicii libera nos Domine
Peccatores te rogamus audi nos   185
Ut pacem nobis dones te rogamus
Ut misericordia et pietas tua nos custodiat te
rogamus
Ut ecclesiam tuam regere et defensare digneris te
rogamus audi nos   190
Ut domnum apostolicum et omnes gradus [f. 184v]
ecclesie in sancta religione conservare digneris te
rogamus
Ut regi nostro et principibus nostris pacem et veram
concordiam atque victoriam donare digneris te   195
rogamus audi nos
Ut episcopos et abbates nostros et omnes
congregationes illis commissas in sancta religione
conservare digneris te rogamus
Ut congregationes omnium sanctorum in tuo   200
sancto servitio conservare digneris te rogamus[20]
Ut cunctum populum christianum precioso sanguine
tuo redemptum conservare digneris te rogamus
Ut omnibus benefactoribus nostris sempiterna bona
retribuas te rogamus   205
Ut animas nostras et parentum nostrorum ab eterna
damnatione eripias te rogamus
Ut locum istum et omnes habitantes in eo visitare et
consolari digneris te rogamus
Ut fructus terre dare et conservare digneris te   210
rogamus
[f. 185r] Ut oculos misericordie tue super nos
reducere digneris te rogamus audi nos
Ut obsequium servitutis nostre rationabile facias te
rogamus   215
Ut mentes nostras ad celestia desideria erigas te
rogamus
Ut miserias pauperum et captivorum intueri et
relevare digneris te rogamus
Ut regularibus disciplinis nos instruere digneris 220
te rogamus audi nos
Ut omnibus fidelibus defunctis requiem eternam
dones te rogamus
Ut nos exaudire digneris te rogamus
Fili Dei te rogamus audi nos ii   225

65

Agnus Dei qui tollis peccata mundi parce nobis Domine	Agnus Dei qui tollis peccata mundi parce nobis Domine
Agnus Dei qui tollis peccata mundi exaudi nos Domine	Agnus Dei qui tollis peccata mundi exaudi nos Domine
Agnus Dei qui tollis peccata mundi miserere nobis 230	Agnus Dei qui tollis peccata mundi [f. 185v] 230 miserere nobis
Christe audi nos	Christe audi nos
Kyrieleyson	Kyrieleyson
Christeleyson	Christe eleyson
(K)yrieleyson 235	Kyrieleyson 235

St Albans, Benedictine Abbey of St Alban

LXVII London, British Library Royal 2 A.X, fols. 58v–61r c. 1150

[f. 58v] Kyrie eleyson
Christe eleyson
–
Christe audi nos
Pater de celis Deus miserere nobis 5
Fili redemptor mundi Deus miserere nobis
Spiritus sancte Deus miserere nobis
Sancta trinitas unus Deus miserere nobis
Sancta MARIA ora[21]
Sancta Dei genetrix ora 10
Sancta virgo virginum ora
Sancte Michael ora
Sancte Gabriel ora
Sancte Raphael ora
Omnes sancti angeli et archangeli orate pro nobis 15
Omnes sancti beatorum spirituum ordines orate
pro nobis
Sancte Iohannes baptista ora
[f. 59r] Omnes sancti patriarche et prophete orate
pro nobis 20
Sancte PETRE ora
Sancte Paule ora
Sancte Andrea ora
Sancte Iohannes ora
Sancte Iacobe ora 25
Sancte Phylippe ora
Sancte Bartholomee ora
Sancte Mathee ora
Sancte Thoma ora
Sancte Iacobe ora 30
Sancte Symon ora
Sancte Taddee ora
Sancte Mathia ora
Sancte Barnaba ora
Sancte Luca ora 35
Sancte Marce ora
Omnes sancti apostoli et evangeliste orate pro nobis
Omnes sancti discipuli Domini orate pro nobis
Omnes sancti innocentes orate
Sancte ALBANE ii ora 40
–

–
Sancte Stephane ora
Sancte Clemens ora
Sancte Alexander ora 45
Sancte Marcelle ora
Sancte Syxte ora
Sancte Laurenti ora
Sancte Ypolite cum sociis tuis ora
– 50
Sancte Corneli ora
Sancte Cypriane ora

LXVIII London, British Library Royal 2 B.VI, fols. 152v–155v c. 1246–55

[f. 152v] Kyrieleison
Christe eleyson
Kyrieleison
Christe audi nos
Pater de celis Deus miserere nobis 5
Fili redemptor mundi Deus miserere nobis
Spiritus sancte Deus miserere nobis
Sancta trinitas unus Deus miserere (nobis)
[f. 153r] Sancta Maria ora pro nobis
Sancta Dei genetrix ora 10
Sancta virgo virginum ora
Sancte Michael ora
Sancte Gabriel ora
Sancte Raphael ora
Omnes sancti angeli et archangeli orate pro nobis 15
Omnes sancti beatorum spirituum ordines orate
(pro nobis)
Sancte Iohannes baptista ora
Omnes sancti patriarche et prophete orate pro
nobis 20
Sancte Petre ora
Sancte Paule ora
Sancte Andrea ora
Sancte Iohannes ora
Sancte Iacobe ora 25
Sancte Philippe ora
Sancte Bartholomee ora
Sancte Mathee ora
Sancte Thoma ora
Sancte Iacobe ora 30
Sancte Symon ora
Sancte Taddee ora
Sancte Mathia ora
Sancte Barnaba ora
Sancte Luca ora 35
Sancte Marce ora
Omnes sancti apostoli et evangeliste orate
Omnes sancti discipuli Domini orate
Omnes sancti innocentes orate
Sancte Albane ii ora 40
Sancte Amphibali cum socis tuis orate pro nobis
Sancte Oswini ii ora[22]
Sancte Stephane ora
Sancte Clemens ora
Sancte Alexander ora 45
Sancte Marcele ora
Sancte Syxte ora
Sancte Laurenti ora
Sancte Ypolite cum sociis tuis ora
[f. 153v] Sancte Symeon ora 50
Sancte Corneli ora
Sancte Cipriane ora

Sancte Policarpe ora		Sancte Policarpe ora	
Sancte Theodore ora		Sancte Theodore ora	
Sancte Vincenti ora	55	Sancte Vincenti ora	55
Sancte Georgi ora		Sancte Georgi ora	
–		Sancte Thoma ora	
Sancte Alfege ora		Sancte Alphege ora	
Sancte Osuualde ora		Sancte Oswalde ora	
Sancte Osuuine ora	60	Sancte Oswine[23]	60
Sancte Eadmunde ora		Sancte Admunde ora	
Sancte Dionisi cum sociis tuis ora		Sancte Dionisi cum sociis tuis ora	
Sancte Maurici cum sociis tuis ora		Sancte Maurici cum sociis tuis ora	
Sancte Nigasi cum sociis tuis ora		Sancte Nigasi cum sociis tuis ora	
Sancte Luciane cum sociis tuis ora	65	Sancte Luciane cum sociis tuis ora	65
Sancte Eustachi cum sociis tuis ora		Sancte Eustachi cum sociis tuis ora	
Sancte Leodegari ora		Sancte Leodegari ora	
Sancte Fabiane ora		Sancte Fabiane ora	
Sancte Sebastiane ora		Sancte Sebastiane ora	
Sancte Grisogone ora	70	Sancte Grisogone ora	70
Sancte Gorgoni ora		Sancte Gorgoni ora	
Sancte Saturnine ora		Sancte Saturnine ora	
Sancte Quintine ora		Sancte Quintine ora	
[f. 59v] Sancte Gervasi ora		Sancte Gervasi ora	
Sancte Prothasi ora	75	Sancte Prothasi ora	75
Sancte Cristofore ora		Sancte Christofore ora	
Sancti Marcelline et Petre orate pro nobis		Sancti Marcelline et Petre orate	
–		Sancti Iohannes et Paule orate	
–		Sancti Cosma et Damiane orate	
Omnes sancti martyres orate	80	Omnes sancti martires orate pro nobis	80
Sancte Silvester ora		Sancte Silvester ora	
Sancte Marcialis ora		Sancte Marcialis ora	
Sancte Ylari ora		Sancte Hylari ora	
Sancte Martine ora		Sancte Martine ora	
Sancte Ambrosi ora	85	Sancte Ambrosi ora	85
Sancte Augustine ora		Sancte Augustine ora	
Sancte Germane ora		Sancte Germane ora	
Sancte Damase ora		Sancte Damase ora	
Sancte Leo ora		Sancte Leo ora	
Sancte Gregori ora	90	Sancte Gregori ora	90
Sancte Athanasi ora		Sancte Anastasi (sic!) ora	
Sancte Basili ora		[f. 154r] Sancte Basili ora	
Sancte Augustine cum sociis tuis ora		Sancte Augustine cum sociis tuis ora[24]	
Sancte Suuithune		Sancte Swithune ora	
Sancte Cuthberte ora	95	Sancte Cuthberte ora	95
Sancte Dunstane ora		Sancte Dunstane ora	
–		Sancte Admunde ora	
–		Sancte Wlstane ora	
–		Sancte Hugo ora	
Sancte Romane ora	100	Sancte Romane ora	100
Sancte Audoene ora		Sancte Audoene ora	
Sancte Nicholae ora		Sancte Nicholae ora	
Sancte Taurine ora		Sancte Taurine ora	
Sancte Remigi ora		Sancte Remigi ora	
–	105	Sancte Macute ora[25]	105
Sancte Paule ora		Sancte Paule ora	
Sancte Antoni ora		Sancte Antoni ora	
Sancte Ylarion ora		Sancte Hylarion ora	
Sancte Pachomi ora		Sancte Pachomi ora	
Sancte Machari ora	110	Sancte Machari ora	110

Sancte Arseni ora	Sancte Arseni ora	
Sancte Ieronime ora	Sancte Ieronime ora	
Sancte Benedicte ii ora	Sancte Benedicte ii ora	
Sancte Maure ora	Sancte Maure ora	
Sancte Columbane ora 115	Sancte Columbane ora	115
Sancte Wandregisile ora	Sancte Wandregisile ora	
Sancte Phyliberte ora	Sancte Philiberte ora	
Sancte Leonarde ora	Sancte Leonarde ora	
Sancte Maiole ora	Sancte Maiole ora	
Sancte Egidi ora 120	Sancte Egidi ora	120
Omnes sancti confessores orate pro nobis	Omnes sancti confessores orate pro nobis	
Omnes sancti monachi et heremite orate pro nobis	Omnes sancti et heremite orate pro nobis	
Sancta Maria Magdalene ora pro nobis	Sancta Maria Magdalene ora	
Sancta Maria Egyptiaca ora pro nobis	–	
Sancta Felicitas ora 125	Sancta Felicitas ora	125
Sancta Perpetua ora	Sancta Perpetua ora	
Sancta Agatha ora	Sancta Agatha ora	
Sancta Agnes ora	Sancta Agnes ora	
[f. 60r] Sancta Petronilla ora	Sancta Petronilla ora	
Sancta Cecilia ora 130	Sancta Cecilia ora	130
Sancta Lucia ora	Sancta Lucia ora	
Sancta Scolastica ora	Sancta Scolastica ora	
–	Sancta Etheldreda ora[26]	
Sancta Radegundis ora	Sancta Radegundis ora	
Sancta Baltildis ora 135	Sancta Batildis ora	135
Sancta Fides ora	[f. 154v] Sancta Fides ora	
Sancta Spes ora	Sancta Spes ora	
Sancta Caritas ora	Sancta Caritas ora	
Sancta Genovefa ora	Sancta Genovefa ora	
Sancta Tecla ora 140	Sancta Tecla ora	140
Sancta Iuliana ora	Sancta Iuliana ora	
Sancta Praxedis ora	Sancta Praxedis ora	
Sancta Anastasia ora	Sancta Anastasia ora	
Sancta Cristina ora	Sancta Cristina ora	
Sancta Prisca ora 145	Sancta Prisca ora	145
Sancta Eufemia ora	Sancta Eufemia ora	
Sancta Katerina ora	Sancta Katerina ora	
–	Sancta Margareta ora	
Sancta Fidis ora	Sancta Fidis ora	
Omnes sancte virgines orate pro nobis 150	Omnes sancte virgines orate pro nobis	150
Omnes sancti orate pro nobis ii	Omnes sancti orate pro nobis	
Propicius esto parce nobis Domine	Propitius esto parce nobis	
Propicius esto libera nos Domine	Propitius esto libera nos Domine	
Ab omni malo libera nos Domine	Ab omni malo libera	
Ab insidiis diaboli libera 155	Ab insidiis diaboli libera	155
A damnatione perpetua libera	A damnatione perpetua libera	
Ab imminentibus peccatorum nostrorum periculis libera	Ab imminentibus peccatorum nostrorum periculis libera	
Ab infestationibus demonum libera	Ab infestacionibus demonum libera	
A spiritu fornicationis libera 160	A spiritu fornicationis libera	160
Ab appetitu inanis gloria libera	Ab appetitu inanis gloria libera	
Ab omni immundicia mentis et corporis libera	Ab omni immundicia mentis et corporis libera	
Ab ira et odio et omni mala voluntate libera	Ab ira et odio et omni mala voluntate libera	
Ab immundis cogitationibus libera	Ab immundis cogitacionibus libera	
A cecitate cordis libera 165	(A) cecitate cordis libera	165
A fulgure et tempestate libera	A fulgure et tempestate libera	
A subitanea morte libera	(A) subitanea morte libera	
Per mysterium sancte incarnationis tue libera	Per misterium sancte incarnationis tue libera	

69

Per passionem et crucem tuam libera
Per gloriosam resurrecionem tuam libera   170
Per admirabilem ascensionem tuam libera
Per gratiam sancti spi[f. 60v]ritus paraclyti libera
nos Domine
In hora mortis succurre nobis Domine
In die iudicii libera nos Domine   175
Peccatores te rogamus audi nos
Ut pacem nobis dones te rogamus audi nos
Ut misericordia et pietas tua nos custodiat te
rogamus
Ut ecclesiam tuam regere et defensare digneris   180
te rogamus
Ut domnum apostolicum et omnes gradus ecclesie in
sancta religione conservare digneris te rogamus
Ut regibus et principibus nostris pacem et veram
concordiam atque victoriam donare digneris te   185
rogamus
Ut episcopos et abbates nostros et omnes
congregationes illis commissas in sancta religione
conservare digneris te rogamus
Ut congregationes omnium sanctorum in tuo   190
sancto servitio conservare digneris te rogamus
Ut cunctum populum christianum precioso sanguine
tuo redemptum conservare digneris te rogamus
Ut omnibus benefactoribus nostris sempiterna bona
retribuas te rogamus   195
Ut animas nostras et parentum nostrorum ab eterna
damnatione eripias te rogamus
Ut locum istum et omnes habitantes in eo visitare et
consolari digneris te rogamus
Ut fructus terre dare et conservare digneris te   200
rogamus
Ut oculos misericordie tue super nos reducere
digneris te rogamus
Ut obsequium servitutis nostre rationabile facias te
rogamus   205
Ut mentes nostras ad celestia desideria erigas te
rogamus
[f. 61r] Ut miserias pauperum et captivorum intueri
et relevare digneris te rogamus
Ut regularibus disciplinis nos instruere digneris   210
(te rogamus)
Ut omnibus fidelibus defunctis requiem eternam
dones (te rogamus)
Ut nos exaudire digneris (te rogamus)
Fili Dei te rogamus audi nos ii   215
Agnus Dei qui tollis peccata mundi parce nobis
Domine
Agnus Dei qui tollis peccata mundi exaudi nos
Domine
Agnus Dei qui tollis peccata mundi miserere   220
nobis
Christe audi nos
Kyrie eleyson   Christe eleyson   Kyrie eleyson

Per passionem et crucem tuam libera
Per gloriosam resurreccionem tuam libera   170
Per admirabilem ascensionem tuam libera
Per gratiam sancti spiritus paracli[f. 155r]ti libera
(nos Domine)
In hora mortis succurre nobis Domine
In die iudicii libera   175
Peccatores te rogamus audi nos
Ut pacem nobis dones te rogamus
Ut misericordia et pietas tua nos custodiat te
rogamus
Ut ecclesiam tuam regere et defensare digneris   180
te rogamus
Ut domnum apostolicum et omnes gradus ecclesie in
sancta religione conservare digneris te rogamus
Ut regibus et principibus nostris pacem et veram
concordiam atque victoriam donare digneris te   185
rogamus
Ut episcopos et abbates nostros et omnes
congregationes illis commissas in sancta religione
conservare digneris te rogamus
Ut congregationes omnium sanctorum in tuo   190
sancto servitio conservare digneris te rogamus
Ut cunctum populum christianum precioso sanguine
tuo redemptum conservare digneris te rogamus
Ut omnibus benefactoribus nostris sempiterna bona
retribuas te rogamus   195
Ut animas nostras et parentum nostrorum ab eterna
dampnatione eripias te rogamus
Ut locum istum et omnes habitantes in eo visitare et
consolari digneris te rogamus
Ut fructus terre dare et conservare digneris te   200
rogamus
Ut oculos misericordie tue super nos [f. 155v]
reducere digneris te rogamus
Ut obsequium servitutis nostre rationabile facias te
rogamus   205
Ut mentes nostras ad celestia desideria erigas te
rogamus
Ut miserias pauperum et captivorum intueri et
relevare digneris te rogamus
Ut regularibus disciplinis nos instruere digneris   210
te rogamus
Ut omnibus fidelibus defunctis requiem eternam
dones te rogamus
Ut nos exaudire digneris te rogamus
Fili Dei te rogamus ii   215
Agnus Dei qui tollis peccata mundi parce nobis
Domine
Agnus Dei qui tollis peccata mundi exaudi nos
Domine
Agnus Dei qui tollis peccata mundi miserere   220
nobis
Christe audi nos
Kyrie eleyson   Christe eleyson   Kyrie eleyson

St Albans, Benedictine Abbey of St Alban

LXIX Oxford, New College 358, fols. 134r–137r   c. 1250–70

[f. 134r] Kyrieleyson
Christeleyson
Christe audi nos
Pater de celis Deus miserere nobis
Fili redemptor mundi Deus miserere nobis   5
Spiritus sancte Deus miserere nobis
Sancta trinitas unus Deus miserere nobis
Sancta Maria ora[27]
Sancta Dei genetrix ora*
Sancta virgo virginum ora*   10
Sancte Michael ora*
Sancte Gabriel ora*
Sancte Raphael ora*
Omnes sancti angeli et archangeli orate*
Omnes sancti beatorum spirituum ordines orate   15
(pro nobis)
Sancte Iohannes baptista ora
Omnes sancti patriarche et prophete orate
Sancte Petre ora[28]
Sancte Paule ora   20
Sancte Andrea ora
Sancte Iohannes ora
Sancte Iacobe ora
Sancte Philippe ora
Sancte Bartholomee ora   25
Sancte Mathee ora
Sancte Thoma ora
Sancte Iacobe ora
[f. 134v] Sancte Symon ora
Sancte Taddee ora   30
Sancte Mathia ora
Sancte Barnaba ora
Sancte Luca ora
Sancte Marce ora
Sancte Marcialis ora   35
Omnes sancti apostoli et euangeliste orate pro
nobis[29]
Omnes sancti discipuli Domini orate
Omnes sancti innocentes orate
Sancte Albane ii ora   40
Sancte Amphibale cum sociis tuis ii ora
–
Sancte Stephane ora
Sancte Clemens ora
Sancte Alexander ora   45
Sancte Marcelle ora
Sancte Syxte ora
Sancte Laurenti ora
Sancte Ypolite cum sociis tuis ora
Sancte Symeon ora   50
Sancte Corneli ora
Sancte Cypriane ora

LXX Cambridge, Fitzwilliam Museum 274, fols. 17v–23r   c. 1375–1400

[f. 17v] Kyrieleyson
Christeleyson
Christe audi nos
Pater de celis Deus miserere nobis
Fili redemptor mundi Deus miserere nobis   5
Spiritus sancte Deus miserere nobis
Sancta trinitas unus Deus miserere nobis
Sancta Maria ora
Sancta Dei genetrix ora
Sancta virgo virginum ora   10
Sancte Michael ora
Sancte Gabriel ora
Sancte Raphael ora
Omnes sancti angeli et archangeli orate
Omnes sancti beatorum spirituum ordines orate   15
pro nobis
[f. 18r] Sancte Iohannes baptista ora
Omnes sancti patriarche et prophete orate
Sancte Petre ora
Sancte Paule ora   20
Sancte Andrea ora
Sancte Iohannes ora
Sancte Iacobe ora
Sancte Philippe ora
Sancte Bartholomee ora   25
Sancte Mathee ora
Sancte Thoma ora
Sancte Iacobe ora
Sancte Symon ora
Sancte Thadee ora   30
Sancte Mathia ora
Sancte Barnaba ora
Sancte Luca ora
Sancte Marche ora
–   35
Omnes sancti apostoli et evange[f. 18v]liste orate
pro nobis
Omnes sanct discipuli Domini orate pro nobis
Omnes sancti innocentes orate pro nobis
Sancte Albane ii ora   40
Sancte Amphibale cum sociis tuis ii ora
Sancte Oswyne ii ora
Sancte Stephane ora
Sancte Clemens ora
Sancte Alexander ora   45
Sancte Marcelle ora
Sancte Syxte ora
Sancte Laurenti ora
Sancte Ypolite cum sociis tuis ora
Sancte Symeon ora   50
Sancte Corneli ora
Sancte Cipriane ora

Sancte Policarpe ora		Sancte Policarpe ora	
Sancte Theodore ora		Sancte Theodore ora	
Sancte Vincenti ora	55	Sancte Vincenti ora	55
Sancte Georgi ora		[f. 19r] Sancte Georgi ora	
Sancte Thoma ora		Sancte Thoma ora	
Sancte Alphege ora		Sancte Elphege ora	
Sancte Oswalde ora		Sancte Osuualde ora	
Sancte Oswine ora	60	–	60
Sancte Admunde ora		Sancte Edmunde ora	
Sancte Dionisi cum sociis tuis ora		Sancte Dionisi cum sociis tuis ora	
Sancte Maurici cum sociis tuis ora		Sancte Maurici cum sociis tuis ora	
Sancte Nigasi cum sociis tuis ora		Sancte Nigasi cum sociis tuis ora	
Sancte Luciane cum sociis tuis ora	65	Sancte Luciane cum sociis tuis ora	65
Sancte Eustachi cum sociis tuis ora		Sancte Eustachi cum sociis tuis ora	
Sancte Leodegari ora		Sancte Leodegari ora	
Sancte Fabiane ora		Sancte ffabiane ora	
Sancte Sebastiane ora		Sancte Sebastiane ora	
Sancte Grisogone ora	70	Sancte Grisogone ora	70
[f. 135r] Sancte Gorgoni ora		Sancte Gorgoni ora	
Sancte Saturnine ora		Sancte Saturnine ora	
Sancte Quintine ora		Sancte Quintine ora	
Sancte Gervasi ora		Sancte Gervasi ora	
Sancte Prothasi ora	75	Sancte Prothasi ora	75
Sancte Christofore ora		[f. 19v] Sancte Christofore ora	
Sancti Marcelline et Petre orate pro nobis		Sancti Marcelline et Petre orate	
Sancti Iohannes et Paule orate		Sancti Iohannes et Paule orate	
Sancti Cosma et Damiane orate pro nobis		Sancti Cosma et Damiane orate	
Omnes sancti martyres orate	80	Omnes sancti martires orate	80
Sancte Sylvester ora		Sancte Silvester ora	
Sancte Marcialis ora		Sancte Marcialis ora	
Sancte Hylari ora		Sancte Hylari ora	
Sancte Martine ora		Sancte Martine ora	
Sancte Ambrosi ora	85	Sancte Ambrosi ora	85
Sancte Augustine ora		Sancte Augustine ora	
Sancte Germane ora		Sancte Germane ora	
Sancte Damase ora		Sancte Damase ora	
Sancte Leo ora		Sancte Leo ora	
Sancte Gregori ora	90	Sancte Gregori ora	90
Sancte Athanasi ora		Sancte Attanasi ora	
Sancte Basili ora		Sancte Basili ora	
Sancte Augustine cum sociis tuis ora		Sancte Augustine cum sociis tuis ora	
Sancte Swithune ora		Sancte Swythune ora	
Sancte Cuthberte ora	95	[f. 20r] Sancte Cuthberte ora	95
Sancte Dunstane ora		Sancte Dunstane ora	
(S)ancte Edmunde ora[30]		Sancte Edmunde ora	
Sancte Wlstane ora		Sancte Wulstane ora	
(S)ancte Hugo ora[31]		Sancte Hugo ora	
Sancte Romane ora	100	Sancte Romane ora	100
Sancte Audoene ora		Sancte Audoene ora	
Sancte Nicholae ora		Sancte Nicholae ora	
Sancte Taurine ora		Sancte Taurine ora	
Sancte Remigi ora		Sancte Remigi ora	
–	105	Sancte Machute ora	105
Sancte Paule ora		Sancte Paule ora	
Sancte Antoni ora		Sancte Antoni ora	
Sancte Hylarion ora		Sancte Hillarion ora	
Sancte Pachomi ora		Sancte Pachomi ora	
Sancte Machari ora	110	Sancte Machari ora	110

Sancte Arseni ora	Sancte Arseni ora
Sancte Ieronime ora	Sancte Ieronime ora
Sancte Benedicte ii ora	Sancte Benedicte ora
[f. 135v] Sancte Maure ora³²	[f. 20v] Sancte Maure ora
Sancte Columbane ora 115	Sancte Columbane ora 115
Sancte Wandregisile ora	Sancte Wandregisile ora
Sancte Philiberte ora	Sancte Philiberte ora
Sancte Leonarde ora	Sancte Leonarde ora
Sancte Maiole ora	Sancte Maiole ora
Sancte Egidi ora 120	Sancte Egidi ora 120
Omnes sancti confessores orate	Omnes sancti confessores orate pro nobis
Omnes sancti monachi et heremite orate pro nobis	Omnes sancti monachi et heremite orate
Sancta Maria Magdalena ora	Sancta Maria Magdalene ora
Sancta Felicitas ora	Sancta ffelicitas ora
Sancta Perpetua ora 125	Sancta Perpetua ora 125
Sancta Agatha ora	Sancta Agatha ora
Sancta Agnes ora	Sancta Agnes ora
Sancta Petronilla ora	Sancta Petronilla ora
Sancta Cecilia ora	Sancta Cecilia ora
Sancta Lucia ora 130	Sancta Lucia ora 130
Sancta Scolastica ora	Sancta Scolastica ora
Sancta Ætheldreda ora	Sancta Etheldreda ora
Sancta Radegundis ora	[f. 21r] Sancta Radegundis ora
Sancta Baltildis ora	Sancta Batildis ora
Sancta Fides ora 135	Sancta ffides ora 135
Sancta Spes ora	Sancta Spes ora
Sancta Caritas ora	Sancta Caritas ora
Sancta Genovefa ora	Sancta Genovefa ora
Sancta Tecla ora	Sancta Tecla ora
Sancta Iuliana ora 140	Sancta Iuliana ora 140
Sancta Praxedis ora	Sancta Praxedis ora
Sancta Anastasia ora	Sancta Anastasia ora
Sancta Cristina ora	Sancta Christina ora
Sancta Prisca ora	Sancta Prisca ora
Sancta Eufemia ora 145	Sancta Eufemia ora 145
Sancta Katerina ora	Sancta Katerina ora
Sancta Margareta ora	Sancta Margareta ora
Sancta Fidis ora	Sancta ffidis ora
Omnes sancte virgines orate	Omnes sancte virgines orate pro nobis
Omnes sancti orate pro nobis 150	Omnes sancti orate pro nobis 150
Propitius esto parce nobis Domine	Propicius esto parce nobis Domine
Propitius esto libera nos Domine	[f. 21v] Propicius esto libera nos Domine
Ab omni malo libera nos Domine	Ab omni malo libera
Ab insidiis diaboli libera	Ab insidiis diaboli libera
[f. 136r] A dampnatione perpetua libera 155	A dampnacione perpetua libera 155
Ab imminentibus peccatorum nostrorum periculis libera	Ab imminentibus peccatorum nostrorum periculis libera nos Domine
Ab infestationibus demonum libera	Ab infestacionibus demonum libera
A spiritu fornicationis libera	A spiritu fornicacionis libera
Ab appetitu inanis glorie libera 160	Ab appetitu inanis glorie libera 160
Ab omni immundicia mentis et corporis libera	Ab omni immundicia mentis et corporis libera
Ab ira et odio et omni mala voluntate libera	Ab ira et odio et omni mala voluntate libera
Ab immundis cogitationibus libera	Ab immundis cogitacionibus libera
A cecitate cordis libera	A cecitate cordis libera
A fulgure et tempestate libera 165	A fulgure et tempestate libera 165
A subitanea morte libera	A subitanea morte libera
Per misterium sancte incarnationis tue libera	Per misterium sancte incarnacionis tue libera
Per passionem et crucem tuam libera	Per passionem et crucem tuam libera

73

Per gloriosam resurrectionem tuam libera
Per admirabilem ascensionem tuam libera   170
Per gratiam sancti spiritus paracliti libera
In hora mortis succurre nobis libera
In die iudicii libera
Peccatores te rogamus audi (nos)
Ut pacem nobis dones te rogamus   175
Ut misericordia et pietas tua nos custodiat te
rogamus
Ut ecclesiam tuam regere et defensare digneris te
rogamus
Ut domnum apostolicum et omnes gradus   180
ecclesie in sancta religione conservare digneris te
rogamus
Ut regibus et principibus nostris pacem et veram
[f. 136v] concordiam atque victoriam donare
digneris te rogamus   185
Ut episcopos et abbates nostros et omnes
congregationes illis commissas in sancta religione
conservare digneris te rogamus
Ut congregationes omnium sanctorum in tuo sancto
servitio conservare digneris te rogamus   190
Ut cunctum populum christianum precioso sanguine
tuo redemptum conservare digneris te
rogamus
Ut omnibus benefactoribus nostris sempiterna bona
retribuas te rogamus   195
Ut animas nostras et parentum nostrorum ab eterna
dampnatione eripias te rogamus
Ut locum istum et omnes habitantes in eo visitare et
consolari digneris te rogamus
Ut fructus terre dare et conservare digneris te 200
rogamus
Ut oculos misericordie tue super nos reducere
digneris te rogamus
Ut obsequium servitutis nostre rationabile facias te
rogamus   205
Ut mentes nostras ad celestia desideria erigas te
rogamus
Ut miserias pauperum et captivorum intueri et
relevare digneris te rogamus[33]
Ut regularibus disciplinis nos instruere digneris 210
te rogamus
Ut omnibus fidelibus defunctis requiem eternam
dones te rogamus
Ut nos exaudire digneris te rogamus
Fili Dei te rogamus audi nos   215
[f. 137r] Agnus Dei qui tollis peccata mundi parce
nobis Domine
Agnus Dei qui tollis peccata mundi exaudi nos
Domine
Agnus Dei qui tollis peccata mundi miserere   220
nobis
Christe audi nos
Kyrieleyson   Christeleyson   Kyrieleyson

Per gloriosam resurreccionem tuam libera
Per admirabilem ascensionem tuam libera   170
Per gratiam [f. 22r] sancti spiritus paracliti libera
In hora mortis succurre nobis Domine
In die iudicii libera
Peccatores te rogamus audi nos
Ut pacem nobis dones te rogamus   175
Ut misericordia et pietas tua nos custodiat te
rogamus
Ut ecclesiam tuam regere et defensare digneris te
rogamus
Ut dompnum apostolicum et omnes gradus   180
ecclesie in sancta religione conservare digneris te
rogamus
Ut regibus et principibus nostris pacem et veram
concordiam atque victoriam donare digneris te
rogamus   185
Ut episcopos et abbates nostros et omnes
congregaciones illis commissas in sancta religione
conservare digneris te rogamus
Ut congregaciones omnium sanctorum in tuo sancto
servicio conservare digneris te rogamus   190
Ut cunctum [f. 22v] populum christianum precioso
sanguine tuo redemptum conservare digneris te
rogamus
Ut omnibus benefactoris (sic!) nostris sempiterna
bona retribuas te rogamus   195
Ut animas nostras et parentum nostrorum ab eterna
dampnacione eripias te rogamus
Ut locum istum et omnes habitantes in eo visitare et
consolari digneris te rogamus
Ut fructus terre dare et conservare digneris te 200
rogamus
Ut oculos misericordie tue super nos reducere
digneris te rogamus
Ut obsequium servitutis nostre rationabile facias te
rogamus   205
Ut mentes nostras ad celestia desideria erigas te
rogamus
Ut miserias pauperum et captivorum intueri et
relevare digneris te rogamus
Ut regularibus disciplinis nos instruere digneris 210
te rogamus
Ut omnibus [f. 23r] fidelibus defunctis requiem
eternam dones te rogamus
Ut nos exaudire digneris te rogamus
Fili Dei te rogamus ii   215
Agnus Dei qui tollis peccata mundi parce nobis
Domine
Agnus Dei qui tollis peccata mundi exaudi nos
Domine
Agnus Dei qui tollis peccata mundi miserere   220
nobis
Christe audi nos
Kyrieleyson   Christeleyson   Kyrieleyson

St Albans, Benedictine Abbey of St Alban

LXXI   Cambridge, Trinity College R.10.5, fols. 177r–182v   c. 1400–25

[f. 177r] Kyrieleyson
Christeleyson
Christe audi nos
Pater de celis Deus miserere nobis
Fili redemptor mundi Deus miserere nobis   5
Spiritus sancte Deus miserere nobis
Sancta trinitas unus Deus miserere nobis
Sancta Maria ora
Sancta Dei genetrix ora
Sancta virgo virginum ora[34]   10
Sancte Michael ora
Sancte Gabriel ora
Sancte Raphael ora
Omnes sancti angeli et archangeli orate
Omnes sancti beatorum spirituum ordines orate   15
Sancte Iohannes baptista ora
Omnes sancti patriarche et prophete orate
Sancte Petre ora
Sancte Paule ora
Sancte Andrea ora   20
[f. 177v] Sancte Iohannes ora
Sancte Iacobe ora
Sancte Philippe ora
Sancte Bartholomee ora
Sancte Mathee ora   25
Sancte Thoma ora
Sancte Iacobe ora
Sancte Symon ora
Sancte Thadee ora
Sancte Mathia ora   30
Sancte Barnaba ora
Sancte Luca ora
Sancte Marce ora
Omnes sancti apostoli et evangeliste orate
Omnes sancti discipuli Domini orate   35
Omnes sancti innocentes orate
Sancte Albane ii ora
Sancte Amphibale cum sociis tuis ora
[f. 178r] Sancte Oswyne ii ora
Sancte Stephane ora   40
Sancte Clemens ora
Sancte Alexander ora
Sancte Marcelle ora
Sancte Sixte ora
Sancte Laurenti ora   45
Sancte Ypolite cum sociis tuis ora
Sancte Symeon ora
Sancte Corneli ora
Sancte Cipriane ora
Sancte Policarpe ora   50
Sancte Theodore ora
Sancte Vincenti ora

LXXII   Oxford, Bodleian Library Gough liturg. 18, fols. 165r–171r   c. 1430–50

[f. 165r] Kyrieleyson
Christeleyson
Christe audi nos
Pater de celis Deus miserere nobis
Fili redemptor mundi Deus miserere nobis   5
Spiritus sancte Deus miserere nobis
Sancta trinitas unus Deus miserere nobis
Sancta Maria ora pro nobis
Sancta Dei genetrix ora
Sancta virgo virginum ora   10
Sancte Michael ora
[f. 165v] Sancte Gabriel ora
Sancte Raphael ora
Omnes sancti angeli et archangeli orate
Omnes sancti beatorum spirituum ordines orate   15
Sancte Johannes baptista ora
Omnes sancti patriarche et prophete orate
Sancte Petre ora
Sancte Paule ora
Sancte Andrea ora   20
Sancte Iohannes ora
Sancte Iacobe ora
Sancte Phillippe ora
Sancte Bartholomee ora
Sancte Mathee ora   25
Sancte Thoma ora
Sancte Iacobe ora
Sancte Symon ora
Sancte Thaddee ora
Sancte Mathia ora   30
Sancte Barnaba ora
Sancte Luca ora
Sancte Marce ora
Omnes sancti apostoli et evangeliste orate
Omnes sancti discipuli Domini orate   35
Omnes sancti innocentes orate
Sancte Albane ii ora
Sancte Amphibale cum sociis tuis ora
Sancte Oswyne ii ora
Sancte Stephane ora   40
Sancte Clemens ora
Sancte Alexander ora
Sancte Marcelle ora
Sancte Sixte ora
Sancte Laurenti ora   45
Sancte Ypolite cum sociis tuis ora
Sancte Symeon ora
Sancte Corneli ora
Sancte Cypriane ora
[f. 166v] Sancte Policarpe ora   50
Sancte Theodore ora
Sancte Vincenti ora

Sancte Georgi ora		Sancte Georgi ora	
Sancte Thoma ora		Sancte Thoma ora	
Sancte Elphege ora	55	Sancte Alphege ora	55
Sancte Oswalde ora		Sancte Oswalde ora	
[f. 178v] Sancte Edmunde ora		Sancte Edmunde ora	
Sancte Dyonisi cum sociis tuis ora		Sancte Deonisi cum sociis tuis ora	
Sancte Maurici cum sociis tuis ora		Sancte Maurici cum sociis tuis ora	
Sancte Nigasi cum sociis tuis ora	60	Sancte Nigasi (cum sociis tuis) ora	60
Sancte Luciane cum sociis tuis ora		Sancte Luciane cum sociis tuis ora	
Sancte Eustachi cum sociis tuis ora		Sancte Eustachi cum sociis tuis ora	
Sancte Leodegari ora		Sancte Leodegari ora	
Sancte ffabiane ora		Sancte ffabiane ora	
Sancte Sebastiane ora	65	Sancte Sebastiane ora	65
Sancte Grisogone ora		Sancte Grisogone ora	
Sancte Gorgoni ora		Sancte Gorgoni ora	
Sancte Saturnine ora		Sancte Saturnine ora	
Sancte Quintine ora		[f. 167r] Sancte Quintine ora	
Sancte Gervasi ora	70	Sancte Gervasi ora	70
Sancte Prothasi ora		Sancte Prothasi ora	
Sancte Cristofore ora		Sancte Christofore ora	
Sancti Marcelline et Petre orate		Sancti Marcelline et Petre orate	
Sancti Iohannes et Paule orate		Sancti Iohannes et Paule orate	
[f. 179r] Sancti Cosma et Damiane orate	75	Sancti Cosme et Damiani orate	75
Omnes sancti martires orate		Omnes sancti martires orate	
Sancte Silvester ora		Sancte Silvester ora	
Sancte Marcialis ora		Sancte Marcialis ora	
Sancte Hillari ora		Sancte Hillari ora	
Sancte Martine ora	80	Sancte Martine ora	80
Sancte Ambrosi ora		Sancte Ambrosi ora	
Sancte Augustine ora		Sancte Augustine ora	
Sancte Germane ora		Sancte Germane ora	
Sancte Damase ora		Sancte Damase ora	
Sancte Leo ora	85	Sancte Leo ora	85
Sancte Gregori ora		Sancte Gregori ora	
Sancte Athanasi ora		Sancte Anastasi (sic!) ora	
Sancte Basili ora		[f. 167v] Sancte Basili ora	
Sancte Augustine cum sociis tuis ora		Sancte Augustine cum sociis tuis ora	
Sancte Swithune ora	90	Sancte Swythune ora	90
Sancte Cuthberte ora		Sancte Cuthberte ora	
Sancte Dunstane ora		Sancte Dunstane ora	
[f. 179v] Sancte Edmunde ora		Sancte Edmunde ora	
Sancte Wlstane ora		Sancte Wlstane ora	
Sancte Hugo ora	95	Sancte Hugo ora	95
Sancte Romane ora		Sancte Romane ora	
Sancte Audoene ora		Sancte Audoene ora	
Sancte Nicholae ora		Sancte Nicholae ora	
Sancte Taurine ora		Sancte Taurine ora	
Sancte Remigi ora	100	Sancte Remigi ora	100
Sancte Macuthe ora[35]		Sancte Macute ora	
Sancte Paule ora		Sancte Paule ora	
Sancte Antoni ora		Sancte Antoni ora	
Sancte Hillarion ora		Sancte Hylarion ora	
Sancte Pachomi ora	105	Sancte Pachomi ora	105
Sancte Machari ora		Sancte Machari ora	
Sancte Arseni ora		[f. 168r] Sancte Arseni ora	
Sancte Ieronime ora		Sancte Ieronime ora	
Sancte Benedicte ora		Sancte Benedicte ora	
Sancte Maure ora	110	Sancte Maure ora	110

Sancte Columbane ora		Sancte Columbane ora	
[f. 180r] Sancte Wandregesile		Sancte Wandregisile ora	
Sancte Philiberte ora		Sancte Philiberte ora	
Sancte Leonarde ora		Sancte Leonarde ora	
Sancte Maiole ora	115	Sancte Maiole ora	115
Sancte Egidi ora		Sancte Egidi ora	
Omnes sancti confessores orate		Omnes sancti confessores orate	
Omnes sancti monachi et heremite orate		Omnes sancti monachi et heremite orate pro nobis	
—		Sancta Anna ora	
Sancta Maria Magdalene ora	120	Sancta Maria Magdalene ora pro nobis	120
Sancta ffelicitas ora		Sancta ffelicitas ora	
Sancta Perpetua ora		Sancta Perpetua ora	
Sancta Agatha ora		Sancta Agatha ora	
Sancta Agnes ora		[f. 168v] Sancta Agnes ora	
Sancta Petronilla ora	125	Sancta Petronilla ora	125
Sancta Cecilia ora		Sancta Cecilia ora	
Sancta Lucia ora		Sancta Lucia ora	
Sancta Scolastica ora		Sancta Scolastica ora	
Sancta Etheldreda ora		Sancta Etheldreda ora	
Sancta Radegundis ora	130	Sancta Radegundis ora	130
[f. 180v] Sancta Batildis ora		Sancta Batildis ora	
Sancta ffides ora		Sancta ffides ora	
Sancta Spes ora		Sancta Spes ora	
Sancta Karitas ora		Sancta Caritas ora	
Sancta Genovefa ora	135	Sancta Genovefa ora	135
Sancta Tecla ora		Sancta Tecla ora	
Sancta Iuliana ora		Sancta Juliana ora	
Sancta Praxedis ora		Sancta Praxedis ora	
Sancta Anastasia ora		Sancta Anastasia ora	
Sancta Cristina ora	140	Sancta Cristina ora	140
Sancta Prisca ora		Sancta Prisca ora	
Sancta Eufemia ora		Sancta Eufemia ora	
Sancta Katerina ora		[f. 169r] Sancta Katherina ii ora	
Sancta Margareta ora		Sancta Margareta ora	
Sancta Fidis ora	145	Sancta ffidis ora	145
—		Sancta Ursula cum sociis tuis orate[36]	
Omnes sancte virgines orate		Omnes sancte virgines orate	
Omnes sancti ii orate		Omnes sancti orate pro nobis ii	
Propicius esto parce nobis Domine		Propicius esto parce nobis Domine	
[f. 181r] Propicius esto libera nos Domine	150	Propicius esto libera nos Domine	150
Ab omni malo libera		Ab omni malo libera nos Domine	
Ab insidiis diaboli libera		Ab insidiis diaboli libera	
A dampnacione perpetua libera		A dampnacione perpetua libera	
Ab imminentibus peccatorum nostrorum periculis libera	155	Ab imminentibus peccatorum nostrorum periculis libera	155
Ab infestacionibus demonum libera		Ab infestacionibus demonum libera	
A spiritu fornicacionis libera		A spiritu fornicacionis libera	
Ab appetitu inanis glorie libera		Ab appetitu inanis glorie libera	
Ab omni immundicia mentis et corporis libera		Ab omni inmundicia mentis et corporis (libera)	
Ab ira et odio et omni mala voluntate libera	160	Ab ira et [f. 169v] odio et omni mala voluntate libera	160
Ab immundis cogitacionibus libera		Ab inmundis cogitacionibus libera	
A cecitate cordis libera		A cecitate cordis libera	
A fulgure et tempestate libera		A fulgure et tempestate libera	
A subitanea morte libera	165	A subitania (sic!) morte libera	165
Per misterium sancte incarnacionis tue libera		Per misterium sancte incarnacionis tue libera	
Per passionem et crucem tuam libera		Per passionem et crucem tuam libera	
Per gloriosam resurrectionem tuam libera		Per gloriosam resurreccionem tuam libera	

77

Per admirabilem ascensionem tuam libera
[f. 181v] Per gratiam sancti spiritus paracliti   170
libera
In hora mortis succurre nobis Domine
In die iudicii libera nos Domine
Peccatores te rogamus audi nos
Ut pacem nobis dones te rogamus   175
Ut misericordia et pietas tua nos custodiat te
rogamus
Ut ecclesiam tuam regere et defensare digneris te
rogamus
Ut dompnum apostolicum et omnes gradus   180
ecclesie in sancta religione conservare digneris te
rogamus
Ut regibus et principibus nostris pacem et veram
concordiam atque victoriam donare digneris te
rogamus   185
Ut episcopos et abbates nostros et omnes
congregaciones illis commissas in sancta religione
conservare digneris te rogamus
Ut congregaciones omnium sanctorum in tuo sancto
servicio conservare digneris te rogamus   190
Ut cunctum populum christianum precioso [f. 182r]
sanguine tuo redemptum conservare digneris te
rogamus
Ut omnibus benefactoribus nostris sempiterna bona
retribuas te rogamus   195
Ut animas nostras et parentum nostrorum ab eterna
dampnatione eripias te rogamus
Ut locum istum et omnes habitantes in eo visitare et
consolari digneris te rogamus
Ut fructus terre dare et conservare digneris te   200
rogamus
Ut oculos misericordie tue super nos reducere
digneris te rogamus
Ut obsequium servitutis nostre racionabile facias te
rogamus   205
Ut mentes nostros ad celestia desideria erigas te
rogamus
Ut miserias pauperum et captivorum intueri et
relevare digneris te rogamus
Ut regularibus disciplinis nos instruere digneris   210
te rogamus
[f. 182v] Ut omnibus fidelibus defunctis requiem
eternam dones te rogamus
Ut nos exaudire digneris te rogamus
Fili Dei te rogamus audi nos   215
Agnus Dei qui tollis peccata mundi parce nobis
Domine
Agnus Dei qui tollis peccata mundi exaudi nos
Domine
Agnus Dei qui tollis peccata mundi miserere   220
nobis
Christe audi nos
Kyrieleyson   Christeleyson   Kyrieleyson

Per admirabilem ascensionem tuam libera
Per gratiam sancti spiritus paracliti   170
libera
In hora mortis succurre nobis Domine
In die iudicii libera
Peccatores te rogamus audi nos
Ut pacem nobis dones te rogamus audi nos   175
Ut misericordia et pietas tua nos custodiat te
rogamus
Ut [f. 170r] ecclesiam tuam regere et defensare
digneris te rogamus
Ut dompnum apostolicum et omnes gradus   180
ecclesie in sancta religione conservare digneris te
rogamus[37]
Ut regibus et principibus nostris pacem et veram
concordiam atque victoriam donare digneris te
rogamus   185
Ut episcopos et abbates nostros et omnes
congregaciones illis commissas in sancta religione
conservare digneris te rogamus
Ut congregaciones omnium sanctorum in tuo sancto
servicio conservare digneris te rogamus   190
Ut cunctum populum christianum precioso sanguine
tuo redemptum consevare digneris te
rogamus
Ut omnibus benefactoribus nostris sempi[f. 170v]
terna bona retribuas te rogamus   195
Ut animas nostras et parentum nostrorum ab eterna
dampnacione eripias te rogamus
Ut locum istum et omnes habitantes in eo visitare et
consolare (sic!) digneris te rogamus
Ut fructus terre dare et conservare digneris te   200
rogamus
Ut oculos misericordie tue super nos reducere
digneris te rogamus
Ut obsequium servitutis nostre racionabile facias te
rogamus   205
Ut mentes nostras ad celestia desideria erigas te
rogamus
Ut miserias pauperum et captivorum intuere (sic!)
et relevare digneris te rogamus
Ut regularibus disciplinis nos instruere digneris   210
te rogamus
Ut [f. 171r] omnibus fidelibus defunctis requiem
eternam dones te rogamus
Ut nos exaudire digneris te rogamus
Fili Dei te rogamus audi nos   215
Agnus Dei qui tollis peccata mundi parce nobis
Domine
Agnus Dei qui tollis peccata mundi exaudi nos
Domine
Agnus Dei qui tollis peccata mundi miserere   220
nobis
Christe audi nos
Kyrieleyson   Christelyson   Kyrieleyson

St Albans, Benedictine Abbey of St Alban

LXXIV   Oxford, Bodleian Library lat.liturg.g. 8, fols. 1r–8r   c. 1430

LXXV   London, British Library C.110.a.27 (pr. bk), unfoliated and unpaginated   c. 1526–32

LXXIV		LXXV	
–		Kyrieleyson	
–		Christeleyson	
–		Christe audi nos	
–		Pater de celis Deus miserere nobis	
–	5	Fili redemptor mundi Deus miserere nobis	5
–		Spiritus sancte Deus miserere nobis	
–		Sancta trinitas unus Deus miserere nobis	
–		Sancta Maria ora pro nobis	
–		Sancta Dei genetrix ora	
–	10	Sancta virgo virginum ora	10
–		Sancte Michael ora	
–		Sancte Gabriel ora	
–		Sancte Raphael ora	
–		Omnes sancti angeli et archangeli orate pro nobis	
[f. 1r] Omnes sancti beatorum spirituum ordines orate pro nobis[38]	15	Omnes sancti beatorum spirituum ordines orate pro nobis	15
Sancte Iohannes baptista ora		Sancte Iohannes baptista ora	
Omnes sancti patriarche et prophete orate pro nobis		Omnes sancti patriarche et prophete orate pro nobis	
Sancte Petre ora		Sancte Petre ora	
Sancte Paule ora	20	Sancte Paule ora	20
Sancte Andrea ora		Sancte Andrea ora	
Sancte Iohannes ora		Sancte Iohannes ora	
Sancte Iacobe ora		Sancte Iacobe ora	
Sancte Philippe ora		Sancte Philippe ora	
Sancte Bartholomee ora	25	Sancte Bartholomee ora	25
Sancte Mathee ora		Sancte Mathee ora	
Sancte Thoma ora		Sancte Thoma ora	
Sancte Iacobe ora		Sancte Iacobe ora	
Sancte Simon ora		Sancte Simon ora	
Sancte Thadee ora	30	Sancte Thadee ora	30
Sancte Mathia ora		Sancte Mathia ora	
[f. 1v] Sancte Barnaba ora		Sancte Barnaba ora	
Sancte Luca ora		Sancte Luca ora	
Sancte Marce ora		Sancte Merce (sic!) ora	
Omnes sancti apostoli et euuangeliste orate pro nobis	35	Omnes sancti apostoli et evangeliste orate pro nobis	35
Omnes sancti discipuli Domini orate pro nobis		Omnes sancti discipuli Domini orate	
Omnes sancti innocentes orate pro nobis		Omnes sancti innocentes orate	
Sancte Albane ii ora[39]		Sancte Albane ii ora	
Sancte Amphibale cum sociis tuis ora pro nobis ii	40	Sancte Amphibale cum sociis tuis ii ora pro nobis	40
Sancte Oswyne ii ora		Sancte Osvvine ii ora	
Sancte Stephane ora		Sancte Stephane ora	
Sancte Clemens ora		Sancte Clemens ora	
Sancte Alexander ora	45	Sancte Alexander ora	45
Sancte Marcelle ora		Sancte Marcelle ora	
Sancte Sixte ora		Sancte Sixte ora	
[f. 2r] Sancte Laurenti ora		Sancte Laurenti ora	
Sancte Ypolite cum sociis tuis ora pro nobis		Sancte Ypolite cum sociis tuis ora	
Sancte Simeon ora	50	Sancte Simeon ora	50
Sancte Corneli ora		Sancte Corneli ora	
Sancte Cipriane ora		Sancte Cipriane ora	

Sancte Policarpe ora		Sancte Policarpe ora	
Sancte Theodere ora		Sancte Theodore ora	
Sancte Vincenti ora	55	Sancte Vincenti ora	55
Sancte Georgi ora		Sancte Georgi ora	
Sancte Thoma ora[40]		Sancte Thoma ora	
Sancte Elphege ora		Sancte Alphege ora	
Sancte Oswalde ora		Sancte Osvvalde ora	
Sancte Edmunde ora	60	Sancte Edmunde ora	60
Sancte Dionisi cum sociis tuis ora pro nobis		Sancte Dionisi cum sociis tuis ora pro nobis	
Sancte Maurici cum sociis tuis ora pro nobis		Sancte Maurici cum sociis tuis ora pro nobis	
[f. 2v] Sancte Nigasi cum sociis tuis ora pro nobis		Sancte Nigasi cum sociis tuis ora pro nobis	
Sancte Luciane cum sociis tuis ora pro nobis		Sancte Luciane cum sociis tuis ora pro nobis	
Sancte Eustachi cum sociis tuis ora pro nobis	65	Sancte Eustachi cum sociis tuis ora pro nobis	65
Sancte Leodegari ora		Sancte Leodegari ora	
Sancte ffabiane ora		Sancte Fabiane ora	
Sancte Sebastiane ora		Sancte Sebastiane ora	
Sancte Grisogone ora		Sancte Grisogoni ora	
Sancte Gorgoni ora	70	Sancte Gorgoni ora	70
Sancte Saturnine ora		Sancte Saturnine ora	
Sancte Quintine ora		Sancte Quintine ora	
Sancte Gervasi ora		Sancte Gervasi ora	
Sancte Prothasi ora		Sancte Prothasi ora	
Sancte Christofore ora	75	Sancte Cristofore ora	75
Sancti Marcelline et Petre orate pro nobis		Sancti Marcelline et Petre orate pro nobis	
[f. 3r] Sancti Johannes et Paule orate pro nobis		Sancti Iohannes et Paule orate pro nobis	
Sancti Cosma et Damiane orate pro nobis		Sancti Cosma et Damiane orate pro nobis	
Omnes sancti martires orate pro nobis		Omnes sancti martires orate (pro nobis)	
Sancte Silvester ora	80	Sancte Silvester ora	80
Sancte Marcialis ora		Sancte Marcialis ora	
Sancte Hillari ora		Sancte Hillarii ora	
Sancte Martine ora		Sancte Martine ora	
Sancte Ambrosi ora		Sancte Ambrosi ora	
Sancte Augustine ora	85	Sancte Augustine ora	86
Sancte Germane ora		Sancte Germane ora	
Sancte Damase ora		Sancte Damasi ora	
Sancte Leo ora		Sancte Leo ora	
Sancte Gregori ora		Sancte Gregori ora	
Sancte Athanasi ora	90	Sancte Athanasi ora	90
Sancte Basili ora		Sancte Basili ora	
[f. 3v] Sancte Augustine cum sociis tuis ora pro nobis		Sancte Augustine cum sociis tuis orate pro nobis[43]	
Sancte Swythune ora		Sancte Svithune ora	
Sancte Cuthberte ora	95	Sancte Cuthberte ora	95
Sancte Dunstane ora		Sancte Dunstane ora	
Sancte Edmunde ora		Sancte Edmunde ora	
Sancte Wlstane ora		Sancte Vulstane ora	
Sancte Hugo ora		Sancte Hugo ora	
Sancte Romane ora	100	Sancte Romane ora	100
Sancte Audoene ora		Sancte Audoene ora	
Sancte Nicholae ora		Sancte Nicholae ora	
Sancte Taurine ora		Sancte Taurine ora	
Sancte Remigi ora		Sancte Remigi ora	
Sancte Machute ora	105	Sancte Machute ora	105
Sancte Paule ora		Sancte Paule ora	
Sancte Antoni ora		Sancte Antoni ora	
Sancte Hillarion ora		Sancte Hilarion ora	
Sancte Pachomi ora		Sancte Pachomi ora	
[f. 4r] Sancte Machari ora	110	Sancte Machari ora	110

Sancte Arseni ora	Sancte Arseni ora
Sancte Ieronime ora	Sancte Hieronime ora
Sancte Benedicte ii ora⁴¹	Sancte Benedicte ii ora
Sancte Maure ora	Sancte Maure ora
Sancte Columbane ora 115	Sancte Columbane ora 115
Sancte Wandregesile ora	Sancte Vuandregesile ora
Sancte Philiberte ora	Sancte Philiberte ora
Sancte Leonarde ora	Sancte Leonarde ora
Sancte Maiole ora	Sancte Maiole ora
Sancte Egidi ora 120	Sancte Egidi ora 120
Omnes sancti confessores orate pro nobis	Omnes sancti confessores orate pro nobis
Omnes sancti monachi et heremite orate pro nobis	Omnes sancti monachi et heremite orate pro nobis
—	Sancta Anna ora
Sancta Maria Magdalene ora pro nobis	Sancta Maria Magdalene ora
Sancta ffelicitas ora 125	Sancta Felicitas ora 125
[f. 4v] Sancta Perpetua ora	Sancta Perpetua ora
Sancta Agatha ora	Sancta Agatha ora
Sancta Agnes ora	Sancta Agnes ora
Sancta Petronilla ora	Sancta Petronilla ora
Sancta Cecilia ora 130	Sancta Cecilia ora 130
Sancta Lucia ora	Sancta Lucia ora
Sancta Scolastica ora	Sancta Scolastica ora
Sancta Etheldreda ora	Sancta Etheldreda ora
Sancta Radegundis ora	Sancta Radegundis ora
Sancta Batildis ora 135	Sancta Batildis ora 135
Sancta ffides ora	Sancta Fides ora
Sancta Spes ora	Sancta Spes ora
Sancta Caritas ora	Sancta Caritas ora
Sancta Genovefa ora	Sancta Genovefa ora
Sancta Tecla ora 140	Sancta Tecla ora 140
Sancta Iuliana ora	Sancta Iuliana ora
Sancta Praxedis ora	Sancta Praxedis ora
Sancta Anastasia ora	Sancta Anastasia ora
[f. 5r] Sancta Cristina ora	Sancta Cristina ora
Sancta Prisca ora 145	Sancta Prisca ora 145
Sancta Eufemia ora	Sancta Eufemia ora
Sancta Katerina ora	Sancta Katherina ora
Sancta Margareta ora	Sancta Margareta ora
Sancta ffidis ora	Sancta Fidis ora
— 150	Sancta Ursula cum sociis tuis ora pro nobis 150
Omnes sancte virgines orate pro nobis	Omnes sancte virgines orate pro nobis
Omnes sancti orate pro nobis	Omnes sancti orate pro nobis ii⁴⁴
Propicius esto parce nobis Domine	Propitius esto parce nobis Domine
Propicius esto libera nos Domine	Propitius esto libera nos Domine
Ab omni malo libera nos Domine 155	Ab omni malo libera nos Domine 155
Ad insidiis diaboli ora	Ab insidiis diaboli libera nos Domine
A dampnacione perpetua ora	A damnatione perpetua libera nos Domine
Ab imminentibus peccatorum [f. 5v] nostrorum periculis libera	Ab imminentibus peccatorum nostrorum periculis libera
Ab infestacionibus demonum libera 160	Ab infestationibus domonum (sic!) libera 160
A spiritu fornicacionis libera	A spiritu fornicationis libera
Ab appetitu inanis glorie libera	Ab appetitu inanis glorie libera
Ab omni immundicia mentis et corporis libera	Ab omni immundicia mentis et corporis libera
Ab ira et odio et omni mala voluntate libera	Ab ira et odio et omni mala voluntate libera
Ab immundis cogitacionibus libera nos Domine 165	Ab immundis cogitationibus libera 165
A cecitate cordis libera	A cecitate cordis libera
A fulgure et tempestate libera	A fulgure et tempestate libera
A subitanea morte libera	A subitanea morte libera

Per misterium sancte incarnacionis tue (libera)
Per passionem et crucem tuam libera nos   170
Domine
Per gloriosam resurreccio[f. 6r]nem tuam libera
Per admirabilem ascensionem tuam libera
Per graciam sancti spiritus paracliti libera nos
Domine   175
In hora mortis succurre nobis Domine
In die iudicii libera
Peccatores te rogamus audi nos
Ut pacem nobis dones te rogamus audi nos
Ut misericordia et pietas tua nos custodiat te   180
rogamus
Ut ecclesiam tuam regere et defensare digneris te
rogamus
Ut dompnum apostolicum et omnes gradus ecclesie
in sancta [f. 6v] religione conservare digneris 185
te rogamus audi nos[42]
Ut regibus et principibus nostris pacem et veram
concordiam atque victoriam donare digneris te
rogamus
Ut episcopos et abbates nostros et omnes   190
congregaciones illis commissas in sancta religione
conservare digneris te rogamus audi nos
Ut congregaciones omnium sanctorum in tuo sancto
servicio conservare digneris te rogamus audi nos
Ut cunctum populum christianum precioso   195
sanguine tuo redemptum conservare dig[f. 7r]neris te
rogamus audi nos
Ut omnibus benefactoribus nostris sempiterna bona
retribuas te rogamus
Ut animas nostras et parentum nostrorum ab   200
eterna damnacione eripias te rogamus
Ut locum istum et omnes habitantes in eo visitare et
consolari digneris (te rogamus)
Ut fructus terre dare et conservare digneris te
rogamus   205
Ut obsequium servitutis nostre racionabile facias te
rogamus audi nos
Ut oculos misericordie tue super nos reducere
digneris te rogamus audi nos
[f. 7v] Ut mentes nostras a celestia desideria   210
erigas te rogamus
Ut miserias pauperum et captivorum intueri et
relevare digneris te rogamus
Ut regularibus disciplinis nos instruere digneris te
rogamus   215
Ut omnibus fidelibus defunctis requiem eternam
dones te rogamus audi nos
Ut nos exaudire digneris te rogamus audi nos
Fili Dei te rogamus audi nos
Fili Dei te rogamus audi nos   220
Agnus Dei qui tollis peccata mundi parce nobis
Domine
Agnus Dei qui tollis peccata mundi exaudi nos
Domine
[f. 8r] Agnus Dei qui tollis peccata mundi   225
miserere nobis

Per misterium sancte incarnationis tue libera
Per passionem et crucem tuam libera (nos   170
Domine)
Per gloriosam resurrectionem tuam libera
Per admirabilem ascensionem tuam libera
Per gratiam sancti spiritus paracliti libera (nos
Domine)   175
In hora mortis succurre nobis Domine
In die iudicii libera nos Domine
Peccatores te rogamus audi nos
Ut pacem nobis dones te rogamus audi nos
Ut misericordia et pietas tua nos custodiat te   180
rogamus audi nos
Ut ecclesiam tuam regere et defensare digneris te
rogamus audi nos
Ut dominum apostolicum et omnes gradus ecclesie
in sancta religione conservare digneris te   185
rogamus audi nos
Ut regibus et principibus nostris pacem et veram
concordiam atque victoriam donare digneris te
rogamus audi nos
Ut episcopos et abbates nostros et omnes   190
congregationes illis commissas in sancta religione
conservare digneris te rogamus
Ut congregationes omnium sanctorum in tuo sancto
servicio conservare digneris te rogamus
Ut cunctum populum christianum precioso   195
sanguine tuo redemptum conservare digneris te
rogamus (audi nos)
Ut omnibus benefactoribus nostris sempiterna bona
retribuas te rogamus
Ut animas nostras et parentum nostrorum ab   200
eterna damnatione eripias te rogamus
Ut locum istum et omnes habtantes in eo visitare et
consolari digneris te rogamus
Ut fructus terre dare et conservare digneris te
rogamus   205
Ut oculos misericordie tue super nos reducere
digneris te rogamus
Ut obsequium servitutis nostre rationabile facias te
rogamus
Ut mentes nostras ad celestia desideria erigas   210
te rogamus
Ut miserias pauperum et captivorum intueri et
relevari digneris te rogamus
Ut regularibus disciplinis nos instruere digneris te
rogamus   215
Ut omnibus fidelibus defunctis requiem eternam
dones te rogamus
Ut nos exaudire digneris te rogamus audi nos
Fili Dei te rogamus audi nos
Fili Dei te rogamus audi nos   220
Agnus Dei qui tollis peccata mundi parce nobis
Domine
Agnus Dei qui tollis peccata mundi exaudi nos
Domine
Agnus Dei qui tollis peccata mundi miserere   225
nobis

Christe audi nos		Christe audi nos	
Kyrieleyson		Kyrieleyson	
Christeleyson		Christeleyson	
Kyrieleyson	230	Kyrieleyson	230

Shaftesbury, Benedictine Abbey of the Blessed Virgin Mary and St Edward the Martyr (nunnery)

LXXVI   London, British Library Lansdowne 383, fols. 146v–149v   c. 1130–40

LXXVII   Cambridge, Fitzwilliam Museum 2–1957, fols. 58r–62r   c. 1505–28

LXXVI		LXXVII	
[f. 146v] Kyrieleyson		[f. 58r] Kyrieleyson	
Christeleyson		Christeleyson	
Christe audi nos		Christe audi nos	
Christe exaudi nos		—	
Christe adiuva nos	5	Christe adiuva nos	5
Pater de celis Deus miserere nobis		Pater de celis Deus miserere nobis	
Fili redemptor mundi Deus miserere nobis		Fili redemptor mundi Deus miserere nobis	
Spiritus sancte Deus miserere nobis		Spiritus sancte Deus miserere nobis	
Sancta trinitas unus [f. 147r] Deus miserere nobis		Sancta trinitas unus Deus miserere nobis	
Sancta MARIA ora pro nobis	10	Sancta Maria ora pro nobis	10
Sancta Dei genetrix ora		Sancta Dei genetrix ora	
Sancta virgo virginum ora pro nobis		Sancta virgo virginum ora	
Sancte Michael ora		Sancte Michael ora	
Sancte Gabriel ora		[f. 58v] Sancte Gabriel ora	
Sancte Raphael ora	15	Sancte Raphael ora	15
Omnes sancti angeli et archangeli Dei orate pro nobis		Omnes sancti angeli et archangeli (Dei) orate (pro nobis)	
Omnes sancti beatorum spirituum ordines orate pro nobis		Omnes sancti beatorum spirituum ordines orate (pro nobis)	
Sancte Iohannes baptista ora pro nobis	20	Sancte Iohannes baptista ora	20
Omnes sancti patriarche et prophete orate		Omnes sancti patriarche et prophete orate	
Sancte Petre ora		Sancte Petre ora	
Sancte Paule ora		Sancte Paule ora	
Sancte Andrea ora		Sancte Andrea ora	
Sancte Iohannes ora	25	Sancte Iohannes ora	25
Sancte Iacobe ora		Sancte Iacobe ora	
Sancte Thoma ora		Sancte Thoma ora	
Sancte Bartholomee ora		Sancte Bertholomee ora	
Sancte Philippe ora		Sancte Philippe ora	
Sancte Iacobe ora	30	Sancte Iacobe ora	30
Sancte Mathee ora		Sancte Mathee ora	
Sancte Symon ora		Sancte Symon ora	
Sancte Iuda ora		Sancte Iuda ora	
Sancte Mathia ora		Sancte Mathia ora	
Sancte Barnaba ora	35	Sancte Barnaba ora	35
Sancte Luca ora		Sancte Luca ora	
Sancte Marce ora		[f. 59r] Sancte Marce ora	
Sancte Marcialis ora		Sancte Marcialis ora	
Omnes sancti apostoli et evangeliste orate pro nobis		Omnes sancti apostoli et evangeliste orate	
Omnes sancti discipuli Domini orate pro nobis	40	Omnes sancti discipuli Domini orate	40
Omnes sancti innocentes orate pro nobis		Omnes sancti innocentes orate	
Sancte Stephane ora		Sancte Stephane ora	
Sancte EDGUARDE ora		Sancte Edwarde ora	
Sancte Edmunde ora		Sancte Edmunde ora	
Sancte Saviniane ora	45	Sancte Saviniane ora	45
Sancte Potentiane ora		Sancte Potenciane ora	
Sancte Clemens ora		Sancte Clemens ora	
[f. 147v] Sancte Lamberte ora		Sancte Lamberte ora	
Sancte Dionisi cum sociis tuis orate[45]		Sancte Dionisi cum sociis tuis ora	
Sancte Maurici cum sociis (tuis orate)	50	Sancte Maurici cum sociis tuis ora	50
Sancte Nigasi cum sociis (tuis orate)		Sancte Nigasii cum sociis tuis ora	

Sancte Eustachi cum sociis (tuis orate)		Sancte Eustachi cum sociis tuis ora	
–		Sancte Ypolite cum sociis tuis ora	
–		Sancte Kenelme ora	
–	55	Sancte Georgi ora	55
Sancte Leodegari ora		Sancte Leodegari ora	
Sancte Laurenti ora		Sancte Laurenti ora	
Sancte Vincenti ora		[f. 59v] Sancte Vincenti ora	
Sancte Christofore ora		Sancte Christofori ora	
–	60	Sancte Quintine ora	60
–		Sancte Blasi ora	
Sancte Cucuphas ora		Sancte Cucufati ora	
–		Sancte Thoma ora[47]	
–		Sancte Erasme ora	
Omnes sancti martires orate pro nobis	65	Omnes sancti martires orate	65
Sancte Benedicte ora		Sancte Benedicte ora	
Sancte Egidi ora		Oancte Egidi ora[48]	
–		Sancte Iuliane ora	
Sancte Nicholae ora		Sancte Nicholae ora	
Sancte Silvester ora	70	Sancte Silvester ora	70
Sancte Hilari ora		Sancte Hillari ora	
Sancte Basili ora		Sancte Basili ora	
Sancte Martine ora		Sancte Martine ora	
Sancte Gregori ora		Sancte Gregori ora	
Sancte Ambrosi ora	75	Sancte Ambrosi ora	75
Sancte Augustine ora		Sancte Augustine ora	
Sancte Ieronime ora		Sancte Ieronime ora	
–		Sancte Leonarde ora	
Sancte Audoene ora		[f. 60r] Sancte Romane ora	
Sancte Romane ora	80	Sancte Audoene ora	80
Sancte Aldelme ora		Sancte Aldelme ora	
Sancte Vuandrigisile ora		Sancte Wandragesile ora	
Sancte Albine ora		Sancte Albine ora	
–		Sancte Edmunde ora	
Sancte Dunstane ora	85	Sancte Symeon ora	85
Sancte Symeon ora		Sancte Dunstane ora	
–		Sancte Wlstane ora	
–		Sancte Brithelme ora	
–		Sancte Anthoni ora	
–	90	Sancte Osmunde ora	90
Omnes sancti confessores orate pro nobis		Omnes sancti confessores orate	
Omnes sancti monachi et heremite orate		Omnes sancti monachi et heremite orate	
Sancta MARIA Magdalene ora pro nobis		Sancta Maria Magdalene ora	
Sancta Maria Egyptiaca ora pro nobis		Sancta Maria Egypciaca ora	
Sancta Agna (sic!) ora	95	Sancta Anna ora	95
Sancta Elisabeth ora		Sancta Elizabeth ora	
Sancta Katerina ora		Sancta Katerina ora	
Sancta Agatha ora		Sancta Agatha ora	
Sancta Agnes ora		Sancta Agnes ora	
Sancta Cecilia ora	100	[f. 60v] Sancta Cecilia ora	100
Sancta Lucia ora		Sancta Lucia ora	
Sancta Margarita ora		Sancta Margareta ora	
Sancta Christina ora		Sancta Christina ora	
[f. 148r] Sancta Barbara ora		Sancta Barbara ora	
Sancta Scolastica ora	105	Sancta Scolastica ora	105
Sancta Fidis ora		Sancta Fidis ora	
Sancta Genovefa ora		Sancta Genovefa ora	
–		Sancta Batildis ora	
–		Sancta Radegundis ora	

Sancta Brigida ora 110
Sancta Edgitha ora
Sancta Elviva ora
–
–
– 115
–
–
Omnes sancte virgines Dei orate pro nobis
Omnes sancti orate ii
Propicius esto parce nobis Domine 120
Ab omni malo libera nos Domine
Ab insidiis diaboli libera nos Domine
Ab immundis cogitationibus libera
A peste superbie libera
A spiritu fornicationis libera nos Domine 125
Ab ira et odio et omni mala voluntate libera
A fame peste et clade libera
A fulgure et tempestate libera nos Domine
A morte subitanea et ab eterna libera
A penis inferni libera 130
A ventura ira libera
Per mysterium sancte incarnationis tue libera
Per sanctam nativitatem tuam libera
Per crucem et passionem tuam libera
Per piissimam mortem tuam libera 135
Per gloriosam resurrectionem tuam libera
Per admirabilem ascensionem tuam libera
Per adventum sancti spiritus paracliti libera
In hora mortis succurre nobis Domine
In die magni iudicii libera nos Domine 140
[f. 148v] Peccatores te rogamus audi nos
Ut pacem nobis dones te rogamus
Ut salutem mentis et corporis nobis dones te
rogamus
Ut sanctam ecclesiam tuam regere et defensare 145
digneris te rogamus audi nos
Ut domnum apostolicum et omnes gradus ecclesie
in sancta religione conservare digneris te rogamus
Ut regibus et principibus nostris pacem et veram
concordiam atque victoriam donare digneris te 150
rogamus
Ut abbatissam nostram in bonis actibus corroborare
digneris te rogamus audi nos
Ut congregationes omnium sanctorum in tuo
sancto servitio conservare digneris te rogamus 155
Ut cunctum populum christianum precioso sanguine
tuo redemptum conservare digneris te rogamus
Ut animas nostras et parentum nostrorum ab eterna
dampnatione eripias te rogamus
Ut omnibus benefactoribus nostris eterna bona 160
retribuas te rogamus audi nos
Ut fructus terre dare et conservare digneris (te
rogamus)
Ut oculos misericordie tue super nos reducere
digneris te rogamus 165
Ut obsequium servitutis nostre rationabile facias
te rogamus

– 110
Sancta Elviva ora
Sancta Editha ora
Sancta Edburga ora
Sancta Fredeswyda ora
Sancta Dorothea ora 115
Sancta Brigida ora
Sancta Wenefreda ora
Omnes sancte virgines orate
Omnes sancti Dei orate
Propicius esto parce nobis Domine 120
Ab omni malo libera nos Domine
[f. 61r] Ab insidiis diaboli libera
Ab immundis cogitacionibus libera
A peste superbie libera
A spiritu fornicacionis libera 125
Ab ira et odio et omni mala voluntate libera
A fame peste et clade libera
A fulgura et tempestate libera
A morte subitanea et eterna libera
A penis inferni libera 130
A ventura ira libera
Per misterium sancte incarnacionis tue libera
Per sanctam nativitatem tuam libera
Per crucem et passionem tuam libera
Per piissimam mortem tuam libera 135
Per gloriosam resurreccionem tuam libera
Per admirabilem ascensionem tuam libera
Per adventum sancti spiritus paracliti libera
In hora mortis succurre nobis Domine
In die iudicii libera 140
Peccatores te rogamus audi nos
Ut pacem nobis dones te rogamus
Ut salutem mentis et corporis (nobis) dones te
rogamus
Ut sanctam ecclesiam tuam regere et defensare 145
digneris te rogamus
Ut dompnum apostolicum et omnes gradus ecclesie
in sancta religione conservare digneris te rogamus
Ut regibus et principibus nostris pacem et veram
concordiam atque victoriam donare digneris te 150
rogamus
Ut abbatissam nostram N in bonis [f. 61v] actibus
corroborare digneris te rogamus
Ut congregationes omnium sanctorum tuorum in tuo
sancto servicio conservare digneris te rogamus 155
Ut cunctum populum christianum precioso sanguine
tuo redemptum conservare digneris te rogamus
Ut animas nostras et parentum nostrorum ab eterna
dampnacione eripias te rogamus
Ut omnibus benefactoribus nostris sempiterna 160
bona retribuas te rogamus
Ut fructus terre dare et conservare digneris te
rogamus
Ut oculos misericordie tue super nos reducere
digneris te rogamus 165
Ut obsequium servitutis nostre racionabile facias
te rogamus

Ut mentes nostras ad celestia desideria erigas te
rogamus
[f. 149r] Ut lacrimas et compunctionem cordis   170
nobis conferre digneris te rogamus audi nos
Ut locum istum et omnes habitantes in eo visitare
et consolari digneris te rogamus
Ut spatium penitentie et emendationem vite nobis
dones te rogamus   175
Ut inimicis nostris caritatem largiri digneris te
rogamus
Ut miserias pauperum et captivorum intueri et
relevari digneris te rogamus
Ut iter famulorum famularumque tuarum in   180
salutis tue prosperitate disponas te rogamus
Ut fidelibus infirmis pristinam sanitatem mentis
et corporis restituere digneris te rogamus
Ut omnibus fidelibus defunctis requiem eternam
donare digneris te rogamus   185
Ut vitam eternam nobis dones te rogamus
Ut ad gaudia eterna nos perducere digneris te
rogamus
Ut vultum tuum gloriosum desiderabilem nobis
pium ac placabilem ostendere digneris te   190
rogamus
Ut nos exaudire digneris te rogamus
Fili Dei te rogamus audi nos ii
Agnus Dei qui tollis peccata mundi exaudi nos
Domine   195
Agnus Dei (qui tollis peccata mundi) parce nobis
Domine[46]
Agnus Dei (qui tollis peccata mundi) miserere nobis
Christe audi nos
Kyri[f. 149v]eleyson   200
Christeleyson
Kyrieleyson

Ut mentes nostras ad celestia desideria erigas te
rogamus
Ut lacrimas et compunctionem cordis nobis   170
conferre digneris te rogamus
Ut locum istum et omnes habitantes in eo visitare
et consolare (sic!) digneris te rogamus
Ut spacium penitencie et emendacionem vite nobis
dones te rogamus   175
Ut inimicis nostris caritatem largiri digneris te
rogamus
–
–
Ut iter famulorum famularumque tuarum in   180
salutis tue prospperitate disponas te rogamus
Ut fidelium (sic!) infirmis pristinam sanitatem
mentis et corporis restituere digneris te rogamus
Ut omnibus fidelibus [f. 62r] defunctis requiem
eternam donare digneris te rogamus   185
Ut vitam (eternam) nobis dones te rogamus
Ut ad gaudia eterna nos perducere digneris te
rogamus
Ut vultum tuum gloriosum desiderabilem nobis
pium ac placabilem ostendere digneris te   190
rogamus
Ut nos exaudire digneris te rogamus
Fili Dei te rogamus
Agnus Dei qui tollis peccata mundi exaudi nos
Domine   195
Agnus Dei qui tollis peccata mundi parce nobis
Domine
Agnus Dei qui tollis peccata mundi miserere nobis
Christe audi nos
Kyrieleyson   200
Christeleyson
Kyrieleyson

Sheen, Charterhouse of Jesus of Bethlehem

LXXVIII   Oxford, Bodleian Library lat. liturg.e.21, fols. 176v–178r   c. 1425–50

[f. 176v] Kyri el(eyson)
Christe el(eyson)
Kyriel(eyson)
Christe audi nos
Pater de celis Deus miserere nobis   5
Fili redemptor mundi Deus miserere nobis
Spiritus sancte Deus miserere nobis
Sancta trinitas unus Deus miserere nobis
Sancta Maria ora
Sancta Dei genetrix ora   10
Sancta virgo virginum ora
Sancte Michael ora
Sancte Gabriel ora
Sancte Raphael ora
Omnes sancti beatorum spirituum ordines orate   15
pro nobis
Sancte Johannes baptista (ora)
Omnes sancti patriarche et prophete orate pro
(nobis)
Sancte Petre ora   20
Sancte Paule ora
Sancte Andrea ora
Sancte Jacobe ora
Sancte Johannes ora
Sancte Philippe ora   25
Sancte Bartholomee (ora)
Sancte Mathee ora
Sancte Thoma ora
Sancte Jacobe ora
Sancte Symon ora   30
Sancte Thadee ora
Sancte Mathia ora
Sancte Barnaba ora
Sancte Luca ora
Sancte Marce ora   35
Omnes sancti apostoli et evangeliste orate
Sancte Stephane ora
[f. 177r] Sancte Clemens ora
Sancte Sixte ora
Sancte Corneli ora   40
Sancte Cipriane ora
Sancte Thoma ora
Sancte Laurenti ora
Sancte Vincenti ora
Sancte Ignaci ora   45
Sancte ffabiane ora
Sancte Sebastiane (ora)
Sancte Georgi ora
Sancte Maurici cum sociis tuis ora
Sancte Dyonisi cum sociis tuis ora   50
Omnes sancti martires orate
Sancte Silvester ora

LXXIX   Lincoln, Cathedral Library 64, fols. 64v–66r   c. 1500–12

[f. 64v] Kyrieleyson[49]
Christeleyson
Kyrieleyson
Christe audi nos
Pater de celis Deus miserere nobis[50]   5
Fili redemptor mundi Deus miserere nobis
Spiritus sancte Deus [f. 65r] miserere nobis
Sancta trinitas unus Deus miserere nobis
Sancta Maria ora
Sancta Dei genetrix ora   10
Sancta virgo virginum ora pro nobis
Sancte Michael ora
Sancte Gabriel ora pro nobis
Sancte Raphael ora
Omnes sancti beatorum spirituum ordines orate   15
pro nobis
Sancte Johannes baptista ora
Omnes sancti patriarche et prophete orate (pro
nobis)
Sancte Petre ora   20
Sancte Paule ora
Sancte Andreas ora
Sancte Jacobe ora
Sancte Johannes ora
Sancte Philippe (ora)   25
Sancte Bartholomee ora
Sancte Mathee (ora)
Sancte Thoma (ora)
Sancte Jacobe (ora)
Sancte Symon ora   30
Sancte Thadee ora
Sancte Mathia ora
Sancte Barnaba ora
Sancte Luca ora
Sancte Marce ora   35
Omnes sancti apostoli et evangeliste ora
Sancte Stephane ora
Sancte Clemens ora
Sancte Sixte ora
Sancte Corneli ora   40
Sancte Cipriane ora
Sancte Thoma ora
Sancte Laurenti ora
Sancte Vincenti ora
Sancte Ignaci (ora)   45
Sancte ffabiane (ora)
Sancte Sebastiane (ora)
Sancte Georgi (ora)
Sancte Maurici cum sociis tuis ora
Sancte Dyonisi cum sociis tuis ora   50
Omnes sancti martires orate pro nobis
Sancte Silvester ora

Left		Right	
Sancte Gregori ora		Sancte Gregori ora	
–		Sancte Ieronime ora	
Sancte Martine ora	55	Sancte Martini ora	55
Sancte Nicholae ora		[f. 65v] Sancte Nicholae ora	
Sancte Hillari ora		Sancte Hillari ora	
Sancte Remigi ora		Sancte Remigi ora	
Sancte Ambrosi ora		Sancte Ambrosi ora	
Sancte Augustine ora	60	Sancte Augustine ora	60
Sancte Jeronime ora		–	
Sancte Hugo ora ii		Sancte Hugo ora	
–		Sancte Hugo ora	
Sancte Edmunde ora		Sancte Edmunde ora	
Sancte Edwarde ora	65	Sancte Edwarde ora	65
Sancte Paule ora		Sancte Paule ora	
Sancte Antoni ora		Sancte Antoni ora	
Sancte Hillarion ora		Sancte Hyllarion ora	
Sancte Benedicte ora		Sancte Benedicte ora	
–	70	Sancte Bruno ora[51]	70
Sancte Bernarde ora		Sancte Bernarde ora	
Omnes sancti confessores orate		Omnes sancti confessores orate	
Sancta Anna ora		Sancta Anna ora	
Sancta ffelicitas ora		Sancta ffelicitas ora	
Sancta Perpetua ora	75	Sancta Perpetua ora	75
Sancta Agatha ora		Sancta Agatha ora	
Sancta Agnes ora		Sancta Agnes ora	
Sancta Lucia ora		Sancta Lucia ora	
[f. 177v] Sancta Cecilia ora		Sancta Cecilia ora	
Sancta Anastasia (ora)	80	Sancta Anastasia ora	80
Sancta Blandina ora		Sancta Blandina ora	
Sancta Scolastica ora		Sancta Scolastica ora	
Sancta Eufemia ora		Sancta Eufemia ora	
Sancta Petronilla ora		Sancta Petronilla ora	
Sancta Maria Magdalena ora	85	Sancta Maria Magdalena ora	85
Sancta Katerina ora		Sancta Katerina ora	
Sancta Margareta ora		Sancta Margareta ora	
Omnes sancte virgines et continentes orate		Omnes sancte virgines et continentes orate	
Omnes sancti ii orate		Omnes sancti orate	
–	90	Omnes sancti orate	90
Propicius esto parce nobis Domine		Propicius esto parce nobis Domine	
Propicius esto libera nos Domine		Propicius esto libera nos Domine	
Ab insidiis diaboli libera		Ab insidiis diaboli libera nos Domine	
A concupiscencia iniqua libera nos Domine		A concupiscencia iniqua libera nos Domine	
A spiritu fornicacionis libera nos Domine	95	A spiritu fornicationis libera nos Domine	95
A spiritu superbie libera nos Domine		A spiritu superbie libera nos Domine	
Ab omni imundicia mentis et corporis libera		Ab omni inmundicia mentis et corporis libera	
A ventura ira libera nos Domine		A ventura ira libera nos Domine	
Ab omni malo libera nos Domine		Ab omni malo libera nos Domine	
Per nativitatem tuam libera	100	Per nativitatem tuam libera	100
Per passionem et crucem tuam libera nos Domine		Per passionem et crucem tuam libera nos Domine	
Per gloriosam resurrecionem tuam libera nos Domine		Per gloriosam resurreccionem tuam libera nos Domine	
Per admirabilem ascensionem tuam libera nos Domine	105	Per admirabilem ascensionem tuam libera nos Domine	105
Per adventum spiritus paracliti libera nos Domine		Per adventum spiritus paracliti libera nos Domine	
Peccatores te rogamus audi nos		Peccatores te rogamus audi nos	
Ut pacem et concordiam nobis dones te rogamus		[f. 66r] Ut pacem et concordiam nobis dones	
[f. 178r] Ut misericordia et pietas tua nos custodiat te rogamus audi nos	110	Ut misericordia et pietas tua nos custodiat te rogamus audi nos	110

Ut spacium vere penitencie et emendationem
vite nobis dones te rogamus
Ut graciam sancti spiritus cordibus n(ostris)
infundere digneris te rogamus
Ut ecclesiam tuam regere et defensare digneris   115
te rogamus
Ut cunctum populum christianum precioso sanguine
tuo redemptum conservare digneris te rogamus
(audi nos)
Ut cunctis fidelibus defunctis requiem eternam   120
donare digneris te rogamus
Ut nos exaudire digneris (te rogamus)
Fili Dei te rogamus ii
—
Agnus Dei qui tollis peccata mundi parce nobis   125
Domine
Agnus Dei qui tollis peccata mundi libera nos
Domine
Agnus Dei qui tollis peccata mundi dona nobis
pacem   130
Kyri el(eyson)
Christe eleyson
Kyri eleyson

Ut spacium vere penitencie et emendacionem
vite nobis dones te rogamus
Ut gratiam sancti spiritus cordibus nostris
infundere digneris te (rogamus)
Ut ecclesiam tuam regere et defensare digneris   115
te (rogamus)
Ut cunctum populum christianum precioso sanguine
tuo redemptum conservare digneris te rogamus
audi nos
Ut cunctis fidelibus defunctis requiem eternam   120
donare digneris te (rogamus)
Ut nos exaudire digneris te rogamus
Fili Dei te rogamus audi nos
Fili Dei te rogamus audi nos
Agnus Dei qui tollis peccata mundi parce nobis   125
Domine
Agnus Dei qui tollis peccata mundi libera nos
Domine
Agnus Dei qui tollis peccata mundi dona nobis
pacem   130
Kyryeleyson
Christeleyson
Kyryeleyson

Shrewsbury, Benedictine Abbey of St Peter and St Paul

LXXX   York, Cathedral Library XVI.O.19, fols. 92v–95v   c. 1250–75

[f. 92v] Kyrieleyson
Christe eleyson
Christe audi nos ii
Pater de celis Deus miserere nobis
Fili redemptor mundi Deus miserere nobis   5
Spiritus sancte Deus miserere nobis
Sancta trinitas unus Deus miserere
Sancta Maria ora pro nobis
Sancta Dei genetrix ora
[f. 93r] Sancta virgo virginum ora   10
Sancte Michael ii ora
Sancte Gabriel ora
Sancte Raphael ora
Omnes sancti angeli et archangeli orate pro nobis
Omnes sancti beatorum spirituum ordines orate   15
Sancte Iohannes baptista ora
Omnes sancti patriarche et prophete orate
Sancte Petre ii ora
Sancte Paule ora
Sancte Andrea ora   20
Sancte Jacobe ora
Sancte Johannes ora
Sancte Thoma ora
Sancte Jacobe ora
Sancte Philippe ora   25
Sancte Bartholomee ora
Sancte Mathee ora
Sancte Symon ora
Sancte Thadee ora
Sancte Mathia ora   30
Sancte Barnaba ora
Sancte Marce ora
Sancte Luca ora
Omnes sancti apostoli et evangeliste orate
Omnes sancti discipuli Domini orate   35
Omnes sancti innocentes orate
Sancte Stephane ora
Sancte Clemens ora
Sancte Sixte ora
Sancte Thoma ora   40
Sancte Dionisi cum sociis tuis ora
Sancte Nigasi cum sociis tuis ora
Sancte Maurici cum sociis tuis ora
Sancte Eustachi cum sociis tuis ora
Sancte Benigne ora   45
Sancte Laurenti ora
Sancte Romane ora
Sancte Vincenti ora
[f. 93v] Sancte Sebastiane ora
Sancte Gervasi ora   50
Sancte Protasi ora
Sancte Antonine ora
Sancte Eadmunde ora

Sancte Albane ora
Sancte Nichomedis ora   55
Sancte Cucuphas ora
Sancte Christofore ora
Sancte Georgi ora
Sancte Symphoriane ora
Sancte Leodegari ora   60
Sancte Gorgoni ora
Sancte Formunde ora
Sancte Lamberte ora
Sancte Oswalde ora
Sancte Edwarde ora   65
Sancte Gemini ora
Omnes sancti martyres orate
Sancte Martine ii ora
Sancte Silvester ora
Sancte Hylari ora   70
Sancte Taurine ora
Sancte Mello ora
Sancte Edmunde ora
Sancte Gregori ora
Sancte Ambrosi ora   75
Sancte Augustine ora
Sancte Aquiline ora
Sancte Bricci ora
Sancte Macute ora
Sancte Jeronime ora   80
Sancte Germane ora
Sancte Remigi ora
Sancte Audoene ora
Sancte Nicholae ora
Sancte Cedda ora   85
Sancte Oswalde ora
Sancte Aldelme ora
Sancte Edelwolde ora
Sancte Swithine ora
Sancte Vigor ora   90
Sancte Romane ora
Sancte Juliane ora
[f. 94r] Sancte Laude ora
Sancte Wlfranne ora
Sancte Flaviane ora   95
Sancte Candide ora
Sancte Lordoni ora
Sancte Augustine cum sociis tuis ora
Sancte Dunstane ora
Sancte Wlstane ora   100
Sancte Cuhtberte ora
Sancte Birine ora
Sancte Benedicte ii ora
Sancte Maure ora
Sancte Eleri ora   105
Sancte Paule ora

Sancte Johannes ora
Sancte Philiberte ora
Sancte Columbane ora
Sancte Wandregisile ora   110
Sancte Walerice ora
Sancte Maiole ora
Sancte Egidi ora
Sancte Leonarde ora
Omnes sancti confessores orate   115
Sancta Maria Magdalene ora
Sancta Anna ii ora
Sancta Wenefreda ora
Sancta Felicitas ora
Sancta Perpetua ora   120
Sancta Susanna ora
Sancta Petronilla ora
Sancta Katerina ora
Sancta Agatha ora
Sancta Agnes ora   125
Sancta Cecilia ora
Sancta Lucia ora
Sancta Marina ora
Sancta Margarita ora
Sancta Scolastica ora   130
Sancta Eufrosina ora
Sancta Paschasia ora
Sancta Genoveva ora
Sancta Afra ora
Sancta Berta ora   135
Sancta Modewenna ora
[f. 94v] Sancta Moderana ora
Sancta Juliana ora
Sancta Radegundis ora
Sancta Milburga ora   140
Sancta Werburga ora
Sancta Elena ora
Sancta Editha ora
Sancta Edburga ora
Sancta Brigida ora   145
Omnes sancte virgines et vidue orate pro
nobis
Omnes sancti orate pro nobis
Propitius esto parce nobis Domine
Ab insidiis diaboli libera nos Domine   150
A dampnatione perpetua libera
Ab imminentibus peccatorum nostrorum
periculis libera
Ab infestationibus demonum libera
A spiritu fornicationis libera   155
Ab appetitu inanis glorie libera
Ab omni immunditia mentis et corporis libera
Ab ira et odio et omni mala voluntate libera
Ab immundis cogitationibus libera
A cecitate cordis libera   160
A fulgure et tempestate libera
A subitanea et improvisa morte libera

Per mysterium sancte incarnatonis tue libera
Per passionem et crucem tuam libera
Per gloriosam resurrectionem tuam libera   165
[f. 95r] Per admirabilem ascensionem tuam libera
Per gratiam sancti spiritus paracliti libera
In hora mortis succurre nobis Domine
In die iudicii libera nos Domine
Peccatores te rogamus audi nos   170
Ut pacem nobis dones te rogamus
Ut misericordia et pietas tua nos custodiat te
rogamus
Ut ecclesiam tuam regere et defensare digneris
te rogamus   175
Ut dompnum apostolicum et omnes gradus ecclesie
in sancta religione conservare digneris te rogamus
Ut regibus et principibus nostris pacem et veram
concordiam atque victoriam donare digneris te
rogamus   180
Ut episcopos et abbates nostros et omnes
congregationes illis commissas in sancta religione
conservare digneris te rogamus
Ut congregationes omnium sanctorum in tuo sancto
servitio conservare digneris te rogamus   185
Ut omnibus benefactoribus nostris sempiterna
bona retribuas te rogamus
Ut animas nostras et parentum nostrorum ab
eterna dampnatione eripias te rogamus
Ut fructus terre dare et conservare digneris te   190
rogamus
[f. 95v] Ut oculos misericordie tue super nos
reducere digneris te rogamus
Ut obsequium servitutis nostre racionabile facias
te rogamus   195
Ut mentes nostras ad celestia desideria erigas te
rogamus
Ut miserias pauperum et captivorum intueri et
relevari digneris te rogamus
Ut iter famulorum tuorum in salutis tue   200
prosperitate disponas te rogamus
Ut regularibus disciplinis nos instruere digneris
te rogamus
Ut locum istum et omnes habitantes in eo visitare
et consolari digneris te rogamus   205
Ut omnibus fidelibus defunctis requiem eternam
dones te rogamus
Ut nos exaudire digneris te rogamus
Fili Dei te rogamus
Agnus Dei qui tollis peccata mundi parce   210
nobis Domine
Agnus Dei qui tollis peccata mundi exaudi nos
Domine
Agnus Dei qui tollis peccata mundi miserere nobis
Christe audi nos   215
Kyrieleyson
Christe eleison
Kyrie eleyson

Thetford, Cluniac Priory of the Blessed Virgin Mary

LXXXI   New Haven, Beinecke Library, Yale University 417, fols. 120v–123r   c. 1330–35

[f. 120v] Kyrie eleyson
Christe eleyson
Christe audi nos
Pater de celis Deus miserere nobis
Fili redemptor mundi Deus miserere nobis   5
Spiritus sancte Deus miserere nobis
Sancta trinitas unus Deus miserere nobis
Sancta Maria ora pro nobis
Sancta Dei genetrix ora
Sancta virgo virginum ora   10
Sancte Michael ora
Sancte Gabriel ora
Sancte Raphael ora
Omnes sancti angeli et archangeli orate pro nobis
Omnes sancti beatorum spirituum ordines orate   15
pro nobis
Sancte Johannes baptista ora
Omnes sancti patriarche et prophete orate pro nobis
Sancte Petre ii ora
Sancte Paule ora   20
Sancte Andrea ora
Sancte Iohannes ora
Sancte Iacobe ora
Sancte Philippe ora
Sancte Bartholomee   25
[f. 121r] Sancte Mathee ora
Sancte Thoma ora
Sancte Iacobe ora
Sancte Symon ora
Sancte Thaddee ora   30
Sancte Mathia ora
Sancte Barnaba ora
Sancte Luca ora
Sancte Marce ora
Omnes sancti apostoli et evangeliste orate pro   35
nobis
Sancte Marcialis ora
Omnes sancti discipuli Domini orate pro nobis
Omnes sancti innocentes orate pro nobis
Sancte Stephane ora   40
Sancte Thoma ora
Sancte Pancrati ora
Sancte Clemens ora
Sancte Alexander ora
Sancte Marcelle ora   45
Sancte Austremoni ora
Sancte Marine ora
Sancte Laurenti ora
Sancte Vincenti ora
Sancte Marcelle ora   50
Sancte Quintine ora
Sancte Edmunde ora
Sancte Olave ora

Sancte Albane ora
Sancte Maurici cum sociis tuis ora   55
Sancte Yrenee cum sociis tuis ora
Sancte Dionisi cum sociis tuis ora
Sancte Luciane cum sociis tuis ora
Sancte Leodegari ora
Sancte Iuliane ora   60
Sancte Sebastiane ora
Sancte Georgi ora
Sancte Pantaleon ora
Sancte Fortunate ora
Sancti Marcelline et Petre orate   65
[f. 121v] Sancti Nazarei et Celse orate
Omnes sancti martires orate
Sancte Silvester ora
Sancte Hyllari ora
Sancte Martine ora   70
Sancte Gregori ora
Sancte Germane ora
Sancte Taurine ora
Sancte Aquiline ora
Sancte Ambrosi ora   75
Sancte Augustine ora
Sancte Ieronime ora
Sancte Eucheri ora
Sancte Nicholae ora
Sancte Flore ora   80
Sancte Augustine ora
Sancte Dunstane ora
Sancte Cuthberte ora
Sancte Edmunde ora
Sancte Benedicte ora   85
Sancte Maure ora
Sancte Antoni ora
Sancte Philiberte ora
Sancte Columbane ora
Sancte Oddo ora   90
Sancte Maiole ora
Sancte Odilo ora
Sancte Hugo ora
Sancte Geralde ora
Sancte Leonarde ora   95
Omnes sancti confessores orate pro nobis
Omnes sancti monachi et heremite orate pro nobis
Sancta Maria Magdalene ora pro nobis
Sancta Felicitas ora
Sancta Perpetua ora   100
Sancta Agatha ora
Sancta Agnes ora
Sancta Cecilia ora
Sancta Lucia ora
Sancta Barbara ora   105
Sancta Cirilla ora

[f. 122r] Sancta Scolastica ora
Sancta Etheldreda ora
Sancta Milburga ora
Sancta Radegundis ora   110
Sancta Walburgis ora
Sancta Florencia ora
Sancta Consorcia ora
Sancta Daria ora
Sancta Columba ora   115
Sancta Fides ora
Sancta Katerina ora
Sancta Margareta ora
Omnes sancte virgines orate
Omnes sancti orate pro nobis   120
Omnes sancti orate pro nobis
Propitius esto parce nobis Domine
Ab insidiis diaboli libera
A da(m)pnatione perpetua libera
Ab imminentibus peccatorum nostrorum   125
periculis libera
Ab infestationibus demonum libera
A spiritu fornicationis libera
Ab appetitu inanis glorie libera
Ab omni inmunditia mentis et corporis libera   130
Ab ira et odio et omni mala voluntate libera
Ab inmundis cogitationibus libera
A cecitate cordis libera
A fulgure et tempestate libera
Per misterium sancte incarnationis tue libera   135
Per passionem et crucem tuam libera
Per gloriosam resurreccionem tuam libera
Per admirabilem ascensionem tuam libera
Per gratiam sancti spiritus paracliti libera
In die iudicii libera   140
[f. 122v] Peccatores te rogamus audi nos
Ut pacem nobis dones te rogamus
Ut misericordia et pietas tua nos custodiat te
rogamus
Ut ecclesam tuam regere et defensare digneris   145
te rogamus
Ut dompnum apostolicum et omnes gradus ecclesie
in sancta religione conservare digneris te rogamus

Ut regibus et principibus nostris pacem et veram
concordiam atque victoriam donare digneris   150
te rogamus
Ut episcopos et abbates nostros et omnes
congregationes illis comissas in sancta religione
conservare digneris te rogamus
Ut congregationes omnium sanctorum in tuo   155
sancto servicio conservare digneris te rogamus
Ut cunctum populum christianum precioso sanguine
tuo redemptum conservare digneris te rogamus
Ut omnibus benefactoribus nostris sempiterna bona
retribuas te rogamus   160
Ut animas nostras et parentum nostrorum ab eterna
dampnatione eripias te rogamus
Ut fructus terre dare et conservare digneris te
rogamus
Ut oculos misericordie tue super nos reducere   165
digneris te rogamus
Ut obsequium servitutis nostre rationabile facias
te rogamus
Ut mentes nostras ad [f. 123r] celestia desideria
erigas te rogamus   170
Ut miserias pauperum et captivorum intueri et
relevare digneris te rogamus
Ut regularibus disciplinis nos instruere digneris
te rogamus
Ut omnibus fidelibus defunctis requiem   175
eternam dones te rogamus
Ut nos exaudire digneris te rogamus
Fili Dei te rogamus
Fili Dei te rogamus
Agnus Dei qui tollis peccata mundi parce nobis   180
Domine
Agnus Dei qui tollis peccata mundi exaudi nos
Domine
Agnus Dei qui tollis peccata mundi miserere nobis
Christe audi nos   185
Kyrie eleyson
Christe eleyson
Kyrieleyson

Westminster, Benedictine Abbey of St Peter

**LXXXII   London, British Library Royal
2 A.XXII, fols. 181r–184r   c. 1200**

[f. 181r] Kyrieleyson
Christe eleyson
Christe audi nos ii
Pater de celis Deus miserere nobis
Fili redemptor mundi Deus miserere nobis   5
Spiritus sancte Deus miserere nobis
Sancta trinitas unus Deus miserere nobis
Sancta Maria ora pro nobis
Sancta Dei genetrix ora
Sancta virgo virginum ora   10
Sancte Michael ora
Sancte Gabriel ora
Sancte Raphael ora
Omnes sancti angeli et archangeli orate
Omnes sancti beatorum spirituum ordines orate   15
[f. 181v] Sancte Iohannes baptista ora
Omnes sancti patriarche et prophete orate
Sancte Petre ii ora
Sancte Paule ora
Sancte Andrea ora   20
Sancte Iohannes ewangelista ora
Sancte Iacobe ora
Sancte Philippe ora
Sancte Bartholomee (ora)
Sancte Mathee ora   25
Sancte Thoma ora
Sancte Iacobe ora
Sancte Symon ora
Sancte Thadee ora
Sancte Mathia ora   30
Sancte Barnaba ora
Sancte Luca ora
Sancte Marce ora
Omnes sancti apostoli et evangeliste orate
Omnes sancti discipuli Domini orate   35
Omnes sancti innocentes (orate)
Sancte Stephane ora
Sancte Clemens ora
Sancte Alexander ora
Sancte Syxte ora   40
Sancte Laurenti ora
Sancte Vincenti ora
Sancte Thoma ora
Sancte Georgi ora
Sancte Corneli ora   45
Sancte Cypriane ora
Sancte Dionisi cum sociis tuis ora
Sancte Maurici cum sociis tuis ora
Sancte Eustachi cum [f. 182r] sociis tuis ora
Sancte Cyriace cum sociis tuis ora   50
Sancte Sebastiane ora
Sancte Christofore ora

**LXXXIII   Oxford, Bodleian Library Rawl.
liturg.g.10, fols. 7r–11v   c. 1475–1500**

[f. 7r] Kyrieleyson
Christeleyson
Christe audi nos ii[61]
Pater de celis Deus miserere nobis
Fili redemptor mundi Deus miserere nobis   5
Spiritus sancte Deus miserere nobis
Sancta trinitas unus Deus miserere nobis
Sancta Maria ora
Sancta Dei genetrix ora
Sancta virgo virginum ora   10
Sancte Michael ora
Sancte Gabriel ora
Sancte Raphael ora
Omnes sancti angeli et archangeli orate
Omnes sancti beatorum spirituum ordines orate   15
Sancte Iohannes baptista ora
Omnes sancti patriarche et prophete orate
Sancte Petre ii ora
[f. 7v] Sancte Paule ora
Sancte Andrea ora   20
Sancte Iohannes evangelista ora
Sancte Iacobe ora
Sancte Philippe ora
Sancte Bartholomee ora
Sancte Mathee ora   25
Sancte Thoma ora
Sancte Iacobe ora
Sancte Symon ora
Sancte Thadee ora
Sancte Mathia ora   30
Sancte Barnaba ora
Sancte Luca ora
Sancte Marce ora
Omnes sancti apostoli et evangeliste orate
Omnes sancti discipuli Domini orate   35
Omnes sancti innocentes orate
Sancte Stephane ora
Sancte Clemens ora
[f. 8r] Sancte Alexander ora
Sancte Sixte ora   40
Sancte Laurenti ora
Sancte Vincenti ora
Sancte Thoma ora[62]
Sancte Georgi ora
Sancte Corneli ora   45
Sancte Cipriane ora
Sancte Dionisi cum sociis tuis ora
Sancte Maurici cum sociis tuis ora
Sancte Eustachi cum sociis tuis ora
Sancte Ciriaci cum sociis tuis ora   50
Sancte Sebastiane ora
Sancte Christofere ora

Sancte Albane ora		Sancte Albane ora	
Sancte Eadmunde ora		Sancte Edmunde ora	
Sancte Alphege ora	55	Sancte Alphege ora	55
Sancte Blasi ora[52]		Sancte Blasi ora	
Omnes sancti martyres (orate)		Omnes sancti martires orate	
Sancte Adwarde ii ora[53]		Sancte Edwarde ii ora	
Sancte Silvester ora		[f. 8v] Sancte Silvester ora	
Sancte Marcialis ora	60	Sancte Marcialis ora	60
Sancte Hylari ora		Sancte Hillari ora	
Sancte Martine ora		Sancte Martine ora	
Sancte Ambrosi ora*[54]		Sancte Ambrosi ora	
Sancte Augustine ora*		Sancte Augustine ora	
Sancte Ieronime ora*	65	Sancte Ieronime ora	65
Sancte Basili ora*		Sancte Basili ora	
Sancte GREGORI ora*		Sancte Gregori ora	
Sancte Augustine cum sociis tuis ora pro nobis*		Sancte Augustine cum sociis tuis ora	
Sancte Nicholae ora[55]		Sancte Nicholae ora	
Sancte Taurine ora	70	Sancte Taurine ora	70
Sancte Audoene ora		Sancte Audoene ora	
Sancte Juliane ora		Sancte Iuliane ora	
Sancte Dunstane ora		Sancte Dunstane ora	
Sancte Wlstane ora[56]		Sancte Wulstane ora	
Sancte Ulsine ora[57]	75	Sancte Wlsine ora	75
Sancte Cuthberte ora		Sancte Cuthberte ora	
Sancte Athelwalde (ora)		Sancte Athelwolde ora	
Sancte Aldelme ora		Sancte Aldelme ora	
–		[f. 9r] Sancte David ora	
–	80	Sancte Cedda ora	80
Sancte Benedicte ii ora[58]		Sancte Benedicte ii ora	
Sancte Maure ora		Sancte Maure ora	
Sancte Paule ora		Sancte Paule ora	
Sancte Antoni ora		Sancte Antoni ora	
Sancte Egidi ora	85	Sancte Egidi ora	85
Sancte Leonarde ora		Sancte Leonarde ora	
Sancte Botulphe ora		Sancte Botulphe ora	
Omnes sancti confessores (orate)		Omnes sancti confessores orate	
Omnes sancti monachi et heremite orate pro nobis		Omnes sancti monachi et heremite orate	
Sancta Anna ora[59]	90	Sancta Anna ora	90
[f. 182v] Sancta MARIA Magdalene ora		Sancta Maria Magdalene ora	
Sancta Petronilla (ora)		Sancta Petronilla ora	
Sancta Felicitas ora		Sancta Felicitas ora	
Sancta Perpetua ora		Sancta Perpetua ora	
Sancta Agatha ora	95	Sancta Agatha ora	95
Sancta Agnes ora		Sancta Agnes ora	
Sancta Lucia ora		Sancta Lucia ora	
Sancta Cecilia ora		Sancta Cecilia ora	
Sancta Anastasia ora		[f. 9v] Sancta Anastasia ora	
Sancta Scolastica ora	100	Sancta Scolastica ora	100
Sancta Margarita (ora)		Sancta Margareta ora	
Sancta Cristina ora		Sancta Christina	
Sancta Katerina ora		Sancta Katerina ii ora	
Sancta Honorina ora		Sancta Honorina ora	
Sancta Fides ora	105	Sancta Fides ora	105
Sancta Maria Egiptiaca ora		Sancta Maria Egipciaca ora	
Sancta Eufemia ora		Sancta Eufemia ora	
Sancta Praxedis ora		Sancta Praxedis ora	
Sancta Atheldritha ora		Sancta Etheldritha ora	
Sancta Mildretha ora	110	Sancta Mildritha ora	110

Sancta Athelburga ora
Sancta Milburga ora[60]
–
–

Omnes sancte virgines orate pro nobis	115

Omnes sancti ii orate
Propitius esto parce nobis Domine
Propicius esto libera nos Domine
Ab omni malo libera nos Domine

Ab insidiis diaboli (libera)	120

Ab dampnatione perpetua (libera)
Ab imminentibus peccatorum nostrorum periculis
(libera)
Ab infestationibus demonum libera

A spiritu fornicationis (libera)	125

Ab appetitu inanis glorie libera
[f. 183r] Ab omni immundicia mentis et corporis
libera
Ab ira et odio et omni mala voluntate libera

Ab immundis cogitationibus libera	130

A cecitate cordis libera
A fulgure et tempestate libera
A subitanea et eterna morte libera
Per misterium sancte incarnationis tue libera

Per passionem et crucem tuam libera	135

Per gloriosam resurrectionem tuam (libera)
Per admirabilem ascensionem tuam (libera)
Per gratiam sancti spiritus paraclyti libera
In hora mortis succurre nobis Domine

In die iudicii libera	140

Peccatores te rogamus audi nos
Ut pacem nobis dones te rogamus
Ut misericordia et pietas tua nos custodiat (te
rogamus)

Ut ecclesiam tuam regere et defensare digneris	145

(te rogamus)
Ut domnum apostolicum et omnes gradus ecclesie in
sancta religione conservare digneris (te rogamus)
Ut regibus et principibus nostris pacem et veram

[f. 183v] concordiam atque victoriam donare	150

digneris te rogamus
Ut episcopos et abbates nostros et omnes
congregationes illis commissas in sancta religione
conservare digneris te rogamus

Ut congregationes omnium sanctorum in tuo	155

sancto servicio conservare digneris te rogamus
Ut cunctum populum christianum precioso sanguine
tuo redemptum conservare digneris te rogamus
Ut omnibus benefactoribus nostris sempiterna bona

retribuas te rogamus	160

Ut animas nostras et parentum nostrorum ab eterna
dampnatione eripias te rogamus
Ut fructus terre dare et conservare digneris te
rogamus

Ut locum istum et omnes habitantes in eo	165

visitare et consolari digneris te rogamus
Ut oculos misericordie tue super nos reducere
digneris te rogamus

Sancta Ethelburga ora
Sancta Milburga ora
Sancta Brigida ora
Sancta Ursula cum sociis tuis ora

Omnes sancte virgines orate	115

Omnes sancti ii orate
Propicius esto parce nobis Domine
Propicius esto libera nos Domine
[f. 10r] Ab omni malo libera

Ab insidiis diaboli libera	120

Ab dampnacione perpetua libera
Ab imminentibus peccatorum nostrorum periculis
libera
Ab infestacionibus demonum libera

A spiritu fornicacionis libera	125

Ab appetitu inanis glorie libera
Ab omni immundicia mentis et corporis
libera
Ab ira et odio et omni mala voluntate libera

Ab immundis cogitacionibus libera	130

A cecitate cordis libera
A fulgure et tempestate libera
A subitanea et eterna morte libera
Per misterium sancte incarnacionis tue libera

Per passionem et crucem tuam libera	135

Per gloriosam resurreccionem tuam libera
Per admirabilem ascensionem tuam libera
Per graciam sancti spiritus paracliti libera
In hora mortis succurre nobis Domine

In die iudicii libera nos Domine	140

Peccatores te roga[f. 10v]mus audi nos
Ut pacem tuam nobis dones te rogamus
Ut misericordia et pietas tua nos custodiat te
rogamus

Ut ecclesiam tuam regere et defensare digneris	145

te rogamus
Ut dompnum apostolicum et omnes gradus ecclesie
in sancta religione conservare digneris te rogamus[63]
Ut regibus et principibus nostris pacem et veram

concordiam atque victoriam donare digneris te	150

rogamus
Ut episcopos et abbates nostros et omnes
congregaciones illis commissas in sancta religione
conservare digneris te rogamus

Ut congregaciones omnium sanctorum in tuo	155

sancto servicio conservare digneris te rogamus
Ut cunctum populum christianum precioso sanguine
tuo redemptum conservare digneris te rogamus
Ut omnibus benefactoribus nostris sempiterna bona

retribuas te rogamus	160

Ut animas nostras et parentum nostrorum ab eterna
dampnacione eripias te rogamus
Ut fruc[f. 11r]us terre dare et conservare digneris te
rogamus

Ut locum istum et omnes habitantes in eo	165

visitare et consolari digneris te rogamus
Ut oculos misericordie tue super nos reducere
digneris te rogamus

Ut obsequium servitutis nostre rationabile facias te
rogamus   170
Ut mentes nostras ad celestia desideria erigas te
rogamus
Ut miserias pauperum et captivorum intueri et rele[f.
184r]vare digneris te rogamus
Ut iter famulorum tuorum in salutis tue   175
prosperitate disponas te rogamus
Ut regularibus disciplinis nos instruere digneris te
rogamus
Ut omnibus fidelibus defunctis requiem eternam
dones te rogamus   180
Ut remissionem omnium peccatorum nostrorum
nobis donare digneris te rogamus
Ut nos exaudire te rogamus
Fili Dei te rogamus audi nos ii
Agnus Dei qui tollis peccata mundi parce nobis 185
Domine
Agnus Dei qui tollis peccata mundi exaudi nos
Domine
Agnus Dei qui tollis peccata mundi miserere
nobis   190
Christe audi nos ii
Kyrieleyson
Christe eleyson
Kyrieleyson

Ut obsequium servitutis nostre rationabile facias te
rogamus   170
Ut mentes nostras ad celestia desideria erigas te
rogamus
Ut miserias pauperum et captivorum intueri et
relevare digneris te rogamus
Ut iter famulorum tuorum in salutis tue   175
prosperitate disponas te rogamus
Ut regularibus disciplinis nos instruere digneris te
rogamus
Ut omnibus fidelibus defunctis requiem eternam
dones te rogamus   180
Ut remissionem omnium peccatorum nostrorum
nobis donare digneris te rogamus
Ut nos exaudire te rogamus
Fili Dei te rogamus (audi nos) ii[64]
Agnus Dei qui tollis peccata mundi parce nobis 185
Domine
Agnus Dei qui tollis peccata mundi exaudi nos
Domine
Agnus [f. 11v] Dei qui tollis peccata mundi miserere
nobis   190
Christe audi nos ii
Kyrieleyson
Christeleyson
Kyrieleyson

Wilton, Benedictine Abbey of the Blessed Virgin Mary and St Edith (nunnery)

LXXXV London, Royal College of Physicians 409, fols. 204v–206v   c. 1245–55

[f. 204v] Kyrieleison
Christeleison
Christe audi nos
Christe audi nos
Pater de celis Deus miserere nobis   5
Fili redemptor mundi Deus miserere nobis
Spiritus sancte Deus miserere nobis
Sancta trinitas unus Deus miserere nobis
Sancta Maria ora
Sancta Dei genetrix ora   10
Sancta virgo virginum ora
Sancte Michael ora
Sancte Gabriel ora
Sancte Raphael ora
Omnes sancti angeli et archangeli Dei orate pro   15
nobis
Omnes sancti beatorum spirituum ordines orate
(pro nobis)
Sancte Iohannes baptista ora
Omnes sancti patriarche et prophete orate pro   20
nobis
Sancte Petre ora
Sancte Paule ora
Sancte Andrea ora
Sancte Iohannes ora   25
Sancte Iacobe ora
Sancte Thoma ora
Sancte Bartholomee ora
Sancte Philippe ora
Sancte Iacobe ora   30
Sancte Mathee ora
Sancte Symon ora
Sancte Iuda ora
Sancte Mathia ora
Sancte Barnaba ora   35
Sancte Luca ora
Sancte Marce ora
Omnes sancti apostoli et euuangeliste orate
Sancte Marcialis ora
Omnes sancti discipuli Domini orate   40
Omnes sancti innocentes orate
Sancte Stephane ora
Sancte Thoma ora
Sancte Clemens ora
Sancte Edwarde ora   45
[f. 205r] Sancte Edmunde ora
Sancte Dionisii cum sociis tuis orate[65]
Sancte Nigasii cum sociis tuis orate
Sancte Eustacii cum sociis tuis orate
Sancte Leodegari ora   50
Sancte Laurencii ora
Sancte Vincenti ora

LXXXVI Oxford, Bodleian Library Rawl. G.23, fols. 171r–174r   c. 1300–50

[f. 171r] Kyrieleyson[66]
Christeleyson
Christe audi nos
—
Pater de celis Deus miserere nobis   5
Fili redemptor mundi Deus miserere nobis
Spiritus sancte Deus miserere nobis
Sancta trinitas unus Deus miserere nobis
Sancta Maria ora pro nobis
Sancta Dei genetrix ora   10
Sancta virgo virginum ora
Sancte Michael ora
Sancte Gabriel ora
Sancte Raphael ora
Omnes sancti angeli et archangeli Dei orate pro   15
nobis
[f. 171v] Omnes sancti beatorum spirituum
ordines orate pro nobis
Sancte Iohannes baptista ora
Omnes sancti patriarche et prophete orate pro   20
nobis
Sancte Petre ora
Sancte Paule ora
Sancte Andrea ora
Sancte Iohannes ora   25
Sancte Iacobe ora
Sancte Thoma ora
Sancte Bartholomee ora
Sancte Philippe ora
Sancte Iacobe ora   30
Sancte Mathee ora
Sancte Symon ora
Sancte Iuda ora
Sancte Mathia ora
Sancte Barnaba ora   35
Sancte Luca (ora)
Sancte Mathie (ora)[67]
Omnes sancti apostoli et euangeliste orate
Sancte Marcialis ora
Omnes sancti discipuli Domini orate pro nobis   40
Omnes sancti innocentes orate pro nobis
Sancte Stephane ora
Sancte Thoma ora
Sancte Clemens ora
Sancte Edwarde ora   45
Sancte Edmunde ora
Sancte Dyonisi cum sociis tuis orate pro nobis[68]
Sancte Nichasi cum sociis tuis orate pro nobis
Sancte Eustachie cum sociis tuis orate pro nobis
[f. 172r] Sancte Leodegari ora   50
Sancte Laurenti ora
Sancte Vincenti ora

Sancte Georgi ora		Sancte Georgi ora	
Sancte Cristofore ora		Sancte Christofore ora	
Sancte Pancracii ora	55	Sancte Pancraci ora	55
Omnes sancti martires Dei orate pro nobis		Omnes sancti martyres Dei orate pro nobis	
Sancte Benedicte ora		Sancte Benedicte ora	
Sancte Egidi ora		Sancte Egidi ora	
Sancte Nicholae ora		Sancte Nicholae ora	
Sancte Iwi ora	60	Sancte Iwy ora[69]	60
Sancte Silvester ora		Sancte Silvester ora	
Sancte Hilari ora		Sancte Hylari ora	
Sancte Martine ora		Sancte Martine ora	
Sancte Leonardi ora		Sancte Leonarde ora	
Sancte Gregori ora	65	Sancte Gregori ora	65
Sancte Ambrosi ora		Sancte Ambrosie ora	
Sancte Augustine ora		Sancte Augustine ora	
Sancte Ieronime ora		Sancte Ieronime ora	
Sancte Swithune ora		Sancte Swithune ora	
Sancte Dunstane ora	70	Sancte Dunstane ora	70
Sancte Machute ora		Sancte Machute ora	
Sancte Contestor ora		Sancte Contestor ora	
–		Sancte Edmunde ora	
–		Sancte Richarde ora	
–	75	Sancte Francisce ora	75
–		Sancte Dominice ora	
Omnes sancti confessores Dei orate		Omnes sancti confessores Dei orate pro nobis	
Omnes sancti monachi et heremite orate		Omnes sancti monachi et heremite orate	
Sancta Maria Magdalena ora		Sancta Maria Magdalena ora pro nobis	
Sancta Maria Egyptica ora	80	Sancta Maria Egypciaca ora pro nobis	80
Sancta Agna (sic!) ora		Sancta Anna ora	
Sancta Elizabeth ora		Sancta Elizabeth ora	
Sancta Editha ora		Sancta Editha ora	
Sancta Eadburga ora		Sancta Edburga ora	
Sancta Ealdritha ora	85	[f. 172v] Sancta Etheldritha ora	85
Sancta Ealfleida ora		Sancta Elfleda ora	
Sancta Katerina ora		Sancta Katerina ora	
Sancta Agatha ora		Sancta Agatha ora	
Sancta Cecilia ora		Sancta Cecilia ora	
Sancta Lucia ora	90	Sancta Lucia ora	90
Sancta Margareta ora		Sancta Margareta ora	
Sancta Agnes ora		Sancta Agnes ora	
Sancta Barbara ora		Sancta Barbara ora	
[f. 205v] Sancta Scolastica ora		Sancta Scolastica ora	
Sancta Fidis ora	95	Sancta Fidis ora	95
Sancta Iuliana ora		Sancta Iuliana ora	
–		Sancta Brigida ora	
Sancta Fides ora		–	
Sancta Spes ora		–	
Sancta Karitas ora	100	–	100
Sancta Batildis ora		Sancta Batildis ora	
Sancta Eugenia ora		–	
Sancta Radegundis ora		Sancta Radegundis ora	
Omnes sancte virgines Dei orate		Omnes sancte virgines Dei orate pro nobis	
Omnes sancti orate pro nobis	105	Omnes sancti orate pro nobis	105
–		Omnes sancti et sancte orate	
Propicius esto parce nobis Domine		Propicius esto parce nobis Domine	
Ab omni malo libera nos Domine		Ab omni malo libera nos Domine	
Ab insidiis diaboli libera		Ab insidiis dyaboli libera nos Domine	
Ab inmundis cogitationibus libera	110	Ab inmundis cogitacionibus libera	110

A peste superbie libera
A spiritu fornicationis libera
Ab ira et odio et omni mala voluntate libera
A fame peste et clade libera
A fulgure et tempestate libera   115
A morte subitanea et ab eterna libera
A penis inferni libera
A ventura ira libera
Per misterium sancte incarnationis tue
libera   120
Per (sanctum) adventum tuum libera
Per sanctam nativitatem tuam libera
Per sanctum ieiunium tuum libera
Per passionem et sanctam crucem tuam libera
Per piissimam mortem tuam libera   125
Per gloriosam resurrectionem tuam libera
Per admirabilem ascensionem tuam libera
Per gratiam sancti spiritus paracliti libera
In hora mortis succurre nobis Domine
In die iudicii libera   130
Peccatores te rogamus audi nos
Ut pacem nobis dones te rogamus
[f. 206r] Ut salutem mentis et corporis (nobis
dones) te rogamus
Ut sanctam ecclesiam tuam regere et defensare 135
digneris te rogamus
Ut do(m)num apostolicum et omnes gradus ecclesie
in sancta religione conservare digneris te rogamus
Ut regibus et principibus nostris pacem et veram
concordiam atque victoriam donare digneris te   140
rogamus
Ut abba(tissa)m nostram in bonis actibus
corroborare digneris te rogamus
Ut congregationem sancte Marie sancteque Edithe
et omnium sanctorum in tuo sancto servicio   145
conservare digneris te rogamus
Ut cunctum populum christianum precioso sanguine
tuo redemptum conservare digneris te rogamus
Ut animas nostras et parentum nostrorum ab
eterna dampnatione eripias te rogamus   150
Ut omnibus benefactoribus nostris eterna bona
retribuas te rogamus
Ut fructus terre dare et conservare digneris te
rogamus
Ut oculos misericordie tue super nos reducere   155
digneris te rogamus
Ut obsequium servitutis nostre racionabile facias
te rogamus
Ut mentes nostras ad celestia desideria erigas te
rogamus   160
Ut lacrimas et compunctionem cordis nobis
conferre digneris te rogamus
Ut locum istum et omnes habitantes in eo visitare
et consolari digneris te rogamus
Ut spacium penitencie et emendationem vite   165
nobis dones te rogamus
Ut regularibus disciplinis nos instruere digneris
te rogamus

A peste superbie libera
A spiritu fornicacionis libera
Ab ira et odio et omni mala voluntate libera
A fama (sic!) (et) peste et clade libera
A fulgure et tempestate libera   115
A morte subitanea et ab eterna libera
A penis inferni libera
A ventura ira libera
[f. 173r] Per misterium sancte incarnacionis tue
libera   120
Per sanctum adventum tuum libera
Per sanctam nativitatem tuam libera
Per sanctum ieiunium tuum libera
Per passionem et sanctam crucem tuam libera
Per piissimam mortem tuam libera   125
Per gloriosam resurrexionem tuam libera
Per admirabilem ascensionem tuam libera
Per graciam sancti spiritus paracliti libera
In hora mortis succurre nobis Domine
In die iudicii libera nos Domine   130
Peccatores te rogamus audi nos
Ut pacem nobis dones te rogamus
Ut salutem mentis et corporis nobis dones te
rogamus
Ut sanctam ecclesiam tuam regere et defensare 135
digneris te rogamus
Ut dompnum apostolicum et omnes gradus ecclesie
in sancta religione conservare digneris te rogamus
Ut regibus et principibus nostris pacem et veram
concordiam atque victoriam donare digneris te   140
rogamus
Ut abbatissa(m) nostra(m) in bonis actibus
corroborare digneris te rogamus
Ut congregacionem sancte Marie sancteque Edithe
et omnium sanctorum tuorum in tuo servicio   145
conservare digneris te rogamus
Ut cunctum populum christianum precioso sanguine
tuo redemptum conservare digneris te rogamus
Ut animas nostras et parentum nostrorum ab eterna
dampnacione eripias te rogamus   150
Ut omnibus benefactoribus nostris eterna bona
retribuas te rogamus
Ut fructus terre dare et conservare digneris te
rogamus
Ut oculos misericordie tue super nos reducere   155
digneris te rogamus
Ut obsequium servitutis nostre racionabile facias
te rogamus
Ut mentes nostras ad celestia desideria erigas te
rogamus   160
Ut lacrimas et compunctionem cordis nobis
conservare digneris te rogamus
Ut locum istum et omnes habitantes in eo visitare
et consolare (sic!) digneris te rogamus
Ut spacium penitencie et emendacioni (sic!)   165
vite nobis dones te rogamus
[f. 174r] Ut regularibus disciplinis nos instruere
digneris te rogamus

[f. 206v] Ut inimicis nostris caritatem largiri digneris te rogamus   170
Ut miserias pauperum et captivorum intueri et relevare digneris te rogamus
Ut iter famulorum et famularum tuarum in salutis tue prosperitate disponas te rogamus
Ut fidelibus infirmis pristinam sanitatem mentis   175 et corporis restituere digneris te rogamus
Ut cunctis fidelibus defunctis requiem eternam donare digneris te rogamus
Ut vitam eternam nobis dones te rogamus
Ut ad gaudia eterna nos perducere digneris te   180 rogamus
Ut vultum tuum gloriosum desiderabilem nobis pium ac placabilem ostendere digneris te rogamus
Ut nos exaudire digneris te rogamus
Fili Dei te rogamus   185
Agnus Dei qui tollis peccata mundi exaudi nos Domine
Agnus Dei qui tollis peccata mundi parce nobis Domine
Agnus Dei qui tollis peccata mundi miserere   190 nobis
Christe audi nos
Kyrieleison
Christeleyson
Kyrieleison   195

Ut inimicis nostris karitatem largiri digneris te rogamus   170
Ut miserias pauperum et captivorum intueri et relevari digneris te rogamus
Ut iter famulorum tuorum et famularum tuarum in salutis tue prosperitate dispone (sic!) te rogamus
Ut fidelibus infirmis pristinam sanitatem mentis 175 et corporis restituere digneris te rogamus
Ut cunctis fidelibus defunctis requiem eternam donare digneris te rogamus
Ut vitam eternam nobis dones te rogamus
Ut ad gaudia eterna nos perducere digneris te   180 rogamus
Ut vultum tuum gloriosum desiderabilem nobis pium ac placabilem ostendere digneris te rogamus
–
Fili Dei te rogamus audi nos   185
Agnus Dei qui tollis peccata mundi exaudi nos Domine
Agnus Dei qui tollis peccata mundi parce nos Domine
Agnus Dei qui tollis peccata mundi miserere   190 nobis
Christe audi nos
Kyrieleyson
Christeleyson
Kyrieleyson   195

Winchcombe, Benedictine Abbey of St Kenelm

LXXXVII   Valenciennes, Bibliothèque municipale 116, fols. 25r–26r   c. 1130–50

[f. 25r] Kyrrieleson
Christe eleison
Christe audi nos ii
Pater de celis Deus miserere nobis
Fili redemptor mundi Deus miserere (nobis)   5
Spiritus sancte Deus miserere (nobis)
Sancta trinitas unus Deus (miserere nobis)
Sancta Maria (ora)[70]
Sancta Dei genetrix (ora)
Sancta virgo virginum (ora)   10
Sancte Michael (ora)
Sancte Gabriel (ora)
Sancte Raphael (ora)
Omnes sancti angeli et archangeli orate pro (nobis)
Omnes sancti beatorum spirituum ordines (orate) 15
Sancte Johannes baptista (ora)
Omnes sancti patriarche et prophete (orate)
Sancte Petre (ora)
Sancte Paule (ora)
Sancte Andrea (ora)   20
Sancte Jacobe (ora)
Sancte Johannes (ora)
Sancte Thoma (ora)
Sancte Jacobe (ora)
Sancte Philippe (ora)   25
Sancte Bartholomee (ora)
Sancte Mathee (ora)
Sancte Symon (ora)
Sancte Tadee (ora)
Sancte Mathia (ora)   30
Sancte Barnaba (ora)
Sancte Marce (ora)
Sancte Luca (ora)
Omnes sancti apostoli et evangeliste (orate)
Omnes discipuli Domini (orate)   35
Omnes sancti innocentes (orate)
Sancte Stephane (ora)
Sancte Clemens (ora)
Sancte Syxte (ora)
Sancte Marcelline (ora)[71]   40
Sancte Dionisi cum sociis (tuis ora)
Sancte Maurici cum sociis (tuis ora)
Sancte Nichasi cum sociis (tuis ora)
Sancte Eusthachi cum (sociis tuis ora)
Sancte Corneli (ora)   45
Sancte Cipriane (ora)
Sancte Laurenti (ora)
Sancte Innocenti (ora)
Sancte Agapite (ora)
Sancte Vincenti (ora)   50
Sancte Fabiane (ora)
Sancte Sebastiane (ora)
Sancte Kenelme (ora)

Sancte Valentine (ora)
Sancte Simphoriane (ora)   55
Sancte Quintine (ora)
Sancte Christofore (ora)
Sancte Georgi (ora)
Sancte Gervasi (ora)
Sancte Prothasi (ora)   60
Sancte Leodegari (ora)[72]
Sancte Albane (ora)
Sancte Ædmunde (ora)[73]
Sancte Osuualde (ora)
Sancte Antonine (ora)[74]   65
Sancte Lamberte (ora)
Sancte Johannes (ora)
Sancte Paule (ora)[75]
Omnes sancti martires (orate)
Sancte Silvester (ora)   70
Sancte Hylari (ora)
Sancte Martine (ora)
Sancte Gregori (ora)
Sancte Ambrosi (ora)
Sancte Augustine (ora)   75
Sancte Taurine (ora)
Sancte Jeronime (ora)
Sancte Germane (ora)
Sancte Nicholae (ora)
[f. 25v] Sancte Autberte (ora)   80
Sancte Audoene (ora)
Sancte Romane (ora)
Sancte Suithune (ora)
Sancte Æðeluuolde (ora)
Sancte Dunstane (ora)   85
Sancte Cuthberte (ora)
Sancte Paterne (ora)
Sancte Brici (ora)
Sancte Juliane (ora)
Sancte Samson (ora)   90
Sancte Albine (ora)
Sancte Augustine cum sociis (tuis ora)
Sancte Osuualde (ora)
Sancte Æcguine (ora)
Sancte Aldelme (ora)   95
Sancte Benedicte (ora)
Sancte Maure (ora)
Sancte Philiberte (ora)
Sancte Wandregisile (ora)
Sancte Ansberte (ora)   100
Sancte Maximine (ora)
Sancte Maiole (ora)
Sancte Antoni (ora)
Sancte Columbane (ora)
Sancte Egidi (ora)   105
Sancte Leonarde (ora)

Omnes sancti confessores (orate)
Sancta Maria Magdalena (ora)
Sancta Maria Egypciaca (ora)
Sancta Felicitas (ora)   110
Sancta Perpetua (ora)
Sancta Petronilla (ora)
Sancta Agatha (ora)
Sancta Agnes (ora)
Sancta Cecilia (ora)   115
Sancta Lucia (ora)
Sancta Scolastica (ora)
Sancta Celumpna (ora)
Sancta Genovefa (ora)
Sancta Columba (ora)   120
Sancta Radegundis (ora)
Sancta Æðeldriða (ora)
Sancta Katerina (ora)
Sancta Mildriða (ora)
Sancta Ædburga (ora)   125
Sancta Margareta (ora)
Sancta Fidis (ora)
Omnes sancte virgines (orate)
Omnes sancti orate orate[76]
Propicius esto parce nobis Domine   130
Ab insidiis diaboli (libera)[77]
A dampnatione perpetua (libera)
Ab inminentibus peccatorum nostrorum
periculis (libera)
Ab infestationibus de(monum libera)   135
A spiritu fornicationis (libera)
Ab appetitu inanis (glorie libera)
Ab omni inmundicia mentis et corporis (libera)
Ab ira et odio et omni mala volunt(ate libera)
Ab inmundis cogi(tacionibus libera)   140
A cecitate cordis (libera)
A fulgure et tempestate (libera)
A subitanea et improvisa (morte libera)
Per misterium sancte incar(nationis tue libera nos
Domine)   145
Per passionem et cru(cem tuam libera nos Domine)
Per gloriosam resurrec(cionem tuam libera nos
Domine)
Per admirabilem asc(ensionem tuam libera nos
Domine)   150
Per gratiam sancti spiritus p(aracliti libera nos
Domine)
In hora mortis su(ccurre nobis Domine)
In die iudicii libera (nos Domine)
Peccatores te rogamus (audi nos)   155
Ut pacem nobis do(nes te rogamus)

Ut misericordia et pietas tua nos custodiat (te
rogamus)
Ut ecclesiam tuam regere (et defensare digneris te
rogamus)   160
Ut domnum apostolicum et omnes gradus ecclesie
(in sancta religione conservare digneris te rogamus)
Ut regibus et principibus nostris pacem et veram
concordiam atque (victoriam donare digneris te
rogamus)   165
Ut episcopos et abbates nostros et omnes
congregationes illis commissas (in sancta religione
conservare digneris te rogamus)
Ut locum nostrum et omnes habitantes in eo
(visitare et consolari digneris te rogamus)   170
Ut congregationes omnium sanctorum in tuo
(sancto servitio conservare digneris te rogamus)
Ut cunctum populum christianum precioso
sa(nguine tuo redemptum conservare digneris
te rogamus)   175
Ut omnibus benefactoribus nostris sempiterna
(bona retribuas te rogamus)
Ut animas nostras et parentum nostrorum ab
(eterna dampnatione eripias te rogamus)
Ut fructus (terre) dare et conservare digneris   180
(te rogamus)
Ut oculos misericordie tue super nos red(ucere
digneris te rogamus)
Ut obsequium servitutis nostre ration(abile facias
te rogamus)   185
Ut mentes nostras ad celestia desi(deria erigas
te rogamus)
Ut miserias pauperum et captivorum intueri et
relev(are digneris te rogamus)
Ut iter famulorum tuorum in salutis (tue   190
prosperitate disponas te rogamus)
Ut regularibus disciplinis nos inst(ruere digneris
te rogamus)
Ut omnibus fidelibus defunctis requiem (eternam
dones te rogamus)   195
Ut nos exaudire (digneris te rogamus)
Fili Dei te rogamus
Agnus Dei qui tollis peccata mundi parce nobis
(Domine)
Agnus Dei (qui tollis peccata mundi) exaudi   200
nos (Domine)
Agnus Dei (qui tollis peccata mundi) miserere
(nobis)
Christe audi nos
Kyrrieleison   205
Christeleison

Winchester, Benedictine Cathedral Priory of St Peter, St Paul and St Swithun

LXXXVIII Oxford, Bodleian Library Auct. D.2.6, fols. 150v–153r   c. 1150

[f. 150v] Kyrieleyson
Christeleyson
Christe audi nos
Pater de celis Deus miserere nobis
Fili redemptor mundi Deus miserere   5
Spiritus sancte Deus miserere
Sancta trinitas unus Deus miserere nobis
Sancta Maria ora
Sancta Dei genetrix ora
Sancta virgo virginum ora   10
Sancte Michael ora
Sancte Gabriel ora
Sancte Raphael ora
[f.151r] Omnes sancti angeli et archangeli orate
Omnes sancti beatorum spirituum ordines orate   15
(pro nobis)
Sancte Iohannes baptista (ora)
Omnes sancti patriarche et prophete orate
Sancte Petre ora
Sancte Paule ora   20
Sancte Andrea ora
Sancte Iacobe ora
Sancte Iohannes ora
Sancte Philippe ora
Sancte Iacobe ora   25
Sancte Bartholomee ora
Sancte Mathee ora
Sancte Thoma ora
Sancte Symon ora
Sancte Iuda ora   30
Sancte Mathia ora
Sancte Marce ora
Sancte Luca ora
Sancte Barnaba ora
Omnes sancti apostoli et euangeliste orate pro   35
(nobis)
Omnes sancti discipuli Domini (orate)
Omnes sancti innocentes (orate)
Sancte Stephane ora
Sancte Clemens ora   40
Sancte Alexander ora
Sancte Corneli ora
Sancte Cypriane ora
Sancte Syxte ora
Sancte Laurenti ora   45
Sancte Vincenti ora
Sancte Georgii ora
Sancte Sebastiane ora
Sancte Christophore ora
Sancte Dionisi cum sociis (tuis ora)   50
Sancte Maurici cum sociis tuis ora
—

LXXXIX Oxford, Bodleian Library Auct. D.4.6, fols. 146v–148v   c. 1175–80

[f. 146v] Kyrieleison
Christeleison
Christe audi nos
Pater de celis Deus miserere nobis
Fili redemptor mundi Deus miserere nobis   5
Spiritus sancte Deus miserere nobis
Sancta trinitas unus Deus miserere nobis
Sancta MARIA ora pro nobis
Sancta Dei genetrix ora
Sancta virgo virginum ora   10
Sancte Michael ora
Sancte Gabriel ora
Sancte Raphael ora
Omnes sancti angeli et archangeli orate pro nobis
Omnes sancti beatorum spirituum ordines orate   15
pro nobis
Sancte Iohannes baptista ora
Omnes sancti patriarche et prophete orate pro nobis
Sancte PETRE ora
[f. 147r] Sancte Paule ora   20
Sancte Andrea ora
Sancte Iohannes ora
Sancte Iacobe ora
Sancte Philippe ora
Sancte Iacobe ora   25
Sancte Bartholomee ora
Sancte Mathee ora
Sancte Thoma ora
Sancte Symon ora
Sancte Iuda ora   30
Sancte Mathia ora
Sancte Marce ora
Sancta Luca ora
Sancte Barnabe ora
Omnes sancti apostoli et euangeliste orate pro   35
nobis
Omnes sancti discipuli Domini orate pro nobis
Omnes sancti innocentes orate pro nobis
Sancte Stephane ora
Sancte Clemens ora   40
Sancte Alexander ora
Sancte Corneli ora
Sancte Cipriane ora
Sancte Sixte ora
Sancte Laurenti ora   45
Sancte Vincenti ora
Sancte Georgi ora
—
Sancte Christofore ora
Sancte Dionisi cum sociis tuis ora   50
Sancte Maurici cum sociis tuis ora
Sancte Eustachi cum sociis tuis ora

–			Sancte Nichasi cum sociis tuis ora	
Sancte Quintine ora			Sancte Quintine ora	
Sancte Iuste ora	55		–	55
Sancte Ælphege ora			–	
–			Sancte Blasi ora	
Sancte Dunstane ora[78]			Sancte Albane ora	
Sancte Atheuuolde ora			Sancte Oswalde ora	
[f. 151v] Sancte Ælphege ora	60		Sancte Eadmunde ora	60
–			[f. 147v] Sancte Thoma ora[81]	
Omnes sancti martires (orate)			Omnes sancti martires orate	
–			Sancte Martine ora	
–			Sancte Nicholae ora	
Sancte Benedicte ora	65		Sancte Benedicte ora	65
Sancte Silvester ora			Sancte Silvester ora	
Sancte Marcialis ora			Sancte Marcialis ora	
Sancte Nicholae ora			–	
Sancte Hylari ora			Sancte Hilari ora	
Sancte Martine ora	70		–	70
Sancte Ambrosii ora			Sancte Ambrosi ora	
Sancte Ieronime ora			Sancte Ieronime ora	
Sancte Augustine ora			Sancte Augustine ora	
Sancte Gregori ora			Sancte Gregori ora	
Sancte Augustine (ora)[79]	75		–	75
Sancte Birine ii ora			Sancte Birine ora	
Sancte Hedda ora			Sancte Headda ora	
Sancte Suuithune ii ora			Sancte Swithune ora	
Sancte Byrstane ora			Sancte Brynstane ora	
Sancte Ælfphege ora	80		–	80
Sancte Atheluuolde ora			Sancte Ædelwolde ora	
Sancte Dunstane ora			Sancte Dunstane ora	
Sancte Cuthberte ora			Sancte Cuthberte ora	
Sancte Remigi ora			Sancte Remigi ora	
Sancte Audoene ora	85		Sancte Audoene ora	85
Sancte Germane ora			Sancte Germane ora	
Sancte Gaugerice ora			Sancte Gaugerice ora	
Sancte Maure ora			Sancte Maure ora	
Sancte Egidi ora			Sancte Egidi ora	
–	90		Sancte Leonarde ora	90
Omnes sancti confessores orate			Omnes sancti confessores orate	
–			Omnes sancti monachi et heremite orate	
			Sancta Anna ora	
Sancta Maria Magdalene (ora)			Sancta Maria Magdalene ora	
Sancta Maria Egipt(iaca) ora	95		Sancta Maria Egyptiaca ora	95
–			Sancta Katerina ora	
Sancta Felicitas ora			Sancta Felicitas ora	
Sancta Perpetua ora			Sancta Perpetua ora	
Sancta Cecilia ora			Sancta Cecilia ora	
Sancta Lucia ora	100		Sancta Lucia ora	100
Sancta Agatha ora			Sancta Agatha ora	
Sancta Agnes ora			Sancta Agnes ora	
			Sancta Fides ora	
Sancta FRIDESUIDA ora[80]			–	
Sancta Katerina ora	105		–	105
Sancta Petronilla ora			Sancta Petronella ora	
Sancta Scolastica ora			Sancta Scolastica ora	
Sancta Iuliana ora			Sancta Iuliana ora	
Sancta Margarita ora			Sancta Margarita ora	
Sancta Anastasia ora	110		–	110

Sancta Genovefa ora

–

–

–

Sancta Austreberta ora   115
Sancta Æðeldrida ora
[f. 152r] Sancta Edburga ora

–

Omnes sancte virgines orate
Omnes sancti orate pro nobis   120
Propitius esto parce nobis Domine
Ab omni malo libera
Ab insidiis diaboli libera nos Domine
A peste superbie libera
Ab appetitu inanis glorie libera   125
Ab ira et odio et omni mala voluntate (libera)
Ab immun(d)is cogitationibus libera
A spiritu fornicationis libera nos Domine
Ab omni inmunditia mentis et corporis libera
A carnalibus desideriis libera   130
A cecitate cordis libera
A peste et fame et clade libera nos Domine
A fulgure et tempestate libera nos Domine
A subita et inprovisa morte libera nos Domine
A damnatione perpetua libera   135
Per misterium sancte incarnationis tue libera
Per passionem et sanctam crucem tuam libera
Per gloriosam resurrectionem tuam libera
Per admirabilem ascensionem tuam libera
Per gratiam sancti spiritus paracliti libera   140
In hora mortis nostre sucurre nobis Domine
In die iudicii libera
Peccatores te rogamus audi nos
[f. 152v] Ut pacem nobis dones te rogamus
Ut sanctam ecclesiam tuam catholicam regere   145
et defensare digneris (te rogamus)
Ut domnum apostolicum et omnes gradus
ecclesie in sancta re(li)gione conservare digneris
(te rogamus)
Ut regi nostro et principibus nostris vitam   150
victoriam atque pacem dones te rogamus
Ut episcopum nostrum et omnes congregationes
sibi commissam in sancta religione conservare
digneris (te rogamus)
Ut cunctum populum christianum precioso   155
sanguine tuo redemptum conservare digneris (te
rogamus)
Ut nos hodie sine peccato custodias (te rogamus)
Ut angelum tuum sanctum ad tutelam nobis
mittere digneris (te rogamus)   160
Ut oculos misericordie tue super nos reducere
digneris te rogamus
Ut remissionem omnium peccatorum nostrorum
nobis donare digneris te rogamus
Ut mentes nostras ad celestia desideria erigas te   165
rogamus
Ut dies et actus nostras in tua voluntate disponas
te rogamus

[f. 148r] Sancta Genovefa ora
Sancta Brigida ora
Sancta Fritheswitha ora
Sancta Ediða ora

–   115

–

Sancta Eadburga ora
Sancte Sexburga ora
Omnes sancte virgines orate
Omnes sancti orate pro nobis   120
Propicius esto parce nobis Domine
Ab omni malo libera nos Domine
Ab insidiis diaboli libera
Ab appetitu inanis glorie libera
A peste superbie ora   125
Ab ira et odio et omni mala voluntate libera
Ab inmundis cogitacionibus libera
A spiritu fornicationis libera
A 82

–   130

–

–

A fulgure et tempestate libera
A subita et improvisa morte libera
A dampnatione perpetua libera   135
Per misterium sancte incarnacionis tue libera
Per passionem et sanctam crucem tuam libera
Per gloriosam resurrectionem tuam libera
Per admirabilem ascensionem tuam libera
Per gratiam sancti spiritus paracliti libera   140
In hora mortis nostre succurre nobis Domine
In die iudicii libera
Peccatores te rogamus audi nos
Ut pacem nobis dones te rogamus
Ut sanctam ecclesiam tuam catholicam regere   145
et defensare digneris te rogamus
Ut dompnum apostolicum et omnes [f. 148v]
gradus ecclesie in sancta religione conservare
digneris te rogamus
Ut regibus et principibus nostris vitam   150
victoriam atque pacem dones te rogamus
Ut episcopos et abbates nostros et omnes
congregationes illis commissas in sancta religione
conservare digneris te rogamus
Ut cunctum populum christianum precioso   155
sanguine tuo redemptum conservare digneris te
rogamus
Ut nos hodie sine peccato custodias te rogamus

–

–   160

Ut remissionem omnium peccatorum nostrorum
nobis donare digneris te rogamus
Ut oculos misericordie tue super nos reducere
digneris te rogamus

–   165

–

–

Ut fructus terre dare et conservare digneris (te rogamus)	170	
Ut omnibus benefactoribus nostris sempiterna bona retribuas te rogamus		
Ut animas nostras [f. 153r] et parentum nostrorum ab eterna damnatione eripias te rogamus		
–	175	
–		
Ut cunctis fidelibus defunctis requiem eternam donare digneris te rogamus		
Ut nos exaudire digneris te rogamus		
Fili Dei te rogamus (audi nos) ii	180	
Agnus Dei qui tollis peccata mundi parce nobis Domine		
Agnus Dei (qui tollis peccata mundi) exaudi nos Domine		
Agnus Dei (qui tollis peccata mundi) miserere nobis	185	
Christe audi nos		
Kyrieleyson		
Christeleyson		
Kyrieleyson	190	

Ut fructus terre dare et conservare digneris te rogamus	170
Ut omnibus benefactoribus nostris sempiterna bona retribuas te rogamus	
Ut animas nostras et parentum nostrorum ab eterna dampnacione eripias te rogamus	
Ut inimicos sancte Dei ecclesie comprimere digneris te rogamus	175
Ut cunctis fidelibus defunctis requiem eternam donare digneris te rogamus	
Ut nos exaudire digneris te rogamus	
Fili Dei te rogamus audi nos	180
Agnus Dei qui tollis peccata mundi parce nobis Domine	
Agnus Dei qui tollis peccata mundi exaudi nos Domine	
Agnus Dei qui tollis peccata mundi miserere nobis	185
Christe audi nos	
Kyrieleyson	
Christeleyson	
Kyrieleyson	190

Winchester, Benedictine Cathedral Priory of St Peter, St Paul and St Swithun

XC London, British Library Add. 61888, fols. 119r–121v, 117r–v   c. 1200

[f. 119r] Kyrieleyson
Christeleyson
Christe audi nos
Pater de celis Deus miserere nobis
Fili redemptor mundi Deus miserere nobis   5
Spiritus sancte Deus miserere nobis
Sancta trinitas unus Deus miserere nobis
Sancta Maria ora pro nobis
Sancta Dei genetrix ora
Sancta virgo virginum ora   10
Sancte Michahel ora
Sancte Gabriel ora
Sancte Raphael ora
Omnes sancti angeli et archangeli orate
Omnes sancti beatorum spirituum ordines   15
orate
Sancte Iohannes baptista ora
[f. 119v] Omnes sancti patriarche et prophete orate
Sancte Petre ii ora
Sancte Paule ora   20
Sancte Andrea ora
Sancte Iacobe ora
Sancte Iohannes ora
Sancte Philippe ora
Sancte Iacobe ora[83]   25
Sancte Bartholomee ora
Sancte Mathee ora
Sancte Thoma ora
Sancte Symon ora
Sancte Iuda ora   30
Sancte Mathia ora
Sancte Marce ora
Sancte Luca ora
Sancte Barnaba ora
Omnes sancti apostoli et evangeliste orate   35
Omnes sancti discipuli Domini orate
Omnes sancti innocentes orate
Sancte Stephane ora
[f. 120r] Sancte Clemens ora
Sancte Alexander ora   40
Sancte Corneli ora
Sancte Cypriane ora
Sancte Syxte ora
Sancte Laurenti ora
Sancte Vincenti ora   45
Sancte Georgi ora
Sancte Sebastiane ora
Sancte Christofore ora
Sancte Dionisi cum sociis tuis ora
Sancte Maurici cum sociis tuis ora   50
Sancte Eustachi cum sociis tuis ora
Sancte Quintine ora

XCI London, British Library Cotton Vitellius E.XVIII, fols. 141r–142v   c. 1200

[f. 141r] Kyrieleison
Christeleison
Christe audi nos
(Pater)[86] de celis Deus miserere nobis
(Fili) redemptor mundi Deus miserere nobis   5
(Spiritus) sancte Deus (miserere nobis)
Sancta trinitas unus Deus miserere[87]
(Sancta) Maria ora
(Sancta) Dei genetrix ora
(Sancta) virgo virginum ora   10
(Sancte) Michael ora
(Sancte) Gabriel ora
(Sancte Ra)phael ora
(Omnes sancti angeli) et archangeli orate pro nobis
(Omnes sancti beatorum spirituum ordines   15
orate)[88]
Sancte Iohannes baptista ora
Omnes sancti patriarche et prophete orate
Sancte PETRE ora
Sancte Paule ora   20
Sancte Andrea ora
Sancte Iacobe ora
Sancte Iohannes ora
Sancte Philippe ii ora[89]
Sancte Iacobe ora   25
Sancte Bartholomee (ora)
Sancte Mathee (ora)
Sancte Thoma (ora)
Sancte Symon (ora)
(Sancte Iuda ora)[90]   30
[f. 141v] (Sancte Mathia ora)[91]
(Sancte Marce ora)
(Sancte Lu)ca ora
Sancte Barnaba ora
Omnes sancti apostoli et evangeliste orate   35
Omnes sancti discipuli Domini orate
Omnes sancti innocentes orate
Sancte Stephane ora
Sancte Clemens ora
Sancte Alexander ora   40
Sancte Corneli ora
Sancte Cypriane ora
Sancte Syxte ora
Sancte LAURENTI ora
Sancte Vincenti ora   45
(Sancte) Georgi ora
Sancte Sebastiane ora
(Sancte) Christofore ora
Sancte Dionisi cum sociis tuis ora
Sancte Maurici cum sociis (tuis) ora   50
Sancte Eustachi cum sociis tuis ora
Sancte Quintine ora

Sancte Iuste ora		(Sancte) IUSTE ora	
Sancte Albane ora		(Sancte Al)bane ora	
Sancte Oswalde ora	55	(Sancte Os)walde ora	55
Sancte Eadmunde ora		(Sancte Ed)munde (ora)	
Sancte Ealfæge ora		(Sancte Al)phege (ora)	
–		(Sancte Bla)si ora[92]	
		(Sancte) THOMA (ora)	
Omnes sancti martyres orate	60	(Omnes) sancti martires (orate)	60
Sancte Benedicte ora		Sancte BENEDICT(e ora)	
[f. 120v] Sancte Silvester ora		Sancte Silvester (ora)	
Sancte Marcialis ora		Sancte Marcialis (ora)	
Sancte Nicholae ora		Sancte Nicholae ii ora[93]	
Sancte Hylari ora	65	Sancte Hilari ora	65
Sancte Martine ora		Sancte MARTINE ora	
Sancte Ambrosi ora		Sancte Ambrosi (ora)	
Sancte Ieronime ora		Sancte Ieronim(e ora)	
Sancte Augustine ora		Sancte Augustine (ora)	
Sancte Gregori ora	70	Sancte GREGORI (ora)	70
Sancte Augustine ora[84]		Sancte August(ine ora)	
Sancte Birine ii ora		Sancte BIRINE (ora)	
Sancte Hedda ora		Sancte Hedda (ora)	
Sancte Swithune ora		Sancte SWITHUNI (ora)	
–	75	Sancte Frythestane ora[94]	75
Sancte Brinstane ora		Sancte Birnstan (ora)	
Sancte Ealphege ora		Sancte Alphege (ora)	
Sancte Adelwolde ii ora		Sancte ADELWOL(DE ora)	
Sancte Aldelme ora		Sancte Aldelm(e ora)	
Sancte Dunstane ora	80	Sancte Dunsta(ne ora)	80
–		Sancte Wlstan(e ora)[95]	
Sancte Chudberte ora		Sancte Cuthb(erte ora)	
Sancte Remigi ora		Sancte Re(migi ora)	
Sancte Romane ora		Sancte (Romane ora)	
Sancte Audoene ora	85	Sancte Audoene ora	85
Sancte Germane ora		Sancte Germane ora	
Sancte Gaugerice ora		Sancte Gaugerice ora	
Sancte Grimbalde ora		Sancte Grimbalde ora	
Sancte Maure ora		Sancte Maure ora	
Sancte Egidi ora	90	Sancte Egidi ora	90
Sancte Leonarde ora		Sancte Leonarde ora	
–		Sancte Edwarde ora[96]	
Omnes sancti confessores orate		Omnes sancti confessores orate	
Sancta Maria Magdalena ora		Sancta Maria Magdalena ora	
Sancta Maria Egyptiaca ora	95	Sancta Mara Egipciaca ora	95
Sancta Felicitas ora		Sancta Felicitas ora	
Sancta Perpetua ora		Sancta Perpetua ora	
Sancta Cecilia ora		Sancta Cecilia ora	
Sancta Lucia ora		Sancta Lucia ora	
Sancta Agatha ora	100	Sancta AGATHA ora	100
Sancta Agnes ora		Sancta Agnes ora	
Sancta Fides ora		Sancta Fides ora	
Sancta Katerina ora		Sancta KATERINA ora	
Sancta Petronilla ora		Sancta Petronella ora	
Sancta Scolastica ora	105	Sancta Scolastica ora	105
Sancta Juliana ora		Sancta Iuliana ora	
[f. 121r] Sancta Margarita ora		(Sancta) Margarita ora	
Sancta Anastasia ora		(Sancta Anasta)sia ora	
Sancta Genovefa ora		(Sancta Genovefa ora)[97]	
Sancta Austreberta ora	110	(Sancta Austreberta ora)	110

Sancta Adeldrida ora
Sancta Eadburga ora
Sancta Barbara ora
Omnes sancte virgines orate
Omnes sancti ii orate   115
Propitius esto parce nobis Domine
Ab omni malo libera nos Domine
Ab insidiis diaboli libera
A peste superbie libera
Ab appetitu inanis glorie libera   120
Ab ira et odio et omni mala voluntate libera
Ab inmundis cogitationibus libera
A spiritu fornicationis libera
Ab omni inmunditia mentis et corporis libera
A cecitate cordis libera   125
A carnalibus desideriis libera
A peste et fame et clade libera
A fulgure et tempestate libera
A subitanea et inprovisa morte libera
A dampnatione perpetua libera   130
Per misterium sancte incarnationis tue libera
Per passionem et sanctam crucem tuam libera
Per gloriosam resurrectionem tuam libera
Per admirabilem ascensionem tuam libera (nos
Domine)   135
Per gratiam sancti spiritus paracliti libera
In hora mortis succurre nobis Domine
In die iudicii libera nos Domine
Peccatores te rogamus audi nos
Ut pacem nobis dones te rogamus   140
Ut sanctam ecclesiam tuam catholicam regere ac
defensare digneris te rogamus
Ut domnum apostolicum et omnes gradus ecclesie
in sancta religione conservare digneris te rogamus
Ut regi nostro et principibus nostris vitam et   145
victoriam atque pacem dones te rogamus
Ut episcopos atque abbates et omnes congregationes
illis commissas in sancta religione conservare
digneris te rogamus
Ut cunctum populum christianum precioso   150
sanguine tuo redemptum conservare digneris
te rogamus
Ut inimicos sancte Dei ecclesie comprimere digneris
te rogamus
[f. 117r] Ut nos ab eorum insidiis potenter   155
eripias te rogamus[85]
Ut nos hodie sine peccato custodias te rogamus
Ut angelum tuum sanctum ad tutelam nobis mittere
digneris te rogamus
Ut remissionem omnium peccatorum nostrorum   160
nobis donare digneris te rogamus
Ut oculos misericordie tue super nos reducere
digneris te rogamus
Ut mentes nostras ad celestia desideria erigas te
rogamus   165
Ut dies nostros et actus in tua voluntate disponas
te rogamus

(Sancta Adeldrida ora)
Sancta Edburga ora
Sancta Barbara ora
Omnes sancte virgines orate
Omnes sancti orate pro nobis ii   115
Propicius esto parce nobis Domine
Ab omni malo libera nos Domine
Ab insidiis diaboli libera
A peste superbie libera
Ab appetitu inanis glorie libera   120
Ab ira et odio et omni mala voluntate ora
Ab immundis cogitacionibus libera
A spiritu fornicationis libera
Ab omni immundicia mentis et corporis libera
A carnalibus desideriis libera   125
A cecitate cordis libera
A peste et fame et clade libera
A fulgure et tempestate libera
A subita et inprovisa m(orte libera)
A dampnatione perpetua (libera)   130
Per misterium sancte incarn(acionis libera)
Per passionem et sanc(tam crucem libera)
Per gloriosam res(urrectionem tuam libera)[98]
[f. 142v] Per admirabilem ascensionem tuam
libera (nos Domine)   135
Per gratiam sancti spiritu paracliti libera
In hora mortis nostre succurre nobis Domine
In die iudicii nos ii libera
Peccatores te rogamus (audi nos)
Ut pacem nobis dones te rogamus   140
Ut sanctam ecclesiam tuam catholicam regere ac
defensare digneris te rogamus
Ut domnum apostolicum et omnes gradus ecclesie
in sancta religione conservare digneris te rogamus
Ut regi nostro et principibus nostris vitam (et)   145
victoriam atque pacem dones te rogamus
Ut episcopos atque abbates et omnes congregationes
sibi commissas in sancta religione conservare
digneris te rogamus
(U)t cunctum populum christianum precioso   150
(sa)nguine tuo redempt(um) conservare digneris
te rogamus
(Ut inimicos sancte Dei) ecclesie comprimere
digneris te rogamus
Ut nos ab eorum insidiis potent(er) erip(ias) te   155
rogamus
Ut nos hodie sine peccato custodias (te rogamus)
Ut angelum tuum sanctum ad tutelam nobis mittere
digneris te rogamus
Ut remissionem omnium peccatorum nostrorum 160
nobis donare digneris te rogamus
Ut oculos misericordie tue super nos reducere
digneris te rogamus
Ut mentes nostras ad celestia desideria erigas te
rogamus   165
Ut dies et actus nostras in tua voluntate disponas
te rogamus

Ut fructus terre dare et conservare digneris te rogamus		Ut fructus terre dare et conservare digneris te rogamus	
Ut omnibus benefactoribus nostris sempiterna bona retribuas te rogamus	170	Ut omnibus benefactoribus nostris sempiterna bona re(tribuas te rogamus)	170
Ut animas nostras et parentum nostrorum ab eterna dampnacione eripias te rogamus		Ut (animas nostras et parentum nostrorum ab eterna dampnacione eripias)[99]	
Ut cunctis fidelibus defunctis requiem eternam dones digneris te rogamus	175	Ut cunctis fidelibus defunctis requiem eternam dones te rogamus	175
Ut nos exaudire digneris te rogamus		Ut nos exaudire digneris te rogamus	
Fili Dei te rogamus ii		Fili Dei ii (te rogamus)	
Agnus Dei qui tollis peccata mundi parce nobis Domine		Agnus Dei qui tollis peccata mundi parce nobis Domine	
Agnus Dei qui tollis peccata mundi exaudi nos Domine	180	Agnus Dei qui tollis peccata mundi exaudi nos Domine	180
Agnus Dei qui tollis peccata mun[f. 117v]di miserere nobis		Agnus Dei qui tollis peccata mundi miserere nobis	
Christe audi nos		Christe audi nos	
Kyrieleyson	185	Kyrieleison	185
Christeleyson		Christe eleison	
Kyrieleyson		Kyrieleison	

Winchester, Benedictine Cathedral Priory of St Peter, St Paul and St Swithun

XCII   Cambridge, University Library Kk.6.39 (Litany I), fols. 34r–40r   c. 1410–25

[f. 34r] Kyrieleison
Christeleison
Christe audi nos
Pater de celis Deus miserere nobis
Fili redemptor mundi Deus miserere nobis 5
Spiritus sancte Deus mise[f. 34v]rere nobis
Sancta trinitas unus Deus miserere nobis
Sancta Maria ora pro nobis
Sancta Dei genetrix ora
Sancta virgo virginum ora 10
Sancte Michael ora
Sancte Gabriel ora
Sancte Raphael ora
Omnes sancti angeli et archangeli orate
Omnes sancti beatorum spirituum ordines orate 15
pro nobis
Sancte Iohannes baptista ora
Omnes sancti patriarche et prophete orate
Sancte Petre ii ora
Sancte Paule ora 20
Sancte Andrea ora
Sancte Jacobe ora
[f. 35r] Sancte Johannes ora
Sancte Philippe ora
Sancte Jacobe ora 25
Sancte Bartholomee ora
Sancte Mathee ora
Sancte Thoma ora
Sancte Symon ora
Sancte Iuda ora 30
Sancte Mathia ora
Sancte Marce ora
Sancte Luca ora
Sancte Barnaba ora
Omnes sancti apostoli et evangeliste orate 35
Omnes sancti discipuli Domini orate
Omnes sancti innocentes orate
Sancte Stephane ora
[f. 35v] Sancte Clemens ora
Sancte Alexander ora 40
Sancte Corneli ora
Sancte Cypriane ora
Sancte Sixte ora
Sancte Laurenti ora
Sancte Vincenti ora 45
Sancte Georgi ora
Sancte Sebastiane ora
Sancte Christofore ora
Sancte Dionisi cum sociis tuis ora
Sancte Eustachi cum sociis tuis ora 50
Sancte Ciriace cum sociis tuis ora
Sancte Ypolite cum sociis tuis ora
Sancte Quintine ora

Sancte Juste ora
[f. 36r] Sancte Albane ora 55
Sancte Oswalde ora
Sancte Edmunde ora
Sancte Elphege ora
Sancte Blasi ora
Sancte Thoma ora[100] 60
Omnes sancti martires orate
Sancte Benedicte ii ora
Sancte Silvester ora
Sancte Marcialis ora
Sancte Nicholae ii ora 65
Sancte Hillari ora
Sancte Martine ora
Sancte Ambrosi ora
Sancte Ieronime ora
Sancte Augustine ora 70
[f. 36v] Sancte Birine ii ora
Sancte Swythune ii ora
Sancte Hedda ora
Sancte Brinstane ora
Sancte ffrithestane ora 75
Sancte Elphege ora
Sancte Athelwolde ii ora
Sancte Aldelme ora
Sancte Dunstane ora
Sancte Wlstane ora 80
Sancte Cuthberte ora
Sancte Edmunde ora
Sancte Ricarde ora
Sancte Remigi ora
Sancte Romane ora 85
Sancte Auduiene ora
[f. 37r] Sancte Germane ora
Sancte Gaugerice ora
Sancte Grimbalde ora
Sancte Maure ora 90
Sancte Egidi ora
Sancte Leonarde ora
Sancte Edwarde ora
Omnes sancti confessores orate
Sancta Maria Magdalene ora 95
Sancta Maria Egipciaca ora
Sancta ffelicitas ora
Sancta Perpetua ora
Sancta Cecilia ora
Sancta Lucia ora 100
Sancta Agatha ora
Sancta Agnes ora
[f. 37v] Sancta ffides ora
Sancta Katerina ora
Sancta Petronilla ora 105
Sancta Scolastica ora

Sancta Iuliana ora
Sancta Margareta ora
Sancta Anastasia ora
Sancta Genovefa ora   110
Sancta Austroberta ora
Sancta Atheldrita ora
Sancta Edburga ora
Sancta Barbara ora
Sancta Fritheswitha ora   115
Omnes sancte virgines orate
Omnes sancti orate
Propitius esto parce nobis Domine
[f. 38r]Ab omni malo libera nos Domine
Ab insidiis diaboli libera   120
A peste superbie libera
Ab appetitu inanis glorie libera
Ab ira et odio et omni mala voluntate libera
Ab immundis cogitacionibus libera
A spiritu fornicacionis libera   125
Ab omni immundicia mentis et corporis libera
A cecitate cordis libera
A carnalibus desideriis libera
A peste et fame et clade libera
A fulgure et tempestate libera   130
A subitanea et inprovisa morte libera
A dampnacione perpetua libera
Per misterium sancte incarnacionis tue libera
Per passionem et sanctam crucem libera
[f. 38v] Per gloriosam resurrectionem tuam   135
libera
Per admirabilem ascensionem tuam libera
Per gratiam sancti spiritus paracliti libera
In hora mortis succurre nobis Domine
In die iudicii libera nos Domine   140
Peccatores te rogamus audi nos
Ut pacem nobis dones te rogamus[101]
Ut sanctam ecclesiam tuam catholicam regere et
defensare digneris te rogamus
Ut dompnum apostolicum et omnes gradus   145
ecclesie in sancta religione conservare digneris
te rogamus[102]
Ut regi nostro et principibus nostris vitam (et)
victoriam atque pacem dones te rogamus

Ut episcopos et abbates et omnes con[f.   150
39r]grecaciones sibi commissas in sancte
religione conservare digneris te rogamus
Ut cunctum populum christianum precioso
sanguine tuo redemptum conservare digneris te
rogamus   155
Ut inimici sancte Dei ecclesie comprimere
digneris te rogamus
Ut nos ab eorum insidiis potenter eripias te
rogamus
Ut nos hodie sine peccato custodias te rogamus   160
Ut angelum tuum sanctum ad tutelam nobis
mittere digneris te rogamus
Ut remissionem omnium peccatorum nostrorum
nobis donare digneris te rogamus
Ut oculos misericordie tue super nos reducere   165
digneris te rogamus
Ut mentes nostras ad celestia desideria erigas te
rogamus
[f. 39v] Ut dies et actus nostros in tua voluntate
disponas te rogamus   170
Ut fructus terre dare et conservare digneris te
rogamus
Ut omnibus benefactoribus nostris sempiterna
bona retribuas
Ut animas nostras et parentum nostrorum ab   175
eterna dampnacione eripias te rogamus
Ut cunctis fidelibus defunctis requiem eternam
donare digneris te rogamus
Ut nos exaudire digneris te rogamus
Fili Dei ii rogamus   180
Agnus Dei qui tollis peccata mundi parce nobis
Domine
Agnus Dei qui tollis peccata mundi exaudi nos
Domine
Agnus Dei qui tollis peccata mundi miserere   185
nobis
[f. 40r] Christe audi nos
Kyrieleison
Christeleison
Kyrieleison   190

Winchester, Benedictine Abbey of the Holy Trinity, the Blessed Virgin Mary and St Peter (Hyde Abbey)

XCIII Vatican City, Biblioteca Apostolica Vaticana Ottob.lat.514, fols. 89r–91r c. 1275–1300		XCIV Oxford, Bodleian Library Gough liturg.8, fols. 66r–67v c. 1310	
[f. 89r] Kyrieleyson		[f. 66r] Kyrieleison	
Christe eleyson		Christeleyson	
Christe audi nos		Christe audi nos	
Pater de celis Deus miserere nobis		Pater de celis Deus miserere nobis	
Fili redemptor mundi Deus miserere nobis	5	Fili redemptor mundi Deus miserere nobis	5
Spiritus sancte Deus miserere nobis		Spiritus sancte Deus miserere nobis	
Sancta trinitas unus Deus miserere nobis		Sancta trinitas unus Deus miserere nobis	
Sancta Maria ora pro nobis		Sancta Maria ora pro nobis	
Sancta Dei genetrix ora		Sancta Dei genetrix ora pro nobis	
Sancta virgo virginum ora	10	Sancta virgo virginum ora	10
Sancte Michael ora		Sancte Michael ora	
Sancte Gabriel ora		Sancte Gabriel ora	
Sancte Raphael ora		Sancte Raphael ora	
Omnes sancti angeli et archangeli orate pro nobis		Omnes sancti angeli et archangeli orate pro nobis	
Omnes sancti beatorum spirituum ordines (orate)	15	Omnes sancti beatorum spirituum ordines orate	15
[f. 89v] Sancte Iohannes baptista ora		Sancte Iohannes baptista ora	
Omnes sancti patriarche et prophete (orate)		Omnes sancti patriarche et prophete orate	
Sancte Petre ii ora		Sancte Petre ii ora	
Sancte Paule ora	20	Sancte Paule ora	20
Sancte Andrea ora		Sancte Andrea ora	
Sancte Iohannes ora		Sancte Iohannes ora	
Sancte Iacobe ora		Sancte Iacobe ora	
Sancte Philippe ora		Sancte Philippe ora	
Sancte Bartholomee ora	25	Sancte Bartholomee ora	25
Sancte Mathee ora		Sancte Mathee ora	
Sancte Thoma ora		Sancte Thoma ora	
Sancte Iacobe ora		Sancte Iacobe ora	
Sancte Symon ora		Sancte Symon ora	
Sancte Thadee ora	30	Sancte Thadee ora	30
Sancte Mathia ora		Sancte Mathia ora	
Sancte Barnaba ora		Sancte Barnaba ora	
Sancte Marce ora		Sancte Marce ora	
Sancte Luca ora		Sancte Luca ora	
Omnes sancti apostoli et evangeliste orate pro (nobis)	35	Omnes sancti apostoli et evangeliste orate (pro nobis)	35
Omnes sancti discipuli Domini (orate)		Omnes sancti discipuli (Domini) orate	
Omnes sancti innocentes orate[103]		Omnes sancti innocentes orate	
Sancte Stephane ora		Sancte Stephane ora	
Sancte Line ora	40	Sancte Line ora	40
Sancte Clete ora		Sancte Clete ora	
Sancte Clemens ora		Sancte Clemens ora	
Sancte Syxte ora		Sancte Sixte ora	
Sancte Marcelline ora		Sancte Marcelline ora	
Sancte Valentine ora	45	Sancte Valentine ii ora	45
Sancte Dionisi cum sociis tuis ora		Sancte Dionisi cum sociis tuis ora	
Sancte Corneli ora[104]		Sancte Corneli ora	
Sancte Cypriane ora		Sancte Cypriane ora	
Sancte Appollinaris ora		Sancte Apollinaris ora	
Sancte Laurenti ora	50	Sancte Laurenti ora	50

Sancte Vincenti ora		Sancte Vincenti ora	
Sancte Sebastiane ora		Sancte Sebastiane ora	
Sancte Mauricii cum sociis tuis ora		Sancte Maurici cum sociis tuis ora	
Sancte Eustachi cum sociis tuis ora		Sancte Eustachi cum sociis tuis ora	
Sancte Ypolite cum sociis tuis ora	55	Sancte Ypolite cum sociis tuis ora	55
Sancte Quintine ora		Sancte Quintine ora	
Sancte Christofore ora		Sancte Christofore ora	
Sancte Georgi ora		Sancte Georgi ora	
Sancte Gervasi ora		Sancte Gervasi ora	
Sancte Prothasi ora	60	[f. 66v] Sancte Prothasi ora	60
Sancte Leodegari ora		Sancte Leodegari ora	
Sancte Iohannes ora		Sancte Iohannes ora	
Sancte Paule ora		Sancte Paule ora	
Sancte Crisante ora		Sancte Crisante ora	
Sancte Victor ora	65	Sancte Victor ora	65
Sancte Iuste ora		Sancte Iuste ora	
Sancte Albane ora		Sancte Albane ora	
Sancte Osuualde ora		Sancte Oswalde ora	
Sancte Eadmunde ora		Sancte Eadmunde ora	
Sancte Blasi ora	70	Sancte Blasi ora	70
Sancte Thoma ora		Sancte Thoma ora	
Omnes sancti martyres orate		Omnes sancti martires orate	
Sancte Silvester ora		Sancte Silvester ora	
Sancte Hyllari ora		Sancte Hylari ora	
Sancte Martine ora	75	Sancte Martine ora	75
Sancte Gregori ora		Sancte Gregori ora	
Sancte Augustine ora		Sancte Augustine ora	
Sancte Ieronime ora		Sancte Ieronime ora	
[f. 90r] Sancte Ambrosi ora		Sancte Ambrosi ora	
Sancte Basili ora	80	Sancte Basili ora	80
Sancte Germane ora		Sancte Germane ora	
Sancte Augustine cum sociis tuis ora		Sancte Augustine cum sociis tuis ora	
Sancte Nicholae ora		Sancte Nicolae ora	
Sancte Audoene ora		Sancte Audoene ora	
Sancte Iuliane ora	85	Sancte Iuliane ora	85
Sancte Machute ora		Sancte Macute ora	
Sancte Cuthberte ora		Sancte Cuthberte ora	
Sancte Birine ora		Sancte Birine ora	
Sancte Dunstane ora		Sancte Dunstane ora	
Sancte Suuthune ora	90	Sancte Swithune ora	90
Sancte Remigi ora		Sancte Remigi ora	
Sancte Adeluuolde ora		Sancte Athelwolde ora	
Sancte Uulstane ora		Sancte Wulstane ora	
Sancte Edmunde ora		Sancte Edmunde ora	
–	95	Sancte Ricarde ora	95
–		Sancte Edwarde ora	
Sancte Benedicte ora		Sancte Benedicte ii ora	
Sancte Iudoce ora		Sancte Iudoce ora	
Sancte Grimbalde ora		Sancte Grimbalde ora	
Sancte Bertine ora	100	Sancte Bertine ora	100
Sancte Maure ora		Sancte Maure ora	
Sancte Wandregesile ora		Sancte Wandregisile ora	
Sancte Philiberte ora		Sancte Philiberte ora	
Sancte Leufrede ora		Sancte Leufrede ora	
Sancte Columbane ora	105	Sancte Columbane ora	105
Sancte Petroce ora		Sancte Petroce ora	
Sancte Patrici ora		Sancte Patrici ora	
Sancte Egidi ora		Sancte Egidi ora	

Sancte Leonarde ora		Sancte Leonarde ora	
Omnes sancti et confessores orate	110	Omnes sancti (et) confessores orate	110
Sancta Maria Magdalena ora		Sancta Maria Magdalena ora	
–		Sancta Maria Egypciaca ora	
Sancta Felicitas ora		Sancta Felicitas ora	
Sancta Perpetua ora		Sancta Perpetua ora	
Sancta Petronilla ora	115	Sancta Petronilla ora	115
Sancta Agatha ora		Sancta Agatha ora	
Sancta Agnes ora		Sancta Agnes ora	
Sancta Cecilia ora		Sancta Cecilia ora	
Sancta Lucia ora		Sancta Lucia ora	
Sancta Scolastica ora	120	Sancta Scolastica ora	120
Sancta Fides ora		Sancta Fides ora	
Sancta Katerina ora		Sancta Katerina ora	
Sancta Margareta ora		Sancta Margareta ora	
Sancta Atheldrida ora		Sancta Aeldritha ora	
Sancta Daria ora	125	Sancta Daria ora	125
Sancta Edburga ora		Sancta Edburga ora	
Sancta Editha ora		Sancta Editha ora	
–		Sancta Ethelfleda ora	
Sancte Cristina ora		Sancta Cristina ora	
Sancta Eugenia ora	130	Sancta Eugenia ora	130
Sancta Helena ora		Sancta Elena ora	
Sancta Praxedis ora		Sancta Praxedis ora	
Sancta Iuliana ora		Sancta Iuliana ora	
Sancta Brigida ora		Sancta Brigida ora	
Sancta Geretrudis ora	135	Sancta Gertrudis ora	135
–		Sancta Fritheswitha	
–		Sancta Radegundis ora[107]	
Sancta Fides ora		Sancta Fides ora	
Sancta Spes ora		Sancta Spes ora	
Sancta Karitas ora	140	Sancta Karitas ora	140
Omnes sancte virgines orate		Omnes sancte virgines orate	
Omnes sancti orate pro (nobis)		Omnes sancti et sancte ii orate	
Propitius esto p(arce) n(obis) D(omine)[105]		Propicius esto parce nobis Domine	
Ab omni malo libera nos Domine		Ab omni malo libera nos Domine	
Ab insidiis diaboli libera	145	Ab insidiis diaboli libera	145
A dampnatione perpetua libera		A dampnatione perpetua libera	
[f. 90v] Ab iminentibus peccatorum nostrorum periculis libera		Ab iminentibus peccatorum nostrorum periculis libera	
Ab infestationibus demonum libera		Ab infestationibus demonum libera	
A spiritu fornicationis libera	150	A spiritu fornicationis libera	150
Ab appetitu inanis glorie libera		Ab appetitu inanis glorie libera	
Ab omni inmunditia mentis et corporis libera		Ab omni imundicia mentis et corporis libera	
Ab ira et odio et omni mala voluntate libera		Ab ira et odio et omni mala voluntate libera	
Ab inmundis cogitationibus libera		Ab inmundis cogitationibus libera	
(A) cecitate cordis libera	155	A cecitate cordis libera	155
–		A peste superbie libera	
A fulgure et tempestate libera		A fulgure et tempestate libera	
A subitanea et inprovisa morte libera		A subitanea et improvisa morte libera	
Per misterium sancte incarnationis tue libera		Per misterium sancte incarnationis tue libera	
Per passionem et crucem tuam libera	160	Per passionem et crucem tuam libera	160
Per gloriosam resurrectionem tuam libera		Per gloriosam resurrectionem tuam libera	
Per admirabilem ascensionem tuam libera		Per admirabilem ascensionem tuam libera	
Per gratiam sancti spiritus paracliti libera		Per gratiam sancti spiritus paracliti libera	
In hora mortis succurre nobis Domine		In hora mortis succurre nobis Domine	
In die iudicii libera	165	In die iudicii libera nos Domine	165
Peccatores te rogamus audi nos		Peccatores te rogamus audi nos[108]	

Ut pacem nobis dones te rogamus
Ut misericordia et pietas tua nos custodiat te
rogamus
Ut sanctam ecclesiam tuam catholicam regere   170
et defensare digneris te rogamus[106]
Ut dompnum apostolicum et omnes gradus ecclesie
in sancta religione conservare digneris te rogamus
Ut regi nostro et principibus nostris pacem et veram
concordiam (atque victoriam) donare digneris   175
te rogamus
Ut episcopos et abbates nostros et omnes
congregationes illis commissas in sancta religione
(conservare digneris) te rogamus
Ut locum istum et omnes habitantes in eo   180
visitare et consolari (digneris) te rogamus
Ut congregationes omnium sanctorum in tuo sancto
servicio conservare digneris te rogamus
Ut cunctum populum christianum precioso sanguine
tuo redemptum conservare digneris te rogamus   185
Ut nos hodie sine peccato custodi te rogamus
Ut omnibus benefactoribus nostris sempiterna
bona retribuas te rogamus
Ut animas nostras et parentum nostrorum ab eterna
dampnatione eripias te rogamus   190
Ut fructus terre dare et conservare digneris te
rogamus
[f. 91r] Ut oculos misericordie tue super nos
reducere digneris te rogamus
Ut obsequium servitutis nostre rationabile   195
facias te rogamus
Ut mentes nostras ad celestia desideria erigas te
rogamus
Ut miserias pauperum et captivorum intueri et
revelare digneris te rogamus   200
Ut iter famulorum tuorum in salutis tue prosperitate
disponas te rogamus
Ut regularibus disciplinis nos instruere digneris te
rogamus
Ut omnibus fidelibus defunctis requiem   205
eternam dones te rogamus
Ut nos exaudire digneris te rogamus
Fili Dei te rogamus audi nos
Agnus Dei qui tollis peccata mundi parce nobis
Domine   210
Agnus Dei qui tollis peccata mundi exaudi nos
Domine
Agnus Dei qui tollis peccata mundi miserere nobis
Christe audi nos
Kyrieleyson   215
Christeleyson
Kyrieleyson

Ut pacem nobis dones te rogamus
Ut misericordia et pietas tua nos custodiat te
rogamus
Ut sanctam ecclesiam tuam catholicam regere   170
et defensare digneris te rogamus
Ut dompnum apostolicum et omnes gradus ecclesie
in sancta religione conservare digneris te rogamus
Ut regi nostro et principibus nostris pacem et veram
concordiam atque victoriam donare digneris   175
te rogamus
Ut episcopos et abbates nostros et congregationes
illis commissas in religione conservare digneris
(te rogamus)[109]
Ut locum istum et omnes habitantes in eo   180
visitare et consolari digneris te rogamus
Ut congregationes omnium sanctorum in tuo sancto
servicio conservare digneris te rogamus
Ut cunctum populum christianum precioso sanguine
tuo redemptum conservare digneris te rogamus   185
Ut nos hodie sine peccato custodi te rogamus
Ut omnibus benefactoribus nostris sempiterna
bona retribuas te rogamus
Ut animas nostras et parentum nostrorum ab eterna
dampnatione eripias te rogamus   190
Ut fructus terre dare et conservare digneris te
rogamus
Ut oculos misericordie tue super nos reducere
digneris te rogamus
Ut obsequium servitutis nostre rationabiles (sic!) 195
facias te rogamus
Ut mentes nostras ad celestia desideria erigas te
rogamus
Ut miserias pauperum et cap[f. 67v]tivorum intueri
et revelare digneris te rogamus   200
Ut iter famulorum tuorum in salutis tue prosperitate
disponas te rogamus
Ut regularibus disciplinis nos instruere digneris te
rogamus
Ut omnibus fidelibus defunctis requiem   205
eternam dones te rogamus
Ut nos exaudire digneris te rogamus
Fili Dei te rogamus audi nos
Agnus Dei qui tollis peccata mundi parce nobis
Domine   210
Agnus Dei qui tollis peccata mundi exaudi nos
Domine
Agnus Dei qui tollis peccata mundi miserere nobis
Christe audi nos
Kyrieleison   215
Christeleison
Kyrieleison

Winchester, Benedictine Abbey of the Holy Trinity, the Blessed Virgin Mary and St Peter (Hyde Abbey)

XCV New York, Pierpont Morgan Library G.19, fols. 138v–141v c. 1300–20

[f. 138v] Kyrieleison
Christeleison
Christe audi nos
Pater de celis Deus miserere nobis
Fili redemptor mundi Deus miserere nobis 5
Spiritus sancte Deus miserere nobis
Sancta trinitas unus Deus miserere nobis
Sancta Maria ora
Sancta Dei genetrix ora
Sancta virgo virginum ora 10
Sancte Michael ora
Sancte Gabriel ora
Sancte Raphael ora
Omnes sancti angeli et archangeli orate pro nobis
Omnes sancti beatorum spirituum ordines orate 15
Sancte Johannes baptista ora
Omnes sancti patriarche et prophete orate
Sancte Petre ii ora[110]
Sancte Paule ora
Sancte Andrea ora 20
Sancte Johannes ora
Sancte Jacobe ora
Sancte Philippe
Sancte Bartholomee
Sancte Mathee 25
Sancte Thoma
Sancte Jacobe
[f. 139r] Sancte Symon ora
Sancte Thadee ora
Sancte Mathia ora 30
Sancte Barnaba ii ora[111]
Sancte Marce ora
Sancte Luca ora
Omnes sancti apostoli et ewangeliste orate pro nobis
Omnes sancti discipuli Domini orate pro nobis 35
Omnes sancti innocentes orate pro nobis
Sancte Stephane ora
Sancte Line ora
Sancte Clete ora
Sancte Clemens ora 40
Sancte Syxte ora
Sancte Marcelline ora
Sancte Valentine ii ora[112]
Sancte Dionisi cum sociis tuis (ora)
Sancte Corneli ora 45
Sancte Cypriane ora
Sancte Apollinaris ora
Sancte Laurenti ora
Sancte Vincenti ora
Sancte Sebastiane ora 50
Sancte Maurici cum sociis tuis ora

XCVI London, British Library Harley 960, fols. 223v–229v c. 1380–1400

[f. 223v] Kyrieleison
Christeleison
Christe audi nos
Pater de celis Deus miserere nobis
Fili redemptor (mundi) Deus miserere nobis 5
Spiritus sancte Deus miserere nobis
Sancta trinitas unus Deus miserere nobis
Sancta Maria ora pro nobis
Sancta Dei genitrix ora
Sancta virgo virginum ora pro nobis 10
Sancte Michael ora
[f. 224r] Sancte Gabriel (ora)
Sancte Raphael (ora)
Omnes sancti angeli et archangeli orate pro nobis
Omnes sancti beatorum spirituum ordines orate 15
Sancte Iohannes baptista ora
Omnes sancti patriarche et prophete orate
Sancte Petre ii ora
Sancte Paule ora
Sancte Andrea ora 20
Sancte Iohannes ora
Sancte Iacobe ora
Sancte Philippe ora
Sancte Bartholomee ora
Sancte Mathee ora 25
Sancte Thoma ora
Sancte Iacobe ora
[f. 224v] Sancte Symon ora
Sancte Thadee ora
Sancte Mathia ora 30
Sancte Barnaba ii ora
Sancte Marce ora
Sancte Luca ora
Omnes sancti apostoli et evangeliste orate
Omnes sancti discipuli Domini orate 35
Omnes sancti innocentes orate
Sancte Stephane ora
Sancte Line ora
Sancte Clete ora
Sancte Clemens ora 40
Sancte Sixte ora
Sancte Marcelline ora
Sancte Valentine ii ora
Sancte Dionisi cum sociis tuis ora
Sancte Corneli ora 45
[f. 225r] Sancte Cypriane ora
Sancte Apollinaris ora
Sancte Laurenti ora
Sancte Vincenti ora
Sancte Sebastiane ora 50
Sancte Maurici cum sociis tuis ora

Sancte Eustachi cum sociis tuis ora	Sancte Eustachi cum sociis tuis ora
Sancte Ipolite cum sociis tuis ora	Sancte Ypolite cum sociis tuis ora
Sancte Quintine ora	Sancte Quintine ora
Sancte Christofore ora 55	Sancte Christophore ora 55
Sancte Georgi ora	Sancte Georgi ora
Sancte Gervasi ora	Sancte Gervasi ora
Sancte Prothasi ora	Sancte Prothasi ora
Sancte Leodegari ora	Sancte Leodegari ora
Sancte Johannes ora 60	Sancte Iohannes ora 60
Sancte Paule ora	Sancte Paule ora
Sancte Crisante ora	Sancte Crisante ora
Sancte Victor ora	Sancte Victor ora
Sancte Juste ora	[f. 225v] Sancte Iuste ora
Sancte Albane ora 65	Sancte Albane ora 65
[f. 139v] Sancte Osuualde ora	Sancte Oswalde ora
Sancte Edmunde ora	Sancte Edmunde ora
Sancte Blasi ora	Sancte Blasi ora
Sancte Thoma ora	Sancte Thome ora[119]
Omnes sancti martires orate pro nobis 70	Omnes sancti martires orate 70
Sancte Silvester ora	Sancte Silvester ora
Sancte Hillari ora	Sancte Hillari ora
Sancte Martine ora	Sancte Martine ora
Sancte Gregori ora	Sancte Gregori ora
Sancte Augustine ora 75	Sancte Augustine ora 75
Sancte Jeronime ora	Sancte Ieronime ora
Sancte Ambrosi ora	Sancte Ambrosi ora
Sancte Basili ora	Sancte Basili ora
Sancte Germane ora	Sancte Germane ora
Sancte Augustine cum sociis tuis ora 80	Sancte Augustine cum sociis tuis ora 80
Sancte Nicholae ora	Sancte Nicholae ora
Sancte Audoene ora	[f. 226r] Sancte Audoene ora
Sancte Juliane ora	Sancte Iuliane ora
Sancte Machute ora	Sancte Machute ora
Sancte Cuthberte ora 85	Sancte Cuthberte ora 85
Sancte Birine ora	Sancte Birine ora
Sancte Dunstane ora	Sancte Dunstane ora
Sancte Swithune ora	Sancte Swithune ora
Sancte Remigi ora	Sancte Remigi ora
Sancte Atheluuolde ora 90	Sancte Athelwolde ora 90
Sancte Wlstane ora	Sancte Wlstane ora
Sancte Edmunde ora	Sancte Edmunde ora
Sancte Ricarde ora	Sancte Ricarde ora
Sancte Edwarde ora	Sancte Edwarde ora
Sancte Benedicte ora 95	Sancte Benedicte ii ora 95
Sancte Judoce ii ora[113]	Sancte Iudoce ii ora
Sancte Grimbalde ii ora[114]	Sancte Grimbalde ii ora
Sancte Bertine ora	Sancte Bertine ora
Sancte Maure ora	Sancte Maure ora
Sancte Wandrigesile ora 100	[f. 226v] Sancte Wandregesile ora 100
Sancte Philiberte ora	Sancte Philiberte ora
Sancte Leufrede ora	Sancte Leufrede ora
Sancte Columbane ora	Sancte Columbane ora
Sancte Petroce ora	Sancte Petroce ora
Sancte Patrici ora 105	Sancte Patrici ora 105
Sancte Egidi ora	Sancte Egidi ora
Sancte Leonarde ora	Sancte Leonarde ora
[f. 140r] Omnes sancti confessores orate pro nobis	Omnes sancti confessores orate
Sancta Anna ora pro nobis[115]	—

Sancta Maria Magdalene ora pro nobis	110	Sancta Maria Magdalene ora	110

Sancta Maria Magdalene ora pro nobis 110
Sancta Maria Egypciaca ora pro nobis
Sancta Felicitas ora
Sancta Perpetua ora
Sancta Petronella ora
Sancta Agatha ora 115
Sancta Agnes ora
Sancta Cecilia ora
Sancta Lucia ora
Sancta Scolastica ora
Sancta Fides ora 120
Sancta Katerina ora
Sancta Margareta ora
Sancta Etheldritha ora
Sancta Daria ora
Sancta Edburga ora 125
Sancta Editha ora
Sancta Cristina ora
Sancta Ethelfleda ora
Sancta Eugenia ora
Sancta Helena ora 130
Sancta Praxedis ora
Sancta Juliana ora
Sancta Brigida ora
Sancta Geretrudis ora
Sancta Radegundis ora 135
Sancta Moduenna ora
Sancta Fides ora
Sancta Spes ora
Sancta Ursula cum sociis tuis ora pro nobis[116]
Sancta Karitas ora 140
Omnes sancte virgines orate pro nobis
Omnes sancti ii orate[117]
Propitius esto parce nobis Domine
Ab omni malo libera nos Domine
Ab insidiis diaboli libera 145
A dampnatione perpetua libera
Ab iminentibus pec[f. 140v]catorum nostrorum periculis libera
Ab infestationibus demonum libera
A spiritu fornicationis libera 150
Ab appetitu inanis glorie libera
Ab omni inmundicia mentis et corporis libera
Ab ira et odio et omni mala voluntate libera
Ab inmundis cogitationibus libera
A cecitate cordis libera 155
A fulgure et tempestate libera
A subita et inprovisa morte libera
Per misterium sancte incarnationis tue libera
Per passionem et crucem sanctam tuam libera
Per gloriosam resurrectionem tuam libera 160
Per admirabilem ascensionem tuam libera
Per gratiam sancti spiritus paracliti libera
In hora mortis nostre succurre nobis Domine libera
In die iudicii libera
Peccatores te rogamus audi nos 165
Ut pacem nobis dones te rogamus

Sancta Maria Magdalene ora 110
Sancta Maria Egiptiaca ora
Sancta ffelicitas ora
Sancta Perpetua ora
–
Sancta Agatha ora 115
Sancta Agnes ora
Sancta Cecilia ora
Sancta Lucia ora
Sancta Scolastica ora
[f. 227r] Sancta ffides ora 120
Sancta Katerina ora
Sancta Margareta ora
Sancta Etheldritha ora
Sancta Daria ora
Sancta Edburga ora 125
Sancta Editha ora
Sancta Ethelfleda ora
Sancta Christina ora
Sancta Eugenia ora
Sancta Helena ora 130
Sancta Praxedis ora
Sancta Iuliana ora
Sancta Brigida ora
Sancta Geretrudis ii ora
Sancta Radegundis ora 135
–
Sancta ffides ora
Sancta Spes ora
–
Sancta Karitas ora 140
Omnes sancte virgines orate
Omnes sancti orate
Propitius esto parce nobis Domine
Ab omni malo libera nos Domine
Ab insidiis diaboli libera 145
A dampnacione perpetua libera
Ab iminentibus peccatorum nostrorum periculis libera
Ab infestacionibus demonum libera
A spiritu fornicacionis libera 150
Ab appetitu inanis glorie libera
Ab omni inmundicia mentis et corporis libera
Ab ira et odio et omni mala voluntate libera
Ab inmundis cogitacionibus libera
A cecitate cordis libera 155
A fulgure et tempestate libera nos Domine
[f. 228r] A subitanea et inprovisa morte libera
Per misterium sancte incarnacionis tue libera
Per passionem et sanctam crucem tuam libera
Per gloriosam resurreccionem tuam libera 160
Per admirabilem ascensionem tuam libera
Per graciam sancti spiritus paracliti libera
In hora mortis nostre succurre nobis Domine
In die iudicii libera
Peccatores te rogamus audi nos 165
Ut pacem nobis dones te rogamus

Ut misericordia (et) pietas tua nos custodiat te
rogamus
Ut sanctam ecclesiam tuam catholicam regere et
defensare digneris te rogamus   170
[f. 141r] Ut dompnum apostolicum et omnes gradus
ecclesie in sancta religione conservare digneris te
rogamus
Ut regi nostro et principibus nostris pacem et veram
concordiam atque victoriam donare digneris te   175
rogamus
Ut episcopos et abbates nostros et omnes
congregationes illis commissas in sancta religione
conservare digneris te rogamus
Ut locum istum et omnes habitantes in eo   180
visitare et consolari digneris te rogamus
Ut congregationes omnium sanctorum in tuo sancto
servitio conservare digneris te rogamus
Ut cunctum populum christianum precioso sanguine
tuo redemptum conservare digneris te rogamus   185
Ut nos hodie sine peccato custodias (te rogamus)
Ut omnibus benefactoribus nostris sempiterna bona
retribuas te rogamus
Ut animas nostras et parentum nostrorum ab eterna
dampnatione eripias te rogamus   190
Ut fructus terre dare et conservare digneris te
rogamus
Ut oculos misericordie tue super nos reducere
digneris te rogamus
Ut obsequium servitutis rationabile nostre   195
facias te rogamus
[f. 141v] Ut mentes nostras ad celestia desideria
erigas te rogamus
Ut miserias pauperum et captivorum intueri et
relevare digneris te rogamus   200
Ut iter famulorum tuorum in salutis tue prosperitate
disponas te rogamus
Ut regularibus disciplinis nos instruere digneris te
rogamus
Ut omnibus fidelibus defunctis requiem   205
eternam dones te rogamus
Ut nos exaudire digneris te rogamus
Fili Dei te rogamus audi nos ii[118]
Agnus Dei qui tollis peccata mundi parce nobis
Domine   210
Agnus Dei qui tollis peccata mundi exaudi nos
Domine
Agnus Dei qui tollis peccata mundi miserere nobis
Christe audi nos
Kyrieleyson   215
Christe eleyson
Kyrie eleyson

Ut misericordia et pietas tua nos custodiat te
rogamus
Ut sanctam ecclesiam tuam catholicam regere et
defensare digneris te rogamus   170
Ut domnum apostolicum et omnes gradus ecclesie
in sancta religione [f. 228v] conservare digneris te
rogamus
Ut regi nostro et principibus nostris pacem et veram
concordiam atque victoriam donare digneris te   175
rogamus
Ut episcopos et abbates nostros et omnes
congregaciones illis commissas in sancta religione
conservare digneris te rogamus
Ut locum istum et omnes habitantes in eo   180
(visitare et) conservare digneris te rogamus
Ut congregaciones omnium sanctorum in tuo sancto
servicio conservare digneris te rogamus
Ut cunctum populum christianum precioso sanguine
tuo redemptum conservare digneris te rogamus   185
Ut nos hodie sine peccato custodias te rogamus
Ut omnibus benefactoribus nostris sempiterna bona
retribuas te rogamus audi nos
[f. 229r] Ut animas nostras et parentum nostrorum
ab eterna dampnacione eripias te rogamus   190
Ut fructus terre dare et conservare digneris te
rogamus
Ut oculos misericordie tue super nos reducere
digneris te rogamus
Ut obsequium servitutis nostre racionabile   195
facias te rogamus
Ut mentes nostras ad celestia desideria erigas te
rogamus
Ut miserias pauperum et captivorum intueri et
relevare digneris te rogamus   200
Ut iter famulorum tuorum in salutis tue prosperitate
disponas te rogamus
Ut regularibus disciplinis nos instruere digneris te
rogamus
Ut omnibus fidelibus defunctis requiem   205
eternam dones te rogamus
Ut nos exaudire digneris te rogamus
Fili [f. 229v] Dei te rogamus audi nos
Agnus Dei qui tollis peccata mundi parce nobis
Domine   210
Agnus Dei qui tollis peccata mundi exaudi nos
Domine
Agnus Dei qui tollis peccata mundi miserere nobis
Christe audi nos
Kyrieleison   215
Christeleison
Kyrieleison

Witham, Charterhouse of the Blessed Virgin Mary

XCVII   Oxford, Trinity College 46, fols. 162r–164r   c. 1460–1470

[f. 162r] Kyrieleyson
Christeleyson
Kyrieleyson
Christe audi nos
Pater de celis Deus miserere nobis 5
Fili redemptor mundi Deus miserere nobis
Spiritus sancte Deus miserere nobis
Sancta trinitas unus Deus miserere nobis
Sancta Maria ora
Sancta Dei genetrix ora 10
Sancta virgo virginum ora
Sancte Michael ora
Sancte Gabriel ora
Sancte Raphael ora
Omnes sancti beatorum spirituum ordines orate 15
pro nobis
Sancte Johannes baptista ora
Omnes sancti patriarche [f. 162v] et prophete
orate pro nobis
Sancte Petre ora 20
Sancte Paule ora
Sancte Andrea ora
Sancte Jacobe ora
Sancte Johannes ora
Sancte Philippe ora 25
Sancte Barth(olome)e ora
Sancte Mathee ora
Sancte Thoma ora
Sancte Jacobe ora
Sancte Symon ora 30
Sancte Tadee ora
Sancte Mathia ora
Sancte Barnaba ora
Sancte Luca ora
Sancte Marce ora 35
Omnes sancti apostoli et evangeliste orate
Sancte Stephane ora
Sancte Clemens ora
Sancte Sixte ora
Sancte Corneli ora 40
Sancte Cipriane ora
Sancte Thoma ora
Sancte Laurenti ora
Sancte Vincenti ora
Sancte Ignaci ora 45
Sancte ffabiane ora
Sancte Sebastiane ora
Sancte Georgi ora
Sancte Maurici cum sociis tuis ora pro nobis
Sancte Dionisi cum sociis tuis ora pro nobis 50
Omnes sancti martires orate
[f. 163r] Sancte Silvester ora
Sancte Gregori ora

Sancte Martine ora
Sancte Nich(ola)e ora 55
Sancte Hillari ora
Sancte Remigi ora
Sancte Ambrosi ora
Sancte Augustine ora
Sancte Jeronime ora 60
Sancte Hugo ora[120]
Sancte Hugo ora
Sancte Edmunde ora
Sancte Edwarde ora
Sancte Paule ora 65
Sancte Antoni ora
Sancte Hilarion ora
Sancte Benedicte ora
Sancte Bernarde ora
Omnes sancti confessores orate 70
Sancta Anna ora
Sancta ffelicitas ora
Sancta Perpetua ora
Sancta Agatha ora
Sancta Agnes ora 75
Sancta Lucia ora
Sancta Cecilia ora
Sancta Anastasia ora
Sancta Blandina ora
Sancta Scolastica ora 80
Sancta Eufemia ora
Sancta Petronilla ora
Sancta Maria Magdalena ora
Sancta Katerina ora
Sancta Margareta ora 85
Omnes sancte virgines et continentes orate
[f. 163v] Omnes sancti orate pro nobis
Omnes sancti orate (pro nobis)
Propicius esto parce nobis Domine
Propicius esto libera nos Domine 90
Ab insidiis diaboli libera nos Domine
A concupiscentia iniqua libera
A spiritu fornicacionis libera
A spiritu superbie libera
Ab omni inmundicia mentis et corporis 95
libera
A ventura ira libera
Ab omni malo libera
Per nativitatem tuam libera
Per passionem et crucem tuam libera 100
Per gloriosam resurrectionem tuam libera
Per admirabilem ascensionem tuam libera
Per adventum spiritus paracliti libera
Peccatores te rogamus audi nos
Ut pacem et concordiam nobis dones te 105
rogamus

Ut misericordia et pietas tua nos custodiat te
rogamus
Ut spacium vere penitencie et emendacionem
vite nobis dones te rogamus   110
Ut graciam sancti spiritus cordibus nostris
infundere digneris te rogamus
Ut ecclesiam [f. 164r] tuam regere et defensare
digneris te rogamus
Ut cunctum populum christianum precioso   115
sanguine (tuo) redemptum conservare digneris
te rogamus
Ut cunctis fidelibus defunctis requiem eternam
donare digneris te rogamus[121]

Ut nos exaudire digneris te rogamus   120
Fili Dei te rogamus
Fili Dei te rogamus
Agnus Dei qui tollis peccata mundi parce nobis
Domine
Agnus Dei qui tollis peccata mundi libera   125
nos Domine
Agnus Dei qui tollis peccata mundi dona nobis
pacem
Kyrieleyson
Christeleyson   130
Kyrieleyson

Worcester, Benedictine Cathedral Priory of the Blessed Virgin Mary

XCVIII Oxford, Bodleian Library Bodley 862, fols. 201v–202r c. 1350[122]

[f. 201v] Kyrieleyson[123]
Christeleyson
Christe audi nos
Pater de celis Deus miserere nobis
Fili redemptor mundi Deus miserere nobis   5
Spiritus sancte Deus miserere nobis
Sancta trinitas unus Deus miserere nobis
Sancta Maria ora pro nobis
Sancta Dei genetrix ora
Sancta virgo virginum ora   10
Sancte Michael ora
Sancte Gabriel ora
Sancte Raphael ora
Omnes sancti angeli et archangeli orate
Omnes sancti beatorum spirituum ordines orate   15
Sancte Iohannes baptista ora
Omnes sancti patriarche et prophete orate
Sancte Petre ora
Sancte Paule ora
Sancte Andrea ora   20
Sancte Iohannes ora
Sancte Iacobe ora
Sancte Philippe ora
Sancte Bartholomee ora
Sancte Mathee ora   25
Sancte Thoma ora
Sancte Iacobe ora
Sancte Symon ora
Sancte Thaddee ora
Sancte Mathia ora   30
Sancte Barnaba ora
Sancte Luca ora
Sancte Marce ora
Omnes sancti apostoli et evangeliste orate
Omnes sancti discipuli Domini orate   35
Omnes sancti innocentes orate
Sancte Stephane ora
Sancte Clemens ora
Sancte Alexander ora
Sancte Marcelle ora   40
Sancte Syxte ora
Sancte Laurenti ora
Sancte Vincenti ora
Sancte Georgi ora
Sancte Demetri ora   45
Sancte Albane ora
Sancte Oswalde ora
Sancte Kenelme ora
Sancte Edmunde ora
Sancte Edwarde ora   50
Sancte Alphege ora
Sancte Thoma ora

XCIX Oxford, Magdalen College 100, fols. 187v–191r (192v–196r) c. 1220–60[125]

[f. 187v(192v)] Kyrieleyson
Christe eleyson
Christe audi nos
Pater de celis Deus miserere nobis
Fili redemptor mundi Deus (miserere nobis)   5
Spiritus sancte Deus miserere nobis
Sancta trinitas unus Deus (miserere nobis)
Sancta Maria ora (pro nobis)
Sancta Dei genetrix (ora)
Sancta virgo virginum (ora)   10
Sancte Michael ora
Sancte Gabriel ora
Sancte Raphael ora
Omnes sancti angeli et archangeli orate pro nobis
Omnes sancti beatorum spirituum ordines orate   15
Sancte Iohannes baptista ora
Omnes sancti patriarche et prophete orate
Sancte Petre ora
Sancte Paule ora
Sancte Andrea ora   20
Sancte Iohannes ora
[f. 188r(193r)] Sancte Iacobe ora
Sancte Philippe (ora)
Sancte Bartholomee (ora)
Sancte Mathee ora   25
Sancte Thoma ora
Sancte Iacobe ora
Sancte Symon ora
Sancte Taddee ora
Sancte Mathia ora   30
Sancte Barnaba ora
Sancte Luca ora
Sancte Marce ora
Omnes sancti apostoli et evangeliste orate
Omnes sancti discipuli Domini orate pro (nobis)   35
Omnes sancti innocentes orate
Sancte Stephane (ora)
Sancte Clemens ora
Sancte Alexander ora
Sancte Marcelle ora   40
Sancte Syxte ora
Sancte Laurenti ora
Sancte Vincenti ora
Sancte Georgi ora
Sancte Demetri ora   45
Sancte Albane ora
Sancte Oswalde ora
Sancte Kenelme ora
Sancte Eadmunde ora
Sancte Edwarde ora   50
Sancte Ealfege ora
Sancte Thoma ora[126]

Sancte Dionisi cum sociis tuis ora	Sancte Dionisi cum sociis tuis ora
Sancte Ypolite cum sociis tuis ora	Sancte Ypolite cum sociis tuis ora
Sancte Maurici cum sociis tuis ora	55	Sancte Maurici cum sociis tuis (ora)	55
Sancte Eustachi cum sociis tuis ora	Sancte Eustachi cum sociis tuis (ora)
Sancte Thimothee ora	[f. 188v(193v)] Sancte Timothee (ora)
Sancte Fabiane ora	Sancte Fabiane (ora)
Sancte Sebastiane ora	Sancte Sebastiane (ora)
Sancte Cosma ora	60	Sancte Cosma ora	60
Sancte Damiane ora	Sancte Damiane (ora)
Sancte Gervasi ora	Sancte Gervasi ora
Sancte Prothasi ora	Sancte Prothasi ora
Sancte Adriane ora	Sancte Adriane ora
Sancte Christofore ora	65	Sancte Christofore ora	65
Sancti Iohannes et Paule orate	Sancti Iohannes et Paule orate pro nobis
Sancti Marcelline et Petre orate	Sancti Marcelline et Petre orate
Omnes sancti martires orate	Omnes sancti martires orate pro nobis
Sancte Oswalde ora	Sancte Oswalde (ora)
Sancte Wlstane ora	70	Sancte Wlstane ora	70
Sancte Edwarde ora	Sancte Eaduuarde[127] (ora)
Sancte Silvester ora	Sancte Silvester[128] (ora)
Sancte Marcialis ora	Sancte Marcialis[129] (ora)
Sancte Hylari ora	Sancte Hylari[130] ora
Sancte Martine ora	75	Sancte Martine[131] ora	75
Sancte Ambrosi ora	Sancte Ambrosi ora
Sancte Basili ora	Sancte Basili ora
Sancte Augustine ora	Sancte Augustine ora
Sancte Damase ora	Sancte Damase ora
Sancte Leo ora	80	Sancte Leo ora	80
Sancte Gregori ora	Sancte Gregori ora
Sancte Augustine cum sociis tuis orate[124]	Sancte Augustine cum sociis tuis ora
Sancte Birine ora	Sancte Birine ora
Sancte Swithune ora	Sancte Swithune ora
Sancte Ethelwolde ora	85	Sancte Ethelwolde (ora)	85
Sancte Dunstane ora	Sancte Dunstane ora
Sancte Edmunde ora	Sancte Eadmunde ora[132]
Sancte Egwine ora	Sancte Egwine ora*
Sancte Vigor ora	Sancte Vigor ora*
Sancte Audoene ora	90	Sancte Audoene ora*	90
Sancte Romane ora	Sancte Romane ora*
Sancte Nicholae ora	Sancte Nicholae ora*
Sancte Remigi ora	Sancte Remigi ora*
Sancte Cuthberte ora	Sancte Cuthberte ora[133]
[f. 202r] Sancte Cedda ora	95	Sancte Ceadda ora[134]	95
Sancte Godwale ora	[f. 189r(194r)] Sancte Godewale[135] (ora)
Sancte Wilfride ora	Sancte Wilfride (ora)
Sancte Pauline ora	Sancte Pauline ora
Sancte Antoni ora	Sancte Antoni ora
Sancte Ieronime ora	100	Sancte Ieronime ora	100
Sancte Benedicte ora	Sancte Benedicte (ora)
Sancte Maure ora	Sancte Maure ora
Sancte Columbane ora	Sancte Columbane (ora)
Sancte Wandragisile ora	Sancte Wandregesile (ora)
Sancte Egidi ora	105	Sancte Egidi (ora)	105
Sancte Leonarde ora	Sancte Leonarde (ora)
Sancte Guthlace ora	Sancte Guthlace (ora)
Sancte Beda ora	Sancte Beda ora
Omnes sancti confessores orate	Omnes sancti confessores orate
Omnes sancti monachi et heremite orate	110	Omnes sancti monachi et heremite (orate)	110

Sancta Anna ora		Sancta Anna ora ii[136]	
Sancta Maria Magdalena ora		Sancta Maria Magdalena ora pro (nobis)	
Sancta Felicitas ora		Sancta Felicitas ora	
Sancta Perpetua ora		Sancta Perpetua ora	
Sancta Agatha ora	115	Sancta Agatha ora	115
Sancta Agnes ora		Sancta Agnes ora	
Sancta Lucia ora		Sancta Lucia ora	
Sancta Cecilia ora		Sancta Cecilia ora	
Sancta Margareta ora		Sancta Margareta ora	
Sancta Petronilla ora	120	Sancta Petronilla ora	120
Sancta Scolastica ora		Sancta Scolastica ora	
Sancta Batildis ora		Sancta Batildis ora	
Sancta Fides ora		Sancta Fides ora	
Sancta Spes ora		Sancta Spes ora	
Sancta Caritas ora	125	Sancta Karitas ora	125
Sancta Tecla ora		Sancta Tecla ora	
Sancta Iuliana ora		Sancta Iuliana ora	
Sancta Eufraxia ora		Sancta Eufraxia ora	
Sancta Praxedis ora		Sancta Praxedis ora	
Sancta Anastasia ora	130	Sancta Anastasia ora	130
Sancta Cristina ora		Sancta Cristina ora	
Sancta Iustina ora		Sancta Iustina ora	
Sancta Etheldrida ora		Sancta Etheldrida ora	
Sancta Mildrida ora		[f. 189v(194v)] Sancta Mildritha (ora)	
Sancta Milburga ora	135	Sancta Milburga ora	135
Sancta Edburga ora		Sancta Edburga (ora)	
Sancta Wereburga ora		Sancta Wereburga (ora)	
Sancta Wenefreda ora		Sancta Wenefreda (ora)	
Sancta Brigida ora		Sancta Brigida ora	
Sancta Elena ora	140	Sancta Elena ora	140
Sancta Katerina ora		Sancta Katerina (ora)	
Sancta Fidis ora		Sancta Fidis ora	
Sancta Prisca ora		Sancta Prisca ora	
Sancta Eufemia ora		Sancta Eufemia (ora)	
Sancta Fredeswida ora	145	Sancta Fredeswitha (ora)	145
Omnes sancte virgines orate		Omnes sancte virgines orate pro nobis	
Omnes sancti orate pro nobis		Omnes sancti orate pro (nobis)	
Propicius esto parce nobis Domine		Propitius esto parce nobis Domine	
Ab omni malo libera nos Domine		Ab omni malo libera nos Domine	
Ab insidiis diaboli libera	150	Ab insidiis diaboli libera nos Domine	150
A dampnatione perpetua libera		A dampnatione perpetua libera	
Ab iminentibus peccatorum nostrorum periculis libera		Ab imminentibus peccatorum nostrorum periculis libera	
Ab infestationibus demonum libera		Ab infestationibus demonum libera	
A spiritu fornicationis libera	155	A spiritu fornicationis (libera)	155
Ab appetitu inanis glorie libera		Ab appetitu inanis glorie libera	
Ab omni inmundicia mentis et corporis libera		Ab omni inmunditia mentis et corporis libera	
Ab ira et odio et omni mala voluntate libera		Ab ira et odio et omni mala voluntate (libera)	
A cecitate cordis libera		A cecitate cordis (libera)	
A fulgure et tempestate libera	160	A fulgure et tempestate ora[137]	160
A subitanea et inprovisa morte libera		[f. 190r (195r)] A subitanea et inprovisa morte (libera)	
Per misterium sancte incarnationis tue libera (nos Domine)		Per misterium sancte incarnacionis tue libera nos Domine	
Per passionem et crucem tuam libera	165	Per passionem et crucem tuam libera	165
Per piissimam mortem tuam libera		Per piissimam mortem tuam libera	
Per gloriosam resurrectionem tuam libera		Per gloriosam resurrectionem tuam (libera)	
Per admirabilem ascensionem tuam libera		Per admirabilem ascensionem tuam libera	

Per gratiam sancti spiritus paracliti libera
In hora mortis succurre nobis Domine 170
In die iudicii libera
Peccatores te rogamus audi nos
Ut pacem nobis dones te rogamus
Ut misericordia et pietas tua nos custodiat te
rogamus 175
Ut ecclesiam tuam regere et defensare digneris te
rogamus
Ut dompnum apostolicum et omnes gradus ecclesie
in sancta religione conservare digneris te rogamus
Ut episcopum nostrum et gregem sibi 180
commissum conservare digneris te rogamus
Ut regi nostro et principibus nostris pacem et veram
concordiam atque victoriam donare digneris te
rogamus
Ut episcopos et abbates nostros et omnes 185
congregationes illis comissas in sancta religione
conservare digneris te rogamus
Ut congregationes omnium sanctorum in tuo sancto
servitio conservare digneris te rogamus
Ut cunctum populum christianum precioso 190
sanguine tuo redemptum conservare digneris te
rogamus
Ut omnibus benefactoribus nostris sempiterna bona
retribuas te rogamus
Ut animas nostras et parentum nostrorum ab 195
eterna dampnatione eripias te rogamus
Ut mentes nostras ad celestia desideria erigas te
rogamus
Ut obsequium servitutis nostre rationabile facias
te rogamus 200
Ut locum istum et omnes habitantes in eo visitare
et consolari digneris te rogamus
Ut fructus terre dare et conservare digneris te
rogamus
– 205
–
Ut oculos misericordie tue super nos reducere
digneris te rogamus
Ut miserias pauperum et captivorum intueri et
relevare digneris te rogamus 210
Ut omnibus fidelibus defunctis requiem eternam
dones te rogamus
Ut nos exaudire digneris te rogamus
Fili Dei te rogamus (audi nos)
Agnus Dei qui tollis peccata mundi parce nobis 215
Domine
Agnus Dei qui tollis peccata mundi exaudi nos
Domine
Agnus Dei qui tollis peccata mundi miserere nobis
Christe audi nos 220
Kyrieleyson
Christeleyson
Kyrieleyson

Per gratiam sancti spiritus paracliti libera nos
In hora mortis succurre nobis Domine 170
In die iudicii libera
Peccatores te rogamus audi nos
Ut pacem nobis dones (te rogamus)
Ut misericordia et pietas tua nos custodiat te
rogamus 175
Ut ecclesiam tuam regere et defensare digneris te
rogamus
Ut dompnum apostolicum et omnes gradus ecclesie
in sancta religione conservare digneris te rogamus[138]
Ut episcopum nostrum et gregem sibi 180
commissum conservare digneris te rogamus
Ut regi nostro et principibus nostris pacem et veram
[f. 190v(195v)] concordiam atque victoriam donare
digneris (te rogamus)
Ut episcopos et abbates nostros et omnes 185
congregationes illis commissas in sancta religione
conservare digneris te rogamus
Ut congregationes omnium sanctorum in tuo sancto
servitio conservare digneris (te rogamus)
Ut cunctum populum christianum pretioso 190
sanguine tuo redemptum conservare digneris (te
rogamus)
Ut omnibus benefactoribus nostris sempiterna bona
retribuas te rogamus
Ut animas nostras et parentum nostrorum ab 195
eterna dampnatione eripias te rogamus
Ut mentes nostras ad celestia desideria erigas (te
rogamus)
Ut obsequium servitutis nostre rationabile facias
te rogamus 200
Ut locum istum et omnes habitantes in eo visitare
et consolari digneris (te rogamus)
Ut fructus terre dare et conservare digneris (te
rogamus)
Ut inimicos sancte Dei ecclesie comprimere 205
digneris te rogamus au(di nos)
[f. 191r(196r)] Ut oculos misericordie tue super
nos reducere digneris (te rogamus)
Ut miserias pauperum et captivorum intueri et
relevare digneris te rogamus 210
Ut omnibus fidelibus defunctis requiem eternam
dones te rogamus
Ut nos exaudire digneris te rogamus
Fili Dei te rogamus audi nos
Agnus Dei qui tollis peccata mundi parce nobis 215
Domine
Agnus Dei qui tollis peccata mundi exaudi nos
Domine
Agnus Dei qui tollis peccata mundi miserere nobis
Christe audi nos 220
Kyrieleison
Christeleyson
Kyrieleyson

Worcester, Benedictine Cathedral Priory of the Blessed Virgin Mary

C   Worcester, Cathedral Library F. 160,
fols. 163v–164r   c. 1230–50

CI   Preston, Harris Museum s.n.,
fols. 45v–47r   c. 1250–70

[f. 163v] Kyrie eleyson
Christe eleyson
Christe audi nos
—
Pater de celis Deus miserere nobis   5
Fili redemptor mundi Deus miserere nobis
Spiritus sancte Deus miserere nobis
Sancta trinitas unus Deus miserere nobis
Sancta Maria ora pro nobis
Sancta Dei genetrix ora   10
Sancta virgo virginum ora
Sancte Michael ora
Sancte Gabriel ora
Sancte Raphael ora
Omnes sancti angeli et archangeli orate (pro   15
nobis)
Omnes sancti beatorum spirituum ordines orate
(pro nobis)
Sancte Iohannes baptista ora
Omnes sancti patriarche et prophete orate (pro   20
nobis)
Sancte Petre ora
Sancte Paule ora
Sancte Andrea ora
Sancte Iohannes ora   25
Sancte Iacobe ora
Sancte Philippe ora
Sancte Bartholomee ora
Sancte Mathee ora
Sancte Thoma ora   30
Sancte Iacobe ora
Sancte Symon ora
Sancte Taddee ora
Sancte Mathia ora
Sancte Barnaba ora   35
Sancte Luca ora
Sancte Marce ora
Omnes sancti apostoli et ewangeliste orate
(pro nobis)
Omnes sancti discipuli Domini orate   40
Omnes sancti innocentes orate
Sancte Stephane ora
Sancte Clemens ora
Sancte Alexander ora
Sancte Marcelle ora   45
Sancte Syxte ora[139]
Sancte Laurenti ora
Sancte Vincenti ora
Sancte Georgi ora
Sancte Demetri ora   50
Sancte Albane ora
Sancte Oswalde ora

[f. 45v] Kirieleyson
Christeleyson
Christe audi nos
Christe exaudi nos
Pater de celis Deus miserere nobis   5
Fili redemptor mundi Deus miserere nobis
Spiritus sancte Deus miserere nobis
Sancta trinitas unus Deus miserere nobis
Sancta Maria ora pro nobis
Sancta virgo virginum ora   10
Sancta Dei genetrix ora
Sancte Michael ora
Sancte Gabriel ora
Sancte Raphael ora
Omnes sancti angeli et archangeli orate pro   15
nobis
Omnes sancti beatorum spirituum ordines orate
pro nobis
Sancte Iohannes baptista ora
Omnes sancti patriarche et prophete orate pro   20
nobis
Sancte Petre Petre ora[149]
Sancte Paule ora
Sancte Andrea ora
[f. 46r] Sancte Iohannes ora   25
Sancte Iacobe ora
Sancte Philyppe ora
Sancte Bartholomee ora
Sancte Mathee ora
Sancte Thoma ora   30
Sancte Iacobe ora
Sancte Symon ora
Sancte Thadee ora
Sancte Mathia ora
Sancte Barnaba ora   35
Sancte Luca ora
Sancte Marce ora
Omnes sancti apostoli et euuangeliste orate
pro nobis
Omnes sancti discipuli Domini orate pro nobis   40
Omnes sancti innocentes orate pro nobis
Sancte Stephane ora pro nobis
Sancte Clemens ora
Sancte Alexander ora
Sancte Marcelle ora   45
Sancte Syxte ora
Sancte Laurenti ora
Sancte Vincenti ora
Sancte Georgi ora
Sancte Demetri ora   50
Sancte Albane ora
Sancte Oswalde ora

Sancte Kenelme ora		Sancte Kenelme ora	
Sancte Eadmunde ora		Sancte Eadmunde ora	
Sancte Eadwarde ora	55	Sancte Eadwarde ora	55
Sancte Ealfege ora		Sancte Ealphege ora	
Sancte Thoma ora[140]		Sancte Thoma ora	
Sancte Dionisi cum sociis tuis ora		Sancte Dionisi cum sociis tuis ora	
Sancte Ypolite cum sociis tuis ora		Sancte Ypolite cum sociis tuis ora	
Sancte Maurici cum sociis tuis ora	60	Sancte Maurici cum sociis tuis ora	60
Sancte Eustachi cum sociis tuis ora		Sancte Eustaci cum sociis tuis ora	
Sancte Timothee ora		Sancte Thymothee ora	
Sancte Fabiane ora		Sancte Fabiane ora	
Sancte Sebastiane ora		Sancte Sebastiane ora	
Sancte Cosma ora	65	Sancte Cosma ora	65
Sancte Damiane ora		Sancte Damiane ora	
Sancte Gervasi ora		Sancte Gervasi ora	
Sancte Prothasi ora		Sancte Protasi ora	
Sancte Adriane ora		Sancte Adriane ora	
Sancte Christofore ora	70	Sancte Christofore ora	70
Sancti Iohannes et Paule orate		Sancti Johannes et Paule orate	
Sancti Marcelline et Petre orate		Sancti Marcelline et Petre orate	
Omnes sancti martires orate		Omnes sancti martires orate	
Sancte Oswalde ii ora[141]		Sancte Oswalde ora	
Sancte Wlstane ii ora[142]	75	Sancte Wlstane ora	75
Sancte Eadwarde ora[143]		Sancte Eadwarde ora	
Sancte Silvester ora		Sancte Sixte Silvester ora[150]	
Sancte Marcialis ora		Sancte Marcialis ora	
Sancte Hylari ora		Sancte Hillari ora	
Sancte Martine ora	80	Sancte Martine ora	80
Sancte Ambrosi ora		Sancte Ambrosi ora	
Sancte Basili ora		Sancte Basili ora	
Sancte Augustine ora		Sancte Augustine ora	
Sancte Damase ora		Sancte Damase ora	
Sancte Leo ora	85	Sancte Leo ora	85
Sancte Gregori ora		Sancte Gregori ora	
Sancte Augustine cum sociis tuis ora		Sancte Augustine cum sociis tuis ora	
Sancte Birine ora		Sancte Birine ora	
Sancte Swithune ora		Sancte Swithune ora	
Sancte Athelwolde ora	90	Sancte Aðelwolde ora	90
Sancte Dunstane ora		Sancte Dunstane ora	
Sancte Edmunde ora[144]		–	
Sancte Ecguuine ora		Sancte Eguine ora	
Sancte Ricarde ora[145]		–	
Sancte Vigor ora	95	Sancte Vigor ora	95
Sancte Thoma ora[146]		–	
Sancte Audoene ora		Sancte Audoene ora	
Sancte Romane ora		Sancte Romane ora	
Sancte Nicholae ora		Sancte Nicholae oa	
Sancte Remigi ora	100	Sancte Remigi ora	100
Sancte Cuthberte ora		Sancte Cuthberte ora	
Sancte Cedda ora		Sancte Chedda (ora)	
Sancte Goduuale ora		Sancte Goduuale ora	
Sancte Wilfride ora		Sancte Wilfride ora	
Sancte Pauline ora	105	Sancte Pauline ora	105
Sancte Antoni ora		Sancte Antoni ora	
Sancte Ieronime ora		Sancte Jeronime pra	
Sancte Benedicte ora		Sancte Benedicte ora	
Sancte Maure ora		Sancte Maure ora	
Sancte Columbane ora	110	[f. 46v] Sancte Columbane ora	110

130

Sancte Wandregisle ora		Sancte Wandregisile ora	
Sancte Egidi ora		Sancte Leonarde ora	
Sancte Leonarde ora		Sancte Egidi ora	
Sancte Cuthlace ora		Sancte Guthlace ora	
Sancte Beda ora	115	Sancte Beda ora	115
–		Sancte Cadoce ora	
–		Sancte Roberte ora	
–		Sancte Willelme ii ora	
–		Sancte Gileberte ora	
Omnes sancti confessores orate	120	Omnes sancti confessores orate pro nobis	120
Omnes sancti monachi et heremite orate		Omnes sancti monachi et heremite orate pro nobis	
Sancta Anna ii ora[147]		Sancta Anna ora	
Sancta Maria Magdalena ora		Sancta Maria Magdalena ora	
Sancta Felicitas ora		Sancta Felicitas ora	
Sancta Perpetua ora	125	Sancta Perpetua ora	125
Sancta Agatha ora		Sancta Agatha ora	
Sancta Agnes ora		Sancta Agnes ora	
Sancta Lucia ora		Sancta Lucia ora	
Sancta Cecilia ora		Sancta Cecilia ora	
Sancta Margareta ora	130	Sancta Margareta ora	130
Sancta Petronella ora		Sancta Petronilla ora	
Sancta Scolastica ora		Sancta Scolastica ora	
Sancta Batildis ora		Sancta Baltildis ora	
–		Sancta Radegundis ora	
–	135	Sancta Aldegundis ora	135
Sancta Fides ora		Sancta Fides ora	
Sancta Spes ora		Sancta Spes ora	
Sancta Karitas ora		Sancta Karitas ora	
Sancta Tecla ora		Sancta Tecla ora	
Sancta Iuliana ora	140	Sancta Iuliana ora	140
Sancta Eufraxia ora		Sancta Eufraxia ora	
Sancta Praxedis ora		Sancta Praxedis ora	
Sancta Anastasia ora		Sancta Anastasia ora	
Sancta Cristina ora		Sancta Cristina ora	
Sancta Iustina ora	145	Sancta Iustina ora	145
Sancta Atheldritha ora		Sancta Eðeldrida ora	
Sancta Mildritha ora		Sancta Mildrida ora	
Sancta Milburga ora		Sancta Milburga ora	
Sancta Eadburga ora		Sancta Edburga ora	
Sancta Wereburga ora	150	Sancta Wereburga ora	150
Sancta Wenefreda ora		Sancta Wenefrida ora	
Sancta Brigida ora		Sancta Brigida ora	
Sancta Elena ora		Sancta Elena ora	
Sancta Katerina ora		Sancta Katerina ora	
Sancta Fidis ora	155	Sancta Fidis ora	155
Sancta Prisca ora		Sancta Prisca ora	
Sancta Eufemia ora		Sancta Eufemia ora	
Sancta Fritheswitha ora		Sancta Frideswida ora	
Omnes sancte virgines orate		Omnes sancte virgines orate	
Omnes sancti ii orate pro nobis	160	Omnes sancti orate pro nobis	160
Propicius esto parce nobis Domine		Propicius esto parce nobis Domine	
Ab omni malo libera nos Domine		Ab omni malo libera	
Ab insidiis diaboli libera		Ab insidiis diaboli libera	
A dampnatione perpetua libera		A dampnatione perpetua libera	
Ab imminentibus peccatorum nostrorum periculis libera	165	Ab iminentibus peccatorum nostrorum periculis libera	165
Ab infestationibus demonum libera		Ab infestacionibus demonum libera	
A spiritu fornicationis libera		A spiritu fornicationis libera	

Ab appetitu inanis glorie libera

Ab omni inmundicia mentis et corporis libera   170

Ab ira et odio et omni mala voluntate libera
(nos Domine)

A cecitate cordis libera

A fulgure et tempestate libera

A subitanea et inprovisa morte libera   175

Per misterium sancte incarnationis tue libera
nos Domine

Per passionem et crucem tuam libera

Per piissimam mortem tuam libera

[f. 164r] Per gloriosam resurrectionem tuam   180
(libera)

Per admirabilem ascensionem tuam (libera)

Per gratiam sancti spiritus paracliti (libera)

In hora mortis succurre nobis Domine

In die iudicii libera ii   185

Peccatores te rogamus audi nos

Ut pacem nobis dones te rogamus

Ut misericordia et pietas tua nos custodiat te
rogamus

Ut ecclesiam tuam regere et defensare digneris   190
te rogamus

Ut dompnum apostolicum et omnes gradus ecclesie
in sancta religione conservare digneris te
rogamus[148]

Ut episcopum nostrum et gregem sibi   195
commissum conservare digneris te rogamus

Ut regi nostro et principibus nostris pacem et veram
concordiam atque victoriam donare digneris te
rogamus

Ut episcopos et abbates nostros et omnes   200
congregationes illis commissas in sancta religione
conservare digneris te rogamus

Ut congregationes omnium sanctorum in tuo sancto
servicio conservare digneris te rogamus

Ut cunctum populum christianum precioso   205
sanguine tuo redemptum conservare digneris te
rogamus

Ut omnibus benefactoribus nostris sempiterna bona
retribuas te rogamus

Ut animas nostras et parentum nostrorum ab   210
eterna dampnatione eripias te rogamus

Ut mentes nostras ad celestia desideria erigas te
rogamus

Ut obsequium servitutis nostre rationabile facias
te rogamus   215

Ut locum istum et omnes habitantes in eo visitare
et consolari digneris te rogamus

Ut fructus terre dare et conservare digneris te
rogamus

Ut inimicos sancte Dei ecclesie comprimere   220
digneris te rogamus

Ut oculos misericordie tue super nos reducere
digneris te rogamus

Ut miserias pauperum et captivorum intueri et
relevare digneris te rogamus   225

Ab appetitu inanis glorie libera

Ab omni immundicia mentis et corporis libera   170

Ab ira et odio et omni mala voluntate libera nos
Domine

A cecitate cordis libera

A fulgure et tempestate libera

A subitanea et inprovisa morte libera   175

Per misterium sancte incarnationis tue libera nos
Domine

Per passionem et crucem tuam libera

Per piissimam mortem tuam libera

Per gloriosam resureccionem tuam   180
libera

Per admirabilem ascensionem tuam libera

Per graciam sancti spiritus paracliti libera

In hora mortis succurre nobis Domine

In die iudicii libera   185

Peccatores te rogamus audi nos

Ut pacem nobis dones te rogamus

Ut misericordia et pietas tua nos custodiat te
rogamus audi nos

Ut ecclesiam tuam regere et defensare digneris   190
te rogamus audi nos

[f. 47r] Ut dompnum apostolicum et omnes gradus
ecclesie in sancta religione conservare digneris te
rogamus

Ut episcopum nostrum et gregem sibi   195
commissum conservare digneris te rogamus

Ut regi nostro et principibus nostris pacem et veram
concordiam atque victoriam donare digneris te
rogamus

Ut episcopos et abbates nostros et (omnes)   200
congregationes illis commissas in sancta religione
conservare digneris te rogamus

Ut congregationes omnium sanctorum in tuo sancto
servitio conservare digneris te rogamus

Ut cunctum populum christianum precioso   205
sanguine tuo (redemptum) conservare digneris te
rogamus

Ut omnibus benefactoribus nostris sempiterna bona
retribuas te rogamus

Ut animas nostras et parentum nostrorum ab   210
eterna dampnatione eripias te rogamus audi nos

Ut mentes nostras ad celestia desideria erigas te
rogamus

Ut obsequium servitutis nostre racionabile facias te
rogamus   215

Ut locum istum et omnes habitantes in eo visitare et
consolari digneris te rogamus

Ut fructus terre dare et conservare digneris te
rogamus

Ut inimicos sancte Dei ecclesie comprimere   220
digneris te rogamus

Ut oculos misericordie tue super nos reducere
digneris (te rogamus)

Ut miserias pauperum et captivorum intueri et
relevare digneris te rogamus   225

Ut omnibus fidelibus defunctis requiem eternam
dones te rogamus
Ut nos exaudire digneris te rogamus
Fili Dei te rogamus audi nos
Agnus Dei qui tollis peccata mundi parce   230
nobis Domine
Agnus Dei qui tollis peccata mundi exaudi nos
Domine
Agnus Dei qui tollis peccata mundi miserere nobis
Christe audi nos   235
Kyri eleyson
Christe eleyson
Kyrie eleyson

Ut omnibus fidelibus defunctis requiem eternam
dones te rogamus
Ut nos exaudire digneris te rogamus
Fili Dei te rogamus
Agnus Dei qui tollis peccata mundi parce   230
nobis Domine
Agnus Dei qui tollis peccata mundi exaudi nos
Domine
Agnus Dei qui tollis peccata mundi miserere nobis
Christe audi nos   235
Kyrieleyson
Christeleyson
Kyrieleyson

York, Benedictine Abbey of the Blessed Virgin Mary

CII   Oxford, Bodleian Library Rawl. C.553, fols. 120r–125v   c. 1400–25

[f. 120r] Kyrieleyson
Christe eleyson
Christe audi nos
Pater de celis Deus miserere (nobis)
Fili redemptor mundi Deus miserere nobis   5
Spiritus sancte Deus miserere nobis
Sancta trinitas unus Deus miserere nobis
Sancta Maria ora pro nobis
Sancta Dei genetrix ora
Sancta virgo virginum ora   10
Sancte Michael ora
Sancte Gabriel ora
Sancte Raphael ora
Omnes sancti angeli et archangeli orate
Omnes sancti beatorum spirituum ordines orate   15
(pro nobis)
Sancte Iohannes baptista ora
[f. 120v] Omnes sancti patriarche et prophete orate
pro nobis
Sancte Petre ora   20
Sancte Paule ora
Sancte Andrea ora
Sancte Iohannes ora
Sancte Jacobe ora
Sancte Philippe ora   25
Sancte Bartholomee ora
Sancte Mathee ora
Sancte Thoma ora
Sancte Jacobe ora
Sancte Symon ora   30
Sancte Taddee ora
Sancte Mathia ora
Sancte Barnaba ora
Sancte Luca ora
Sancte Marce ora   35
Omnes sancti apostoli et evangeliste orate
[f. 121r] Omnes sancti discipuli Domini orate
Omnes sancti innocentes orate
Sancte Stephane ora
Sancte Clemens ora   40
Sancte Alexander ora
Sancte Marcelle ora
Sancte Sixte ora
Sancte Laurenti ora
Sancte Ypolite cum sociis tuis ora   45
Sancte Corneli ora
Sancte Cipriane ora
Sancte Policarpe ora
Sancte Theodore ora
Sancte Vincenti ora   50
Sancte Georgi ora
Sancte Dyonisi cum sociis tuis ora

CIII   Oxford, Bodleian Library lat.liturg.g.1, fols. 140r–143r   c. 1425

[f. 140r] Kyrieleyson
Christeleyson
Christe audi nos
Pater de celis Deus miserere nobis
Fili redemptor mundi Deus miserere nobis   5
Spiritus sancte Deus miserere nobis
Sancta trinitas unus Deus miserere nobis
Sancta Maria ora
Sancta Dei genetrix ora
Sancta virgo virginum ora   10
[f. 140v] Sancte Michael ora
Sancte Gabriel ora
Sancte Raphael ora
Omnes sancti angeli et archangeli orate pro nobis
Omnes sancti beatorum spirituum ordines orate   15
pro nobis
Sancte Iohannes baptista ora
Omnes sancti patriarche et prophete orate pro
nobis
Sancte Petre ora   20
Sancte Paule ora
Sancte Andrea ora
Sancte Iohannes ora
Sancte Iacobe ora
Sancte Philippe ora   25
Sancte Bartholomee ora
Sancte Mathee ora
Sancte Thoma ora
Sancte Iacobe ora
Sancte Symon ora   30
Sancte Thadee ora
Sancte Mathia ora
Sancte Barnaba ora
Sancte Luca ora
Sancte Marce ora   35
Omnes sancti apostoli et evangeliste orate
Omnes sancti discipuli Domini orate
Omnes sancti innocentes orate
Sancte Stephane ora
Sancte Clemens ora   40
Sancte Alexander ora
Sancte Marcelle ora
Sancte Sixte ora
Sancte Laurenti ora
Sancte Ypolite cum sociis tuis ora   45
Sancte Corneli ora
Sancte Cypriane ora
Sancte Policarpe ora
Sancte Theodore ora
Sancte Vincenti ora   50
Sancte Georgi ora
[f. 141r] Sancte Dionisi cum sociis tuis ora

Sancte Maurici cum sociis tuis ora		Sancte Maurici cum sociis tuis ora	
Sancte Negasi cum sociis tuis ora		Sancte Nigasi cum sociis tuis ora	
[f. 121v] Sancte Luciane cum sociis tuis ora	55	Sancte Luciane cum sociis tuis ora	55
Sancte Eustachi cum sociis tuis ora		Sancte Eustachi cum sociis tuis ora	
Sancte Leodegari ora		Sancte Leodegari ora	
Sancte ffabiane ora		Sancte Fabiane ora	
Sancte Sebastiane ora		Sancte Sebastiane ora	
Sancte Grisogone ora	60	Sancte Grisogone ora	60
Sancte Gorgone ora		Sancte Gorgoni ora	
Sancte Saturnine ora		Sancte Saturnine ora	
Sancte Quintine ora		Sancte Quintine ora	
Sancte Gervasi ora		Sancte Gervasi ora	
Sancte Prothasi ora	65	Sancte Prothasi ora	65
Sancte Christofore ora		Sancte Christofore ora	
Sancti Marcelline et Petre orate		Sancti Marcelline et Petre orate	
Sancte Albane ora		Sancte Albane ora	
Sancte Edmunde ora		Sancte Edmunde ora	
Sancte Oswalde ora	70	Sancte Oswalde ora	70
Sancte Olave ora		Sancte Olave ora	
Sancte Thoma ora		Sancte Thoma ora	
[f. 122r] Omnes sancti martires orate		Omnes sancti martires orate	
Sancte Silvester ora		Sancte Silvester ora	
Sancte Marcialis ora	75	Sancte Marcialis ora	75
Sancte Hylari ora		Sancte Hillari ora	
Sancte Martine ora		Sancte Martine ora	
Sancte Ambrosi ora		Sancte Ambrosi ora	
Sancte Augustine ora		Sancte Augustine ora	
Sancte Damase ora	80	Sancte Damase ora	80
Sancte Leo ora		Sancte Leo ora	
Sancte Germane ora		Sancte Germane ora	
Sancte Gregori ora		Sancte Gregori ora	
Sancte Athanasi ora		Sancte Athanasi ora	
Sancte Basili ora	85	Sancte Basili ora	85
Sancte Romane ora		Sancte Romane ora	
Sancte Audoene ora		Sancte Audoene ora	
Sancte Nicholae ora		Sancte Nicholae ora	
Sancte Taurine ora		Sancte Taurine ora	
Sancte Remigi ora	90	Sancte Remigi ora	90
[f. 122v] Sancte Vedaste ora		Sancte Vedaste ora	
Sancte Amande ora		Sancte Amande ora	
Sancte Paule ora		Sancte Paule ora	
Sancte Antoni ora		[f. 141v] Sancte Antoni (ora)[160]	
Sancte Hylarion ora	95	Sancte Hillarion (ora)	95
Sancte Pacomi ora		Sancte Pachomi (ora)	
Sancte Machari ora		Sancte Machari (ora)	
Sancte Arseni ora		Sancte Arseni (ora)	
Sancte Jeronime ora		Sancte Ieronime (ora)	
Sancte Benedicte ora	100	Sancte Benedicte (ora)	100
Sancte Maure ora		Sancte Maure (ora)	
Sancte Columbane ora		Sancte Columbane (ora)	
Sancte Wandregisile ora		Sancte Wandregisile (ora)	
Sancte Philiberte ora		Sancte Philiberte (ora)	
Sancte Maiole ora	105	Sancte Maiole (ora)	105
Sancte Egidi ora		Sancte Egidi (ora)	
Sancte Leonarde ora		Sancte Leonarde (ora)	
Sancte Macloni ora		Sancte Macloni (ora)	
[f. 123r] Sancte Cuthberte ora		Sancte Cuthberte (ora)	
Sancte Iohannes ora	110	Sancte Iohannes (ora)	110

Sancte Wilfride ora		Sancte Wilfride (ora)	
Sancte Willelme ora		Sancte Willelme (ora)	
Sancte Cedda ora		Sancte Cedda (ora)	
Sancte Botulphe ora		Sancte Botulphe (ora)	
Sancte Augustine cum sociis tuis ora	115	Sancte Augustine cum sociis tuis (ora)	115
Sancte Edmunde ora		Sancte Edmunde (ora)	
Omnes sancti confessores orate		Omnes sancti confessores (orate)	
Sancta Anna ora		Sancta Anna (ora)	
Sancta Maria Magdalena ora		Sancta Maria Magdalena (ora)	
Sancta Felicitas ora	120	Sancta Felicitas (ora)	120
Sancta Perpetua ora		Sancta Perpetua (ora)	
Sancta Agatha ora		Sancta Agatha (ora)	
Sancta Agnes ora		Sancta Agnes (ora)	
Sancta Petronilla ora		Sancta Petronilla (ora)	
Sancta Cecilia ora	125	Sancta Cecilia (ora)	125
Sancta Lucia ora		Sancta Lucia (ora)	
[f. 123v] Sancta Katerina ora		Sancta Katerina (ora)	
Sancta Scolastica ora		Sancta Scolastica (ora)	
Sancta Austreberta ora		Sancta Austreberta (ora)	
Sancta Radagundis ora	130	Sancta Radegundis (ora)	130
Sancta Batildis ora		Sancta Batildis (ora)	
Sancta ffides ora		Sancta Fides (ora)	
Sancta Spes ora		Sancta Spes (ora)	
Sancta Karitas ora		Sancta Caritas (ora)	
Sancta Genovefa ora	135	Sancta Genovefa (ora)	135
Sancta Tecla ora		[f. 142r] Sancta Tecla ora	
Sancta Iuliana ora		Sancta Iuliana (ora)	
Sancta Praxedis ora		Sancta Praxedis (ora)	
Sancta Anastasia ora		Sancta Anastasia (ora)	
Sancta Cristina ora	140	Sancta Cristina (ora)	140
Sancta Prisca ora		Sancta Prisca (ora)	
Sancta Eufemia ora		Sancta Eufemia (ora)	
Sancta Margareta ora		Sancta Margareta (ora)	
Sancta Etheldreda ora		Sancta Etheldreda (ora)	
[f. 124r] Sancta Hilda ora	145	Sancta Hy(l)da (ora)	145
Sancta Bega ora		Sancta Bega (ora)	
Omnes sancte virgines orate		Omnes sancte virgines (orate)	
Omnes sancti ii orate		Omnes sancti orate pro nobis	
–		Omnes sancti orate pro nobis	
Propicius esto parce nobis Domine	150	Propitius esto parce nobis Domine	150
(Propicius esto) libera nos Domine[151]		Propitius esto libera nos Domine	
Ab omni malo libera nos Domine		Ab omni malo libera nos Domine	
Ab insidiis diaboli libera[152]		Ab insidiis diaboli libera	
A dampnatione perpetua libera[153]		A dampnacione perpetua libera	
Ab iminentibus peccatorum nostrorum	155	Ab imminentibus peccatorum nostrorum	155
periculis libera[154]		periculis libera	
Ab infestationibus demonum libera[155]		Ab infestacionibus demonum libera	
A spiritu fornicacionis libera		A spiritu fornicationis libera	
Ab appetitu inanis glorie libera		Ab appetitu inanis glorie libera	
Ab omni immundicia mentis et corporis libera	160	Ab omni inmundicia mentis et corporis libera	160
Ab ira et odio et omni mala voluntate libera[156]		Ab ira et odio et omni mala voluntate libera	
Ab inmundis cogitacionibus libera		Ab inmundis cogitacionibus libera	
A cecitate cordis libera		A cecitate cordis libera	
A fulgure et tempestate libera		A fulgure et tempestate libera	
A subitanea et eterna morte libera	165	A subitanea et eterna morte libera	165
[f. 124v] Per misterium sancte incarnacionis tue		Per misterium sancte incarnacionis tue libera	
libera (nos Domine)		(nos Domine)	
Per passionem et crucem tuam libera		Per passionem et crucem tuam libera	

Per gloriosam resurrectionem tuam libera
Per admirabilem ascensionem tuam libera 170
Per gratiam sancti spiritus paracliti libera[157]
In hora mortis succurre nobis Domine
In die iudicii libera nos Domine
Peccatores te rogamus audi nos
Ut pacem nobis dones te rogamus 175
Ut misericordia et pietas tua nos custodiat te
rogamus
Ut ecclesiam tuam regere et defensare digneris te
rogamus
Ut dompnum apostolicum et omnes gradus 180
ecclesie in sancta religione conservare digneris te
rogamus
Ut regibus et principibus nostris pacem et veram
concordiam atque victoriam donare digneris te
rogamus 185
Ut episcopos et abbates nostros et omnes congre[f.
125r]gaciones illis commissas in sancta religione
conservare digneris te rogamus
Ut congregaciones omnium sanctorum in tuo sancto
servicio conservare digneris te rogamus 190
Ut cunctum populum (christianum precioso
sanguine tuo redemptum conservare digneris te
rogamus)[158]
Ut omnibus benefactoribus nostris sempiterna
bona retribuas te rogamus 195
Ut animas nostras et parentum nostrorum ab
eterna dampnacione eripias te rogamus
Ut aeris serenitatem (nobis dones te rogamus)[159]
Ut fructus terre dare et conservare digneris te
rogamus 200
Ut oculos misericordie tue super nos reducere
digneris te rogamus
Ut obsequium servitutis nostre racionabile facias te
rogamus
Ut mentes nostras ad celestia desideria erigas 205
te rogamus
Ut miserias pauperum et captivorum intueri et
relevare digneris te rogamus
Ut regularibus disciplinis nos instruere digneris te
rogamus 210
Ut omnibus fidelibus [f. 125v] defunctis requiem
eternam dones te rogamus
Ut nos exaudire digneris te rogamus
Fili Dei ii te rogamus
Agnus Dei qui tollis peccata mundi parce 215
nobis Domine
Agnus Dei qui tollis peccata mundi exaudi nos
Domine
Agnus Dei qui tollis peccata mundi miserere nobis
Christe audi nos 220
Kyrieleyson
Christeleyson
Kyrieleyson

–
Per admirabilem ascensionem tuam libera 170
Per gratiam sancti spiritus paracliti libera
In hora mortis succurre nobis Domine
In die iudicii libera
Peccatores te roga[f. 142v]mus audi nos
Ut pacem nobis dones te rogamus 175
Ut misericordia et pietas tua nos custodiat te
rogamus
Ut ecclesiam tuam regere et defensare digneris te
rogamus
Ut dompnum apostolicum et omnes gradus 180
ecclesie in sancta religione conservare digneris te
rogamus
Ut regibus et principibus nostris pacem et veram
concordiam atque victoriam donare digneris te
rogamus 185
Ut episcopos et abbates nostros et omnes
congregaciones illis commissas in sancta religione
conservare digneris te rogamus
Ut congregaciones omnium sanctorum in tuo sancto
servicio conservare digneris te rogamus 190
Ut cunctum populum christianum precioso
sanguine tuo redemptum conservare digneris te
rogamus
Ut omnibus benefactoribus nostris sempiterna
bona retribuas te rogamus 195
Ut animas nostras et parentum nostrorum ab
eterna dampnacione eripias te rogamus
Ut aeris serenitatem nobis dones te rogamus
Ut fructus terre dare et conservare digneris te
rogamus 200
Ut oculos misericordie tue super nos reducere
digneris te rogamus
Ut obsequium servitutis tue rationabile facias te
rogamus
Ut mentes nostras ad celestia desideria erigas 205
te rogamus
Ut miserias pauperum et captivorum intueri et
relevare digneris te rogamus
[f. 143r] Ut regularibus disciplinis nos instruere
digneris te rogamus 210
Ut omnibus fidelibus defunctis requiem eternam
dones te rogamus
Ut nos exaudire digneris te rogamus
Fili Dei te rogamus ii
Agnus Dei qui tollis peccata mundi p(arce) 215
n(obis Domine)
Agnus Dei qui tollis peccata mundi ex(audi) n(os)
Do(mine)
Agnus Dei qui tollis peccata mundi miserere no(bis)
Christe audi nos 220
Kyrieleyson
Christeleyson
Kyrieleyson

UNIDENTIFIED HOUSES

Carthusian Litany from an unidentified house, but perhaps Hinton

CIV   Cambridge, Fitzwilliam Museum 246, fols. 213v–215v   c. 1275

[f. 213v] Kyrie leyson[161]
Christe leyson
Kyrie leyson
Christe audi nos
Pater de celis Deus miserere nobis   5
Fili redemptor mundi Deus miserere nobis
[f. 214r] Spiritus sancte Deus miserere nobis
Sancta trinitas unus Deus miserere nobis
Sancta Maria ora pro nobis
Sancta Dei genetrix ora   10
Sancta virgo virginum ora
Sancte Michael ora
Sancte Gabriel ora
Sancte Raphael ora
Omnes sancti beatorum spirituum ordines   15
orate
Sancte Iohannes baptista ora
Omnes sancti patriarche et prophete orate
Sancte Petre ora
Sancte Paule ora   20
Sancte Andrea ora
Sancte Jacobe ora
Sancte Johannes ora
Sancte Philippe ora
Sancte Bartholomee ora   25
Sancte Mathee ora
Sancte Thoma ora
Sancte Jacobe ora
Sancte Symon ora
Sancte Thaddee ora   30
Sancte Mathia ora
Sancte Luca ora
Sancte Marche ora
Omnes sancti apostoli et evangeliste orate pro nobis
Sancte Stephane ora   35
Sancte Clemens ora
Sancte Sixte ora
Sancte Corneli ora
Sancte Cipriane ora
Sancte Laurenti ora   40
[f. 214v] Sancte Vincenti ora
Sancte Ignasci ora
Sancte Fabiane ora
Sancte Sebastiane ora
Sancte Maurici cum sociis tuis ora   45
Sancte Dionisii cum sociis tuis ora
Omnes sancti martyres orate pro nobis
Sancte Silvester ora
Sancte Gregori ora
Sancte Martine ora   50

Sancte Nicholae ora
Sancte Hilari ora
Sancte Remigi ora
Sancte Ambrosi ora
Sancte Augustine ora   55
Sancte Paule ora
Sancte Antoni ora
Sancte Hilarion ora
Sancte Benedicti ora
Omnes sancti confessores orate pro nobis   60
Sancta Felicitas ora
Sancta Perpetua ora
Sancta Agata ora
Sancta Agnes ora
Sancta Lucia ora   65
Sancta Cecilia ora
Sancta Anastasia ora
Sancta Blandina ora
Sancta Scolastica ora
Sancta Eufemia ora   70
Sancta Petronilla ora
Sancta Maria Magda[f. 215r]lena ora
Omnes sancte virgines et continentes orate
pro nobis
Omnes sancti orate pro nobis   75
Propicius esto parce nobis Domine
Propicius esto libera nos Domine
Ab insidiis diaboli libera nos Domine
A concupiscencia iniqua libera
A spiritu fornicationis libera   80
A spiritu superbie libera
Ab omni inmundicia mentis et corporis libera
A ventura ira libera
Ab omni malo libera
Per nativitatem tuam libera   85
Per passionem et crucem tuam libera
Per gloriosam resurrectionem tuam libera
Per admirabilem ascensionem tuam libera
Per adventum spiritus paracliti libera
In die iudicii libera   90
Peccatores te rogamus audi nos
Ut pacem et concordiam nobis dones te rogamus
audi nos
Ut misericordia et pietas tua nos custodiat te
rogamus   95
[f. 215v] Ut spatium penitentie et emendationem vite
nobis dones te rogamus
Ut gratiam sancti spiritus cordibus nostris infunde
digneris te rogamus
Ut cunctum populum christianum precioso   100

138

sanguine tuo redemptum conservare (digneris) te
rogamus
Ut ecclesiam tuam regere et defensare digneris te
rogamus
Ut cunctis fidelibus defunctis requiem   105
eternam donare digneris te rogamus
Ut nos exaudire digneris te rogamus
Fili Dei te rogamus
Agnus Dei qui tollis peccata mundi parce
nobis Domine   110

Agnus Dei qui tollis peccata mundi libera nos
Domine
Agnus Dei qui tollis peccata mundi dona
nobis pacem
(K)yrie leyson   115
Christe leyson
Kyrie leyson

Carthusian Litany from an unidentified house

CV Hatfield House, Marquess of Salisbury CP 292, fols. 19v–20v c. 1510–25

[f. 19v] Kyrieleyson
Christeleyson
Kyrieleyson
Christe audi nos
Pater de celis Deus miserere nobis 5
Fili redemptor mundi Deus miserere nobis
Spiritus sancte Deus miserere nobis
Sancta trinitas unus Deus miserere nobis
Sancta Maria ora pro nobis
Sancta Dei genetrix ora pro (nobis) 10
Sancta virgo virginum ora
Sancte Michael ora
Sancte Gabriel ora
Sancte Raphael ora
Omnes sancti beatorum spirituum ordines 15
orate
Sancte Johannes baptista ora
Omnes sancti patriarche et prophete orate
Sancte Petre ora
Sancte Paule ora 20
Sancte Andrea ora
Sancte Jacobe ora
Sancte Johannes ora
Sancte Phillippe ora
Sancte Bartholomee ora 25
Sancte Mathee ora
Sancte Thoma ora
Sancte Jacobe ora
Sancte Symon ora
Sancte Thadee ora 30
Sancte Mathia ora
Sancte Barnaba ora
Sancte Luca ora
Sancte Marce ora
Omnes sancti apostoli et evangeliste orate 35
Sancte Stephane ora
Sancte Clemens ora
Sancte Sixte ora
Sancte Corneli ora
Sancte Cipriane ora 40
Sancte Thoma ora
Sancte Laurenti ora
Sancte Vincenti ora
[f. 20r] Sancte Ignaci ora
Sancte ffabiane ora 45
Sancte Sebastiane ora
Sancte Dionisi cum sociis tuis ora[162]
Sancte Maurici cum sociis tuis ora
Sancte Georgi ora[163]
Omnes sancti martires orate 50
Sancte Silvester ora
Sancte Gregori ora
Sancte Jeronime ora

Sancte Martine ora
Sancte Nicholae ora 55
Sancte Hillari ora
Sancte Remigi ora
Sancte Ambrosi ora
Sancte Augustine ora
Sancte Hugo ii ora[164] 60
Sancte Edmunde ora
Sancte Paule ora
Sancte Antoni ora
Sancte Hillarion ora
Sancte Benedicte ora 65
Sancte Bruno ora[165]
Omnes sancti confessores orate
Sancta Anna ora
Sancta ffelicitas ora
Sancta Perpetua ora 70
Sancta Agatha ora
Sancta Agnes ora
Sancta Lucia ora
Sancta Cecilia ora
Sancta Anastasia ora 75
Sancta Blandina ora
Sancta Scolastica ora
Sancta Eufemia ora
Sancta Petronilla ora
Sancta Maria Magdalena ora 80
Sancta Katerina ora
Sancta Margareta ora
Omnes sancte virgines et continentes orate
Omnes sancti ii orate pro (nobis)
Propicius esto parce nobis Domine 85
Propicius esto libera nos Domine
Ab insidiis diaboli libera
A concupiscencia iniqua libera
A spiritu fornicacionis libera
A spiritu superbie ora 90
Ab omni inmundicia mentis et corporis libera
A ventura ira libera
Ab omni malo libera
Per nativitatem tuam libera
Per passionem et crucem tuam libera 95
Per gloriosam resurrecionem tuam libera
Per admirabilem ascensionem tuam libera
Per adventum spiritus paracliti libera
Peccatores te rogamus audi nos
Ut pacem et concordiam nobis dones te 100
rogamus
Ut misericordia et pietas tua nos custodiat te
rogamus
[f. 20v] Ut spacium penitencie et emendacionem
vite nobis dones te rogamus 105
Ut graciam sancti spiritus cordibus nostris

140

infundere digneris te rogamus
Ut ecclesiam tuam regere et defensare
digneris te rogamus
Ut regem nostrum et totum regnum suum ab   110
omni inimicorum invasione omnique divisione
defensare eique cunctos adversarios suos
pacificare digneris te rogamus
Ut cunctum populum christianum precioso
sanguine tuo redemptum conservare digneris   115
te rogamus
Ut cunctis fidelibus defunctis requiem eternam
donare digneris te rogamus

Ut nos exaudire digneris te rogamus
Fili Dei te rogamus   120
Agnus Dei qui tollis peccata mundi parce nobis
Domine
Agnus Dei qui tollis peccata mundi libera nos
Domine
Agnus Dei qui tollis peccata mundi dona   125
nobis pacem
Kyrieleyson
Christeleyson
Kyrieleyson

Benedictine Litany from an unidentified nunnery, but perhaps Ickleton

CVI   Cambridge, St John's College T.9.1, fols. 1r–3r   c. 1516–36

[f. 1r] Kyrieleyson
Christeleyson
Christe audi nos
Christe exaudi nos
Christe adiuva nos   5
Pater de celis Deus miserere nobis
ffili redemptor mundi Deus miserere nobis
Spiritus sancte Deus miserere nobis
Sancta trinitas unus Deus miserere nobis
Sancta Maria ora pro nobis   10
Sancta Dei genetrix ora pro nobis
Sancta virgo virginum ora pro nobis
Sancte Michael ora
Sancte Gabriel ora
Sancte Raphael ora   15
Omnes sancti angeli et archangeli Dei orate pro
nobis
Omnes sancti patriarche et prophete orate pro nobis
Sancte Petre ora
Sancte Paule ora[166]   20
Sancte Andrea ora
Sancte Iohannes ora
Sancte Jacobe ora
Sancte Philippe ora
Sancte Bartholomee ora   25
Sancte Mathee ora
Sancte Thoma ora
Sancte Jacobe ora
Sancte Symon ora
Sancte Thadee ora   30
Sancte Mathia ora
Sancte Barnaba ora
Sancte Luca ora
Sancte Marce ora
Omnes sancti apostoli et evangeliste orate pro   35
nobis
Sancte Stephane ora
Sancte Albane ora
Sancte Clemens ora
Sancte Alexander ora   40
Sancte Marcelle ora
Sancte Sixte ora
Sancte Laurenti ora
Sancte Ypolite cum sociis tuis ora
Sancte Corneli ora   45
Sancte Cypriane ora
Sancte Policarpe ora
Sancte Theodore ora
Sancte Vincenti ora
Sancte George ora   50
Sancte Alphege ora
Sancte Thoma ora
Sancte Oswalde ora

Sancte Oswyne ora
[f. 1v] Sancte Edmunde ora   55
Sancte Dionisi cum sociis tuis ora
Sancte Maurici cum sociis tuis ora
Sancte Nigasi cum sociis tuis ora
Sancte Luciane cum sociis tuis ora
Sancte Eustachi cum sociis tuis ora   60
Sancte Leodegari ora
Sancte ffabiane ora
Sancte Sebastiane ora
Sancte Grisogone ora
Sancte Gorgoni ora   65
Sancte Saturnine ora
Sancte Quintine ora
Sancte Gervasi ora
Sancte Prothasi ora
Sancte Cristofore ora   70
Sancti Marcelline et Petre orate
Sancti Johannes et Paule orate
Sancti Cosma et Damiane orate
Sancte Blasi ora
Sancte Petre ora   75
Omnes sancti martires orate
Sancte Silvester ora
Sancte Marcialis ora
Sancte Hylari ora
Sancte Martine ora   80
Sancte Brici ora
Sancte Ambrosi ora
Sancte Augustine ora
Sancte Germane ora
Sancte Damasi ora   85
Sancte Leo ora
Sancte Lazari ora
Sancte Gregori ora
Sancte Athanasi ora
Sancte Basili ora   90
Sancte Augustine cum sociis tuis ora
Sancte Spictine ora[167]
Sancte Cuthberte ora
Sancte Dunstane ora
Sancte Romane ora   95
Sancte Audoene ora
Sancte Nicolae ora
Sancte Taurine ora
Sancte Remigi ora
Sancte Paule ora   100
Sancte Antoni ora
Sancte Hylarion ora
Sancte Pachomi ora
Sancte Machari ora
Sancte Arceni ora   105
Sancte Jeronime ora

Sancte Benedicte ora
Sancte Maure ora
Sancte Columbane ora
Sancte Wandragesile ora 110
Sancte Philiberte ora
[f. 2r] Sancte Leonarde ora
Sancte Maiole ora
Sancte Egedi ora
Sancte Botulphe ora 115
Sancte Neote ora
Sancte ffrancisce ora
Sancte Gudlace ora[168]
Sancte Edmunde ora
Omnes sancti confessores orate 120
Omnes sancti monachi et heremite orate pro
nobis
Sancta Maria Magdalene ora
Sancta Anna ora
Sancta Maria Egypciaca ora 125
Sancta ffelicitas ora
Sancta Perpetua ora
Sancta Martha ora
Sancta Agatha ora
Sancta Agnes ora 130
Sancta Petronilla ora
Sancta Cecilia ora
Sancta Lucia ora
Sancta Scolastica ora
Sancta Radegundis ora 135
Sancta Batildis ora
Sancta ffides ora
Sancta Spes ora
Sancta Caritas ora
Sancta Genovepha ora 140
Sancta Tecla ora
Sancta Juliana ora
Sancta Praxedis ora
Sancta Anastasia ora
Sancta Cristina ora 145
Sancta Prisca ora
Sancta Eufemia ora
Sancta Katerina ora
Sancta Margareta ora
Sancta Astreberta ora 150
Sancta Ethildreda ora
Sancta Wytburga ora
Sancta Sexburga ora
Sancta Armenilda ora
Sancta ffridiswyda ora 155
Sancta Osytha ora
Sancta Eadburga ora
Sancta Ethilburga ora
Sancta Helena ora
Sancta Brigida ora 160
Sancta Mildreda ora
Sancta Modwenna ora
Sancta Susanna ora
Sancta Clara ora

Sancta Elizabeth ora 165
[f. 2v] Sancta Barbara ora
Sancta Ursula cum sociis tuis ora
Omnes sancte virgines orate
Omnes sancti et sancte Dei orate
Propicius esto parce nobis Domine 170
Propicius esto libera nos Domine
Ab omni malo libera nos Domine
Ab insidiis diaboli ora
A dampnacione perpetua ora
Ab imminentibus peccatorum nostrorum 175
periculis libera
Ab infestacionibus demonum libera
A spiritu fornicacionis libera
Ab appetitu inanis glorie libera
Ab omni inmundicia mentis et corporis libera 180
Ab ira et odio et omni mala voluntate libera
Ab inmundis cogitacionibus libera
A cecitate cordis libera
A fulgure et tempestate libera
A subitanea et improvisa morte libera 185
Per misterium sancte incarnacionis tue libera
Per passionem et crucem tuam (libera)
Per piissimam mortem tuam libera
Per gloriosam resurrectionem tuam libera
Per admirabilem ascensionem tuam libera 190
Per graciam sancti spiritus paracliti libera
In hora mortis succurre nobis Domine
In die iudicii libera
Peccatores te rogamus audi nos
Ut pacem nobis dones te rogamus 195
Ut misericordia et pietas tua nos custodiat te
rogamus
Ut ecclesiam tuam regere et defensare digneris
(te rogamus)
Ut dompnum apostolicum et omnes gradus 200
ecclesie in sancta religione conservare digneris
te rogamus
Ut regibus et principibus nostris pacem et veram
concordiam atque victoriam donare digneris te
rogamus 205
Ut episcopos et abbates nostros et omnes
congregaciones illis commissas in sancta
religione conservare digneris te rogamus
Ut congregaciones omnium sanctorum in tuo
sancto servicio conservare digneris (te 210
rogamus)
Ut cunctum populum christianum precioso
sanguine tuo redemptum conservare digneris te
rogamus
Ut omnibus benefactoribus nostris sempiterna 215
bona retribuas te rogamus
Ut animas nostras et parentum nostrorum ab
eterna dampnacione eripias te rogamus[169]
Ut locum istum et omnes habitantes in eo visitare
et consolari [f. 3r] digneris te rogamus 220
Ut fructus terre dare et conservare digneris te
rogamus

Ut oculos misericordie tue super nos reducere
digneris te rogamus
Ut obsequium servitutis nostre racionabile   225
facias te rogamus
Ut mentes nostras ad celestia desideria erigas
te rogamus
Ut miserias pauperum et captivorum tuorum
intueri et relevari digneris te rogamus   230
Ut regularibus disciplinis nos instruere digneris
te rogamus
Ut omnibus fidelibus defunctis requiem eternam
dones te rogamus

Ut nos exaudiri (sic!) digneris (te rogamus)   235
Fili Dei te rogamus
Agnus Dei qui tollis peccata mundi parce
nobis Domine
Agnus Dei qui tollis peccata mundi exaudi nos
Domine   240
Agnus Dei qui tollis peccata mundi miserere
nobis
Christe audi nos
Kyrieleyson
Christeleyson   245
Kyrieleyson

Cluniac Litany from an unidentified house

CVII   London, British Library Add. 49363, fols. 187r–188v   c. 1280–1300

[f. 187r] Kyrieleyson
Kyrieleison[170]
Kyrieleison
Christe audi nos
Pater de celis Deus miserere nobis   5
Fili redemptor mundi Deus miserere nobis
Spiritus sancte Deus miserere nobis
Sancta trinitas unus Deus miserere nobis
Sancta Maria ora pro nobis
Sancta Dei genetrix ora   10
Sancta virgo virginum ora
Sancte Michael ora
Sancte Gabriel ora
Sancte Raphael ora
Omnes sancti angeli et archangeli orate pro   15
(nobis)
Omnes sancti beatorum spirituum (ordines) orate
pro nobis
Sancte Iohannes baptista ora pro nobis
Omnes patriarchi (sic!) et prophete orate pro   20
nobis
Sancte Petre ora
Sancte Paule ora
Sancte Andrea ora
Sancte Johannes ora   25
Sancte Jacobe ora
Sancte Philipe ora pro nobis
Sancte Bartholomee ora
Sancte Mathee ora
Sancte Thoma ora   30
Sancte Jacobe ora
Sancte Symon ora
Sancte Thadee ora
Sancte Mathia ora
Sancte Barnaba ora   35
Sancte Luca ora
Sancte Marce ora
Omnes sancti apostoli et euangeliste orate
Omnes sancti discipuli Domini orate pro nobis
Omnes sancti innocentes orate pro nobis   40
Sancte Stephane ora
Sancte Clemens ora
Sancte Alexander ora
Sancte Marcelle ora
Sancte Austremoni ora   45
Sancte Ignaci ora
Sancte Iuviniane ora
Sancte Marine ora
Sancte Laurenti ora
Sancte Vincenti ora   50
Sancte Eadmunde ora
Sancte Thoma ora
Sancte Aelfege ora

[f. 187v] Sancte Albine ora[171]
Sancte Marcelle ora   55
Sancte Quintine ora
Sancte Pancraci ora
Sancte Maurici cum sociis tuis ora
Sancte Hirenee cum sociis tuis ora
Sancte Dionisii cum sociis tuis ora   60
Sancte Leodegari ora
Sancte Blasi ora
Sancte Juliane ora
Sancte Sebastiane ora
Sancte Fortunate ora   65
Sancte (sic!) Crispine et Crispiniane orate
Sancte (sic!) Savininia et Po(tentiana) orate
Sancte (sic!) Marcell(in)i et Petri orate
Sancte (sic!) Gervasi et Prothasi orate
Sancti Iohannes et Paule orate   70
Sancti Cosma et Damiane orate
Omnes sancti martires orate
Sancte Silvester ora
Sancte Hylari ora
Sancte Marthine ora   75
Sancte Marcialis ora
Sancte Gregori ora
Sancte Amator ora
Sancte Germane ora
Sancte Thaurine ora   80
Sancte Aquiline ora
Sancte Ambrosi ora
Sancte Augustine ora
Sancte Jeronime ora
Sancte Eucheri ora   85
Sancte Nicholae ora
Sancte Dunstane ora
Sancte Swithine ora
Sancte Albine ora
Sancte Cutberte ora   90
Sancte Benedicte ora
Sancte Maure ora
Sancte Philiberte ora
Sancte Columbane ora
Sancte Egidi ora   95
Sancte Odo ora
Sancte Maiole ora
Sancte Odilo ora
Sancte Hugo ora
Sancte Leonarde ora   100
Sancte Geralde ora
Omnes sancti confessores orate pro nobis
Sancta Maria Magdalena ora
Sancta Felicitas ora
Sancta Perpetua ora   105
Sancta Agatha ora

Sancta Agnes ora
Sancta Cecilia ora
Sancta Katerina ora
Sancta Lucia ora   110
Sancta Margareta ora
Sancta Scolastica ora
Sancta Mildburga ora
Sancta Mildreda ora
Sancta Radegundis ora   115
Sancta Walburgis ora
Sancta Florencia ora
[f. 188r] Sancta Consorcia ora
Sancta Daria ora
Sancta Columba ora   120
Omnes sancte virgines orate
Omnes sancti orate
Propicius esto parce nobis Domine
Ab omni malo libera nos Domine
Ab insidiis diaboli libera   125
A dampnatione perpetua libera
Ab iminentibus peccatorum (nostrorum) periculis
libera
Ab infestationibus demonum libera
A spiritu fornicationis libera   130
Ab apetitu inanis glorie libera
Ab omni imundicia mentis et corporis libera
Ab ira et odio et omnia mala voluntate (libera)
Ab inmundis cogitacionibus libera
A cecitate cordis libera   135
A fulgure et tempestate libera
Per misterium sancte incarnationis tue libera nos
Domine
Per passionem et crucem tuam (libera)
Per gloriosam resurrectionem tuam (libera)   140
Per admirabilem ascencionem tuam libera nos
Domine
Per gratiam sancti spiritus paracliti (libera)
In die iudicii libera
Peccatores te rogamus (audi nos)   145
Ut pacem nobis dones te rogamus
Ut misericordia et pietas tua nos custodiat te
rogamus
Ut ecclesiam tuam regere et defensare digneris te
rogamus   150

Ut dompnum apostolicum et omnes gradus
ecclesie in sancta religione conservare digneris te
rogamus
Ut regibus et principibus nostris pacem et veram
concordiam at(que) victoriam eis donare   155
digneris te rogamus
Ut episcopos et abbates nostros et omnes
congregationes illis commissas in sancta religione
conservare digneris te rogamus
Ut congregationes omnium sanctorum in tuo   160
sancto servitio conservare digneris te rogamus
Ut cunctum populum christianum precioso
sanguine redemptum precioso sanguine tuo
redemptum conservare digneris te rogamus[172]
Ut omnibus benefactoribus nostris sempiterna   165
bona retribuas te rogamus
Ut animas nostras et parentum nostrorum ab
eterna dampnatione eripias te rogamus
Ut fructus terre dare et conservare digneris te
rogamus   170
Ut oculos misericordie tue super nos reducere
digneris te rogamus
Ut obsequ(ium serv)itutis nostre rationabile facias
te rogamus
Ut mentes nostras ad celestia desideria erigas   175
(te rogamus)
Ut miserias pauperum et captivorum intuere (sic!)
et relevare digneris te rogamus
Ut regularibus disciplinis nos instruere digneris
te rogamus   180
Ut omnibus fidelibus defunctis requiem eternam
dones te rogamus
Ut nos exaudire digneris te rogamus
Fili Dei ii te rogamus
Agnus Dei qui tollis peccata mundi [f. 188v]   185
parce nobis Domine
Agnus Dei qui tollis peccata mundi exaudi nos
Domine
Agnus Dei qui tollis peccata mundi miserere
nobis   190
Christe audi nos
Kyrieleison
Christeleison
Kyrieleison

Cluniac Litany from an unidentified house

CVIII   London, Lambeth Palace Library 427, fols. 202v–204v   c. 1375–1425

[f. 202v] Kyrie leyson
Christe eleyson
Christe audi nos
Pater de celis Deus miserere nobis
Fili redemptor mundi Deus miserere nobis   5
Spiritus sancte Deus miserere nobis
Sancta trinitas unus Deus miserere nobis
Sancta Maria ora
Sancta Dei genetrix ora
Sancta virgo virginum ora   10
Sancte Michael ora
Sancte Gabriel ora
Sancte Raphael ora
Omnes sancti angeli et archangeli orate
Omnes sancti beatorum spirituum ordines   15
orate pro nobis
Sancte Iohannes baptista ora
Omnes sancti patriarche et prophete orate pro nobis
Sancte Petre ora
Sancte Paule ora   20
Sancte Andrea ora
Sancte Iohannes ora
Sancte Jacobe ora
Sancte Philippe ora
[f. 203r] Sancte Bartholomee ora   25
Sancte Mathee ora
Sancte Thoma ora
Sancte Jacobe ora
Sancte Symon ora
Sancte Thaddee ora   30
Sancte Mathia ora
Sancte Barnaba ora
Sancte Luca ora
Sancte Marce ora
Omnes sancti apostoli et evangeliste orate pro   35
nobis
Sancte Marcialis ora
Omnes sancti discipuli Domini orate pro nobis
Omnes sancti innocentes orate pro nobis
Sancte Stephane ora   40
Sancte Thoma ora
Sancte Pancrati ora
Sancte Clemens ora
Sancte Alexander ora
Sancte Marcelle ora   45
Sancte Austremoni ora
Sancte Marine ora
Sancte Laurenti ora
Sancte Vincenti ora
Sancte Marcelle ora   50
Sancte Quintine ora
Sancte Aedmunde ora
Sancte Olave ora

Sancte Albane ora
Sancte Maurici cum sociis tuis ora   55
Sancte Yrenee cum sociis tuis ora
Sancte Dionisi cum sociis tuis ora
Sancte Luciane cum sociis tuis ora
Sancte Leodegari ora
Sancte Iuliane ora   60
Sancte Sebastiane ora
Sancte Georgi ora
Sancte Pantaleon ora
Sancte Fortunate ora
Sancti Marcelline et Petre orate pro nobis   65
Sancti Nazari et Celse orate pro nobis
Omnes sancti martires orate pro nobis
Sancte Silvester ora
Sancte Ylari ora
Sancte Martine ora   70
Sancte Gregori ora
Sancte Germane ora
Sancte Taurine ora
Sancte Aquiline ora
Sancte Ambrosi ora   75
[f. 203v] Sancte Augustine ora
Sancte Jeronime ora
Sancte Eucheri ora
Sancte Eligi ora
Sancte Nicholae ora   80
Sancte Flore ora
Sancte Augustine ora
Sancte Dunstane ora
Sancte Cuthberte ora
Sancte Aedmunde ora   85
Sancte Benedicte ii ora
Sancte Maure ora
Sancte Antoni ora[173]
Sancte Philiberte ora
Sancte Columbane ora   90
Sancte Egidi ora ora
Sancte Oddo ora
Sancte Mayole ora
Sancte Odilo ora
Sancte Hugo ora   95
Sancte Geralde ora
Sancte Leonarde ora
Sancte Guhtlace ora
Sancte Bernarde ora
Omnes sancti confessores orate pro nobis   100
Omnes sancti monachi et heremite orate pro
nobis[174]
Sancta Maria Magdalena ora[175]
Sancta Anna ora
Sancta Martha ora   105
Sancta Felicitas ora

Sancta Perpetua ora
Sancta Agatha ora
Sancta Agnes ora
Sancta Cecilia ora   110
Sancta Lucia ora
Sancta Barbara ora
Sancta Cirilla ora
Sancta Scolastica ora
Sancta Etheldreda ora   115
Sancta Mildburga ora
Sancta Radegundis ora
Sancta Walburgis ora
Sancta Florencia ora
Sancta Consortia ora   120
Sancta Daria ora
Sancta Columba ora
Sancta Fides ora
Sancta Katerina ora
Sancta Margareta ora   125
Omnes sancte virgines orate pro nobis[176]
Omnes sancti ii orate[177]
[f. 204r] Propicius esto (parce nobis Domine)
Ab insidiis diaboli ora
A dampnacione perpetua libera   130
Ab imminentibus peccatorum nostrorum
periculis libera
Ab infestacionibus demonum libera
A spiritu fornicacionis libera
Ab appetitu inanis glorie libera   135
Ab omni inmundicia mentis et corporis libera
Ab ira et odio et omni mala voluntate libera
Ab inmundis cogitacionibus libera
A cecitate cordis libera
A fulgure et tempestate libera   140
Per misterium sancte incarnacionis tue libera
nos Domine
Per passionem et crucem tuam libera
Per gloriosam resurrexionem tuam libera
Per admirabilem ascensionem tuam libera   145
Per gratiam sancti spiritus paracliti libera
In die iudicii libera
Peccatores te rogamus[178]
Ut pacem nobis dones te rogamus audi nos
Ut misericordia et pietas tua nos custodiat te   150
rogamus
Ut ecclesiam tuam regere et defensare digneris te
rogamus audi nos

Ut dompnum apostolicum et omnes gradus
ecclesie in sancta religione conservare   155
digneris te rogamus
Ut regibus et principibus nostris pacem et veram
concordiam atque victoriam donare digneris te
rogamus
Ut episcopos et abbates nostros et omnes   160
congregaciones illis commissas in sancta
religione conservare digneris te rogamus
[f. 204v] Ut congregaciones omnium sanctorum
in tuo sancto servicio conservare digneris te
rogamus[179]   165
Ut cunctum populum christianum precioso
sanguine tuo redemptum conservare digneris te
rogamus
Ut omnibus benefactoribus nostris sempiterna
bona retribuas te rogamus audi nos   170
Ut animas nostras et parentum nostrorum ab
eterna dampnacione eripias te rogamus
Ut fructus terre dare et conservare digneris te
rogamus
Ut oculos misericordie tue super nos   175
reducere digneris te rogamus
Ut obsequium servitutis nostre rationabile facias
te rogamus
Ut mentes nostras ad celestia desideria erigas te
rogamus   180
Ut miserias pauperum et captivorum intueri et
revelare digneris te rogamus
Ut regularibus disciplinis nos instruere digneris te
rogamus
Ut locum istum et omnes habitantes in eo   185
visitare et consolari digneris te rogamus
Ut omnibus fidelibus defunctis requiem eternam
dones te rogamus
Ut nos exaudire digneris te rogamus
Fili Dei te rogamus audi nos   190
Agnus Dei qui tollis peccata mundi parce nobis
Domine
Agnus Dei (qui tollis peccata mundi) exaudi nos
Domine
Agnus Dei (qui tollis peccata mundi)   195
miserere nobis
Christe audi nos
Kyrie eleyson
Christe eleyson
Kyrie eleyson   200

Cluniac Litany from an unidentified house

CIX   New Haven, Beinecke Library, Yale University 10, fols. 69v–78v   c. 1430–60

[f. 69v] Kyrieleyson
Christeleyson
Christe audi nos
Pater de celis [f. 70r] Deus miserere nobis
Fili redemptor mundi Deus miserere nobis 5
Spiritus sancte Deus miserere nobis
Sancta trinitas unus Deus miserere nobis
Sancta Maria ora pro nobis
Sancta Dei genetrix ora pro nobis
Sancta virgo virginum ora 10
Sancte Michael ora
Sancte Gabriel ora
Sancte Raphael ora
[f. 70v] Omnes sancti angeli et archangeli orate
pro nobis 15
Omnes sancti beatorum spirituum ordines orate
pro nobis
Sancte Johannes baptista ora
Omnes sancti patriarche et prophete orate pro
nobis 20
Sancte Petre ii ora[180]
Sancte Paule ora
Sancte Andrea ora
Sancte Johannes ora
Sancte Jacobe ora 25
[f. 71r] Sancte Philippe ora
Sancte Bartholomee ora
Sancte Mathee ora
Sancte Thoma ora
Sancte Jacobe ora 30
Sancte Symon ora
Sancte Taddee ora
Sancte Mathia ora
Sancte Barnaba ora
Sancte Luca ora 35
Sancte Marce ora
Omnes sancti apostoli et euuange[f. 71v]liste orate
pro nobis
Sancte Marcialis ora
Omnes sancti discipuli Domini orate 40
Omnes sancti innocentes orate
Sancte Stephane ora
Sancte Thoma ora[181]
Sancte Pancrasi ora
Sancte Clemens ora 45
Sancte Alexander ora
Sancte Marcelle ora
Sancte Austremoni ora
Sancte Marine ora
[f. 72r] Sancte Laurenti ora 50
Sancte Vincenti ora
Sancte Marcelle ora
Sancte Quintine ora

Sancte Edmunde ora
Sancte Olave ora 55
Sancte Albane ora
Sancte Maurici cum sociis tuis ora pro nobis
Sancte Yrenee cum sociis tuis ora
Sancte Dionisi cum sociis tuis ora
Sancte Luciane cum sociis tuis ora 60
[f. 72v] Sancte Leodegari ora
Sancte Juliane ora
Sancte Sebastiane ora
Sancte Georgi ora
Sancte Pantaleon ora 65
Sancte ffortunace ora
Sancti Marcelline et Petre orate pro nobis
Sancti Nazari et Celse orate
Omnes sancti martires orate
Sancte Silvester ora 70
Sancte Ylari ora
[f. 73r] Sancte Martine ora
Sancte Gregori ora
Sancte Germane ora
Sancte Taurine ora 75
Sancte Aquiline ora
Sancte Ambrosi ora
Sancte Augustine ora
Sancte Jeronime ora
Sancte Eucheri ora 80
Sancte Eligi ora
Sancte Nicholae ora
Sancte fflore ora
[f. 73v] Sancte Augustine ora
Sancte Dunstane ora 85
Sancte Cuthberte ora
Sancte Edmunde ora
Sancte Benedicte ii ora[182]
Sancte Maure ora
Sancte Antoni ora 90
Sancte Philiberte ora
Sancte Columbane ora
Sancte Egidi ora
Sancte Oddo ora
Sancte Mayole ora 95
[f. 74r] Sancte Odilo ora
Sancte Hugo ora
Sancte Geralde ora
Sancte Leonarde ora
Omnes sancti confessores orate 100
Omnes sancti monachi et heremite (orate)
Sancta Maria Magdalena ora
Sancta Anna ora
Sancte Martha ora
Sancta ffelicitas ora 105
Sancta Perpetua ora

Sancta Agatha ora
[f. 74v] Sancta Agnes ora
Sancta Cecilia ora
Sancta Lucia ora   110
Sancta Barbara ora
Sancta Cirilla ora
Sancta Scolastica ora
Sancta Etheldreda ora
Sancta Milburga ora   115
Sancta Radegundis ora
Sancta Walburgis ora
Sancta fflorencia ora
Sancta Consorcia ora
[f. 75r] Sancta Daria ora   120
Sancta Columba ora
Sancta ffides ora
Sancta Katerina ora
Sancta Margareta ora
Omnes sancte virgines orate   125
Omnes sancti orate pro nobis
Omnes sancti orate pro nobis
Propicius esto parce nobis Domine
Ab insidiis diaboli libera nos Domine
[f. 75v] A dampnacione perpetua (libera)   130
Ab iminentibus peccatorum nostrorum periculis
libera
Ab infestacionibus demonum libera nos Domine
A spiritu fornicacionis (libera)
Ab appetitu inanis glorie libera   135
Ab omni inmundicia mentis et corporis (libera)
Ab ira et odio et omni mala voluntate libera
Ab immundis cogitacio[f. 76r]nibus libera
A cecitate cordis libera
A fulgure et tempestate libera   140
Per misterium sancte incarnacionis tue libera
Per passionem et crucem tuam libera
Per gloriosam resureccionem tuam libera
Per admirabilem ascensionem tuam libera
Per graciam sancti spiritus paracliti libera   145
In die iudicii libera
Peccatores te rogamus [f. 76v] audi nos
Ut pacem nobis dones te rogamus
Ut misericordia et pietas tua nos custodiat te
rogamus   150
Ut ecclesiam tuam regere et defensare digneris te
rogamus

Ut dompnum apostolicum et omnes gradus
ecclesie in sancte religione conservare digneris
te rogamus[183]   155
Ut regibus et principibus nostris pacem et
veram concordiam atque victoriam dona[f. 77r]re
digneris te rogamus
Ut episcopos et abbates nostros et omnes
congregaciones illis commissas in sancta   160
religione conservare digneris te rogamus
Ut congregaciones omnium sanctorum in tuo sancto
servicio conservare digneris te rogamus
Ut cunctum populum christianum precioso
sanguine tuo redemptum conservare digneris   165
te rogamus
Ut omnibus [f. 77v] benefactoribus nostris
sempiterna bona retribuas te rogamus
Ut animas nostras et parentum nostrorum ab
eterna dampnacione eripias te rogamus   170
Ut fructus terre dare et conservare digneris te
rogamus
Ut oculos misericordie tue super nos reducere
digneris te rogamus
Ut obsequium servitutis nostre racionabile   175
facias te rogamus
Ut mentes nostras ad ce[f. 78r]lestia desideria
erigas te rogamus
Ut miserias pauperum et captivorum intueri et
relevare digneris te rogamus   180
Ut regularibus disciplinis nos instruere digneris te
rogamus
Ut locum istum et omnes habitantes in eo visitare
et consolari digneris te rogamus
Ut omnibus fidelibus defunctis requiem   185
eternam dones te rogamus
Ut [f. 78v] nos exaudire digneris te rogamus
Fili Dei te rogamus audi nos
Agnus Dei qui tollis peccata mundi parce nobis
Domine   190
Agnus Dei qui tollis peccata mundi exaudi nos
Domine
Agnus Dei qui tollis peccata mundi miserere nobis
Christe audi nos
Kyrieleyson   195
Christeleyson
Kyrieleyson

Dunfermline, Benedictine Abbey of the Holy Trinity

CX   Boulogne, Bibliothèque municipale 92, fols. 196r(195r)–201v(200v)   c. 1445–68

[f. 196r(195r)] Kyrieleyson
Christeleyson
Christe audi nos
Pater de celis Deus miserere nobis
Fili redemptor mundi Deus miserere nobis   5
Spiritus sancte Deus miserere nobis
Sancta trinitas unus Deus miserere nobis
Sancta Maria ora
Sancta Dei genetrix ora
Sancta virgo virginum ora   10
Sancte Michael ora
[f. 196v(195v)] Sancte Gabriel ora
Sancte Raphael ora
Omnes sancti angeli et archangeli orate
Omnes sancti beatorum spirituum ordines orate   15
Sancte Iohannes baptista ora
Omnes sancti patriarche et prophete
Sancte Petre ora
Sancte Paule ora
Sancte Andrea ora   20
Sancte Iohannes ora
Sancte Iacobe ora
Sancte Philippe ora
Sancte Bartholomee ora
Sancte Mathee ora   25
Sancte Thoma ora
Sancte Iacobe ora
Sancte Symon ora
[f. 197r(196r)] Sancte Thadee ora
Sancte Mathia ora   30
Sancte Barnaba ora
Sancte Luca ora
Sancte Marce ora
Omnes sancti apostoli et evangeliste orate
Omnes sancti discipuli Domini orate   35
Omnes sancti innocentes orate
Sancte Stephane ora
Sancte Clemens ora
Sancte Alexander ora
Sancte Marcelle ora   40
Sancte Sixte ora
Sancte Laurenti ora
Sancte Vincenti ora
Sancte Georgi ora
Sancte Thoma ora   45
[f. 197v(196v)] Sancte Blasi ora
Sancte Albane ora
Sancte Edmunde ora
Sancte Dyonisi cum sociis tuis ora
Sancte Maurici cum sociis tuis ora   50

Sancte Nichasi cum sociis tuis ora
Sancte Eustachi cum sociis tuis ora
Sancte Fabiane ora
Sancte Sebastiane ora
Sancte Gervase ora   55
Sancte Prothasi ora
Sancte Christofore ora
Sancti Iohannes et Pauli orate
Sancti Cosma et Damiane orate
Sancti Marcelline et Petre orate   60
Omnes sancti martires orate
Sancte Silvester ora
[f. 198r(197r)] Sancte Hilari ora
Sancte Martine ora
Sancte Ambrosi ora   65
Sancte Augustine ora
Sancte Damase ora
Sancte Leo ora
Sancte Gregori ora
Sancte Augustine cum sociis tuis ora   70
Sancte Dunstane ora
Sancte Servane ora
Sancte Monane ora
Sancte Edmunde ora
Sancte Nicholae ora   75
Sancte Vulgani ora
Sancte Remigi ora
Sancte Cuthberte ora
Sancte Kentigerne ora
[f. 198v(197v)] Sancte Swythune ora   80
Sancte Wilfride ora
Sancte Pauline ora
Sancte Ronone ora
Sancte Antoni ora
Sancte Benedicte ii ora   85
Sancte Ieronime ora
Sancte Maure ora
Sancte Columbane ora
Sancte Wandregesile ora
Sancte Patrici ora   90
Sancte Brici ora
Sancte Columba ora
Sancte Egidi ora
Sancte Iuliane
Sancte Leonarde ora   95
Sancte Niniane ora
[f. 199r(198r)] Sancte Duthace ora
Sancte Mordace ora
Sancte Edwarde ora
Sancte David ora   100

Omnes sancti confessores orate
Omnes sancti monachi et heremite orate
Sancta Maria Magdalene ora
Sancta Margarita ii ora
Sancta Felicitas ora   105
Sancta Perpetua ora
Sancta Agatha ora
Sancta Agnes ora
Sancta Lucia ora
Sancta Cecilia ora   110
Sancta Petronilla ora
Sancta Scolastica ora
Sancta Batildis ora
[f. 199v(198v)] Sancta Fides ora
Sancta Spes ora   115
Sancta Caritas ora
Sancta Tecla ora
Sancta Iuliana ora
Sancta Praxedis ora
Sancta Anastasia ora   120
Sancta Cristina ora
Sancta Iustina ora
Sancta Etheldrida ora
Sancta Prisca ora
Sancta Eufemia ora   125
Sancta Margarita ora
Sancta Austroberta ora
Sancta Katerina ora
Sancta Brigida ora
Sancta Ebba ora   130
[f. 200r(199r)] Sancta Barbara ora
Omnes sancte virgines orate
Omnes sancti ii orate
Propicius esto parce nobis Domine
Propicius esto libera nos Domine   135
Ab omni malo libera
Ab insidiis diaboli libera
A dampnacione perpetua libera
Ab imminentibus peccatorum nostrorum periculis
libera   140
Ab infestacionibus demonum libera
A spiritu fornicacionis libera
Ab appetitu inanis glorie libera
Ab omni immundicia mentis et corporis libera
Ab ira et odio et omni mala voluntate libera   145
Ab immundis cogitationibus libera
A cecitate cordis libera
A fulgura (sic!) et tempestate libera
A subitanea et eterna morte libera
Per misterium sancte incarnacionis tue libera   150
Per passionem et crucem tuam libera
Per glorio[f. 200v(199v)]sam resurreccionem
tuam libera
Per admirabilem ascensionem tuam libera

Per gratiam sancti spiritus paracliti libera   155
In hora mortis succurre nobis Domine
In die iudicii libera
Peccatores te rogamus audi nos
Ut pacem nobis dones te rogamus
Ut misericordia et pietas tua nos semper   160
custodiat te rogamus
Ut ecclesiam tuam regere et defensare digneris te
rogamus
Ut dompnum apostolicum et omnes gradus
ecclesie in sancta religione conservare digneris 165
te rogamus
Ut regi nostro et principibus nostris pacem et
veram concordiam atque victoriam donare
digneris te rogamus
Ut episcopos et abbates nostros et omnes   170
congregaciones illis commissas in sancta
religione conservare digneris te rogamus
Ut congregationes omnium sanctorum in tuo
sancto servicio conservare digneris te rogamus
Ut cunctum populum [f. 201r(200r)]   175
christianum precioso sanguine tuo redemptum
conservare digneris te rogamus
Ut omnibus benefactoribus nostris sempiterna
bona retribuas te rogamus
Ut animas nostras et parentum nostrorum ab   180
eterna dampnacione eripias te rogamus
Ut mentes nostras ad celestia desideria erigas te
rogamus
Ut obsequium servitutis nostre racionabile facias
te rogamus   185
Ut loca nostra et omnes habitantes in eis visitare
et consolari digneris te rogamus
Ut fructus terre dare et conservare digneris te
rogamus
Ut oculos misericordie tue super nos reducere   190
digneris te rogamus
Ut miserias pauperum et captivorum intueri et
revelare digneris te rogamus
Ut omnibus fidelibus defunctis requiem eternam
dones te rogamus   195
Ut nos exaudire digneris te rogamus
Fili Dei ii te rogamus
Agnus Dei qui tollis peccata mundi parce nobis
Domine
(A)gnus Dei qui tollis peccata mundi exaudi   200
nos Domine
[f. 201v(200v)] Agnus Dei qui tollis peccata
mundi miserere nobis
Christe audi nos
Kyrieleyson   205
Christeleyson
Kyrieleyson

CXI   Edinburgh, National Library of Scotland Adv.18.8.11, fols. 185v–188r   c. 1449–57

[f. 185v] Kyrieleyson
Christleyson
Kyrieleyson
Christe audi nos
Pater [f.186r] de celis Deus miserere nobis   5
Fili redemptor mundi Deus miserere nobis
Spiritus sancte Deus miserere nobis
Sancta trinitas unus Deus miserere nobis
Sancta Maria ora pro nobis
Sancta Dei genetrix ora   10
Sancta virgo virginum ora
Sancte Michael ora
Sancte Gabriel ora
Sancte Raphael ora
Omnes sancti beatorum spirituum ordines orate   15
Sancte Iohannes baptista ora
Omnes sancti patriarche et prophete orate
Sancte Petre ora
Sancte Paule ora
Sancte Andrea ora   20
Sancte Iacobe ora
Sancte Iohannes ora
[f. 186v] Omnes sancti apostoli et evangeliste orate
Sancte Stephane ora
Sancte Laurenti ora   25
Sancte Vincenti ora
Sancte Thoma ora
Sancte (sic!) Iohannes et Paule orate
Omnes sancti martires orate
Sancte Martine ora   30
Sancte Nicholae ora
Sancte Servane ora
Sancte Blaane ora
Sancte Kentegerne ora
Sancte Petre ora   35
Sancte Malachia ora
Sancte Edmunde ora
Sancte Willelme ora
Sancte Cuthberte ora
Sancte Benedicte ora   40

[f. 187r] Sancte Bernarde ora
Sancte Roberte ora
Omnes sancti confessores orate
Sancta Maria Magdalene ora
Sancta Agatha ora   45
Sancta Agnes ora
Sancta Katerina ora
Sancta Findoca ora
Sancta Mergareta ora
Sancta Brigida ora   50
Omnes sancte virgines orate
Omnes sancti orate
Propicius esto parce nobis Domine
Ab imminentibus peccatorum nostrorum periculis
libera nos Domine   55
A dampnacione perpetua libera
Per misterium sancte incarnacionis tue libera
Per passionem et crucem tuam libera
[f. 187v] (P)er gloriosam resurrecc(i)onem tuam
libera[184]   60
Per admirabilem ascensionem tuam libera
Per gratiam sancti spiritus paracliti libera
Peccatores te rogamus audi nos
Ut pacem nobis dones te rogamus
Ut ecclesiam tuam regere et defensare digneris   65
te rogamus
Ut loca nostra et omnes habitantes in eis visitare
et consolare (sic!) digneris te rogamus
Ut regularibus disciplinis nos instruere digneris
te rogamus   70
Ut omnibus benefactoribus nostris sempiterna
bona retribuas te rogamus
Ut omnibus fidelibus defunctis requiem eternam
dones te rogamus
Fili Dei te rogamus   75
Agnus Dei qui tollis peccata [f. 188r] mundi
miserere nobis
(K)yrieleison[185]
Christeleison
Kyrieleison   80

Kinloss, Cistercian Abbey of the Blessed Virgin Mary

CXII   London, Victoria and Albert Museum Reid 52, fols. 145r–146v   c. 1500–30

[f. 145r] Kyrie eleyson
Christe eleyson
Kyrie eleyson
Christe audi nos
Pater de celis Deus miserere nobis 5
Fili redemptor mundi Deus miserere nobis
Spiritus sancte Deus miserere nobis
Sancta trinitas unus Deus miserere nobis
Sancta Maria ora pro nobis
Sancta Dei genetrix ora 10
Sancta virgo virginum ora
Sancte Michael ora
Sancte Gabriel ora
Sancte Raphael ora
Omnes sancti beatorum spirituum ordines orate 15
Sancte Iohannes baptista ora
[f. 145v] Omnes sancti patriarche et prophete orate
pro nobis
Sancte Petre ora
Sancte Paule ora 20
Sancte Andrea ora
Sancte Iacobe ora
Sancte Iohannes ora
Omnes sancti apostoli et ewangeliste orate pro nobis
Sancte Stephane ora 25
Sancte Laurenti ora
Sancte Vincenti ora
Sancte Thoma ora
Sancte Blasi ora
Sancte (sic!) Iohannes et Paule orate 30
Omnes sancti martires orate pro (nobis)
Sancte Martine ora
Sancte Nycholae ora
Sancte Eadmunde ora
Sancte Malachia ora 35
Sancte Cuthberte ora
Sancte Petre ora
Sancte Vilelme ora
Sancte Niniane ora
Sancte Hieronime ora 40
Sancte Benedicte ora
Sancte Bernarde ora
Sancte Roberte ora
Sancte Adamnane ora
Omnes sancti confessores orate 45

Sancta Anna ora
Sancta Maria Magdalena (ora)
Sancta Agatha ora
Sancta Agnes ora
Sancta Katerina ora 50
Sancta Brigida ora
[f. 146r] Sancta Ursula cum sodalibus tuis ora
Omnes sancte virgines orate pro (nobis)
Omnes sancti orate pro (nobis)
Propicius esto parce nobis Domine 55
Ab imminentibus peccatorum nostrorum periculis
libera nos Domine
A dampnatione perpetua libera
Per misterium sancte incarnationis tue libera
Per passionem et crucem tuam libera nos 60
Domine
Per gloriosam resurrectionem tuam libera
Per admirabilem ascensionem tuam libera
Per graciam sancti spiritus paracliti libera nos
Domine 65
In die iudicii libera nos Domine
Peccatores te rogamus audi nos
Ut pacem nobis dones te rogamus
Ut ecclesiam tuam regere et defensare digneris te
rogamus 70
Ut loca nostra et omnes habitantes in eis visitare et
consolari digneris te rogamus
Ut regularibus disciplinis nos instruere digneris te
rogamus
Ut omnibus benefactoribus nostris sempiterna 75
bona retribuas te rogamus
Ut fructus terre dare et conservare digneris te
rogamus
Ut rectum iudicium et iustitiam ubique fieri con[f.
146v]cedere digneris te rogamus 80
Ut omnibus fidelibus defunctis requiem eternam
donare digneris te rogamus
Fili Dei te rogamus audi nos
Agnus Dei qui tollis peccata mundi miserere nobis
Agnus Dei qui tollis peccata mundi dona nobis 85
pacem
Kyrie eleyson
Christe eleyson
Kyrie eleyson

Norwich, Benedictine Cathedral Priory of the Holy Trinity

CXIII   Oxford, Bodleian Library Rawl. D. 894, fols. 15r-v   c. 1300–20

[f. 15r] Sancte Nicholae ora[186]
Sancte Audoine ora
Sancte Dunstane ora
Sancte Cuthberte ora
Sancte ffelix ora   5
Sancte Iuliane ora
Sancte Bonite ora
Sancte Edmunde ora
Sancte Benedicte ora
Sancte Maure ora   10
Sancte Leonarde ora
Sancte Paule ora
Sancte Antoni ora
Sancte Egidi ora
Sancte Neote ora   15
Omnes sancti confessore orate
Omnes sancti monachi et heremite orate
pro nobis
Sancta Maria Magdalena ora
Sancta Maria Egyptiaca ora   20
Sancta Petronilla ora
Sancta ffelicitas ora

[f. 15v] Sancta Perpetua ora
Sancta Agatha ora
Sancta Agnes ora   25
Sancta Lucia ora
Sancta Cecilia ora
Sancta Anastasia ora
Sancta Scolastica ora
Sancta Margareta ora   30
Sancta Austroberta ora
Sancta Cristina ora
Sancta Katerina ora
Sancta Honorina ora
Sancta Fides ora   35
Sancta Eufemia ora
Sancta Praxedis ora
Sancta Ethedreda ora
Sancta Mildreda ora
Sancta Osyda ora   40
Omnes sancte virgines orate
Omnes sancti orate pro nobis
Propicius esto parce nobis Domine

155

NOTES ON THE EDITIONS

1 This entry and the next four, although by the same scribe, continue below the text block for some inexplicable reason.

2 Added in the margin by a later hand.

3 Added in the margin by the same later hand as Blaise.

4 Added in the margin by the same later hand as Blaise.

5 Added in the margin by the same later hand as Blaise.

6 This saint, presumably John of Beverley, is added in the margin by the same later hand as Blaise.

7 Added by a later hand in the top margin with an insertion mark, but not the same hand as added Blaise.

8 Added by the same hand as Martha in the top margin with an insertion mark.

9 This petition is inserted in the lower border by a scribe contemporary with the main hand, with a red line extending up to indicate point of insertion.

10 The next page, containing the remainder of this sole surviving litany of Ramsey, is most regrettably lacking.

11 'dompnum apostolicum' is erased.

12 The text has 'orate' rather than the usual 'ora'.

13 The scribe has mistakenly inverted two lines, placing Silvester, the first of the confessors before the general invocation to all martyrs at the end of the martyrs.

14 The scribe has mistakenly written 'Et' for 'Ut' at the beginning of the petition.

15 The opening petition is not there because the litany begins with a framed miniature. At the top of the page there is the rubric 'Incipit letania', then four lines of the end of Quicumque vult, then the miniature, below which is the second petition 'Christe eleyson'.

16 'orate pro nobis' seems to be added later in a slightly different coloured ink.

17 This must be a scribal error for 'Juliana'. Luciana is an exceedingly obscure saint very rarely found in martyrologies.

18 'Coruula' is a scribal error for Ursula's companion Cordula.

19 No saint of this name has ever been recorded. It may be a scribal error for Emerentiana, who occurs in the calendar of St Albans.

20 'Ut congregationes omnium' is written in paler ink over an erasure.

21 This entry has been rewritten by a different scribe and placed in the second column above the line of Kyrie.

22 This entry added at the side in a c. 1400 hand.

23 In the original hand but struck out with faint lines, presumably at the same time, c. 1400, as Oswin was placed at the top of the martyrs after Alban and Amphibalus.

24 'cum sociis tuis' is added later.

25 This entry is added later in the margin, probably c. 1300.

26 This entry is added in the margin in a hand of the late fourteenth century.

27 This petition and the next six with an asterisk have been crossed out or partly erased.

28 The names of all the apostles have been partly crossed out or erased.

29 This and the next two petitions have been partly erased.

30 Added in the margin in a near contemporary hand.

31 Added in the margin in a near contemporary hand.

32 On this page, f. 135v, all the saints' names have been ruled out, presumably at the Reformation, but they remain perfectly legible.

33 The scribe in error wrote 'et relevare' twice and has erased the first instance.

34 This petition, evidently omitted in error by the scribe, has been added in the margin by another hand.

35 This petition, evidently omitted in error by the scribe, has been added in the margin by the same hand as the previous addition.

36 The text has 'orate' rather than the usual 'ora'.

37 'dompnum apostolicum' is partly erased.

38 The first page of the litany is missing from the manuscript.

39 The 'ii' for Alban, Amphibalus and Oswin is in rubric.

40 'Thoma' is erased.

41 The 'ii' is in rubric.

42 'dompnum apostolicum' is erased.

43 Normally litanies have 'ora' but in this case it is 'orate'.

44 The 'ii' is in rubric.

45 Normally litanies have 'ora' but in this case it is 'orate'.

46 Both this and the next entry omit 'qui tollis peccata mundi'.

47 'Thoma' has been erased.

48 'Oancte' rather than 'Sancte' in error.

49 The coloured capital letters of all the petitions of this litany have never been filled in. As it seems unnecessarily untidy to present all these letters in brackets for the edition, all these initials have been supplied without brackets.

50 The scribe omitted 'Deus' and it was inserted later.

51 This is in the original hand even though Bruno was not officially approved for the Carthusians until 1514. It is possible that this litany was written after 1514.

52 This entry is added later in the margin.

53 The ii is added interlinear.

54 This entry and the following five, denoted by an asterisk, are by a different contemporary scribe in a paler ink, although there is no obvious evidence that they are rewritten over an erasure. If this is the case the erasure must have been done with the utmost care. It seems that perhaps another scribe 'took over' for these six entries.

55 The main scribe returns with this entry.

56 Added in the margin by a different scribe, perhaps the same who added Blaise.

57 Added in the margin by the same scribe as 'Wlstane'.

58 The 'ii' is added interlinear.

59 Added at the bottom of the page in a fourteenth-century hand.

60 Added interlinear in a fourteenth-century hand.

61 'audi nos ii' has been rewritten.

62 This entry is completely erased.

63 'dompnum apostolicum' is completely erased.

64 'ii' is in rubric.

65 Normally litanies have 'ora' but in this case it is 'orate'.

66 Throughout the litany the scribe has not entered the

capital letters at the beginning of each petition, doubtless intended to be done by the rubricator. They have all been silently supplied but not placed in brackets. On occasions a later hand has added very small letters in black ink where the capitals should have been.

67 'Mathie' written in error for 'Marce'.

68 Normally litanies have 'ora' but in this case it is 'orate'.

69 'Iwy' is written in larger letters than all the other saints, but not in capitals.

70 Throughout the text the scribe has omitted 'ora'.

71 This may be in error for 'Marcelle'.

72 There is a very faint illegible addition in the margin.

73 The 'Æ' is indicated by an 'A' with a small suffix at its top, as is done for other use of 'Æ' in the litany.

74 There is a very faint illegible addition in the margin.

75 There are two very faint illegible additions in the margin.

76 'orate' is written twice.

77 All the 'Ab', 'Per' and 'Ut' petitions are much abbreviated and have been expanded accordingly.

78 Three confessors, Dunstan, Ethelwold and Alphege of Winchester have been listed in error at the end of the martyrs. It seems likely that the scribe was perhaps instructed to add three martyrs but mistakenly added these confessors. The martyrs probably intended were Alban, Oswald and Edmund, which are in all the later Winchester litanies. Dunstan, Ethelwold and Alphege are repeated among the confessors.

79 This second Augustine must be Augustine of Canterbury because the first Augustine (of Hippo) is within the group of the Church Fathers.

80 This entry, significantly in capitals, is written over an erased entry.

81 This petition is completely erased and illegible, but must be Thomas who is in this position at the end of the martyrs in later Winchester Cathedral Priory litanies, nos. XCI and XCII. The inclusion of Thomas means that Bodleian Auct. D.4.6 must be after 1173, and this contradicts the 1158–64 dating traditionally given to the manuscript. This issue is discussed in the notes on this manuscript.

82 This petition is completely erased and illegible.

83 For some reason 'Iacobe' has been erased.

84 For some reason 'Augustine' has been erased. As for 'Iacobe' in the apostles, it seems likely that some not very well informed 'editor', seeing a second James, and a second Augustine, thought it was repetition, whereas of course there are always two Jameses among the apostles and usually two Augustines among the confessors.

85 The last page of the litany is misbound a few pages earlier in the book.

86 The manuscript is much damaged and cut off at the edges of the text. The lacking text is supplied in brackets.

87 This petition is added by a different scribe in pale brown ink.

88 This bottom line of the column is cut off by the damaged edge of the page.

89 The ii is added.

90 This bottom line of the column is cut off by the damaged edge of the page.

91 The top two lines of the column, containing the petitions for Matthias and Mark, are cut off by the damaged edge of the page.

92 This entry is a later addition.

93 The ii is added.

94 This entry is added interlinear.

95 This entry is added interlinear.

96 This entry is added interlinear.

97 The three bottom lines of the page are cut off and it has been assumed they contained Genevieve, Austroberta and Etheldreda as in no. XC.

98 This line is almost completely cut off at the bottom of the page.

99 This petition is almost completely cut off at the bottom of the page.

100 'Thoma' is erased.

101 'te rogamus' is abbreviated as a TR monogram in all the petitions.

102 'dompnum' has been erased.

103 A faint scribbled illegible entry is here added in the border in the fifteenth century somewhere on the continent after the manuscript had left England.

104 Another scribbled faint illegible fifteenth-century addition in the lower margin.

105 In this manuscript, particularly in the petitions, there is often extreme abbreviation to just the first letter in the word. In other cases the text will be fully expanded without brackets as here.

106 Many of the remaining petitions in this litany have extreme abbreviation to one or two letters, all of which have been expanded in full.

107 Added in a later fourteenth-century hand beside Fides, by the same scribe who adds the 'Ut episcopos et abbates' petition.

108 Very exceptionally the 'P' is given a two-line fully illuminated initial like the three-line 'K' for Kyrie at the beginning of the litany.

109 This petition is added in the margin in a later fourteenth-century hand.

110 The 'ii' is in rubric.

111 The 'ii' is in rubric.

112 The 'ii' is in rubric.

113 The 'ii' is in rubric.

114 The 'ii' is in rubric.

115 Added in the late fourteenth/early fifteenth century above the top line.

116 Added in the margin by the same hand as St Anne.

117 The 'ii' is in rubric.

118 The 'ii' is in rubric.

119 'Thome' is erased.

120 This invocation is repeated, the first being for Hugh of Grenoble, and the second for Hugh of Lincoln.

121 The 'ut' is repeated in error.

122 The litany is a c. 1350 addition to a manuscript Glossed Psalter of c. 1175–1200. In the list in Volume I the text was misdated. Rather than change the numeration of the Worcester texts, its position has been retained and thus it is out of chronological order. As there seems to have been no change in the text of the Worcester litany between 1250 and 1350 this misplacing is not of great consequence. Its text is almost identical to no. XCIX.

123 None of the capital letters at the beginnings of the petitions have been added by the rubricator. They have all been silently supplied and not put in brackets. For some of the missing letters a later scribe has added the initials in very small black letters.

124 'orate' is used rather than the normal 'ora' for 'cum sociis tuis' petitions used in other litanies including those of Worcester.

125 The original text and decoration of this manuscript is of c. 1220–30 date, but c. 1250 the litany was very carefully corrected, in some cases closely imitating the original script. This is discussed further in the notes on the manuscript.

126 'Thoma' partly erased.

127 This name and the three below are rewritten in the middle years of the thirteenth century, carefully imitating

the original script. This editing of the litany is discussed in more detail in the notes on this manuscript on pp. 40–41.

128 This entry rewritten in the middle of the thirteenth century.

129 This entry rewritten in the middle of the thirteenth century.

130 This entry added in the middle of the thirteenth century one line below the original bottom ruled line. The penflourishing of the 'S' is different from and later than that of the earlier main scribe/decorator.

131 This entry, at the top of the second column, is of course by the original scribe.

132 This and the next six entries indicated by an * have all been rewritten over erasures in the middle of the thirteenth century, imitating the earlier scribe of the main text.

133 Added in the middle years of the thirteenth century in a hand imitating the original scribe on the first of two lines ruled below the bottom line of the original ruling, and with the same penflourishing as the entry for Hilary.

134 Added in the middle years of the thirteenth century in a hand imitating the original scribe on the second of two lines ruled below the bottom line of the original ruling, and with the same penflourishing as the entry for Hilary.

135 This entry, at the top of the first column of the next page, is of course by the original scribe.

136 The 'ii' is added.

137 The scribe wrote 'fulgura' in error and has partially erased the 'a' to transform to an 'e'.

138 'dompnum apostolicum' is completely erased.

139 This entry is now almost completely illegible.

140 'Thoma' has been erased.

141 The 'ii' has been added.

142 The 'ii' has been added.

143 This entry has been added in the late thirteenth or early fourteenth century beside Wulstan.

144 This entry has been added in the late thirteenth or early fourteenth century beside Dunstan.

145 This entry has been added in the late thirteenth or early fourteenth century beside Egwin.

146 This entry of Thomas of Hereford (d. 1282) has been added in the early fourteenth century beside Vigor, probably after his canonisation in 1320, although the cult had been propagated in Hereford since 1287 when his relics were first translated. As all these additions are in the same hand they are probably post 1320.

147 The 'ii' is added.

148 'dompnum apostolicum et' has been erased.

149 The double invocation is indicated by repeating the name.

150 The scribe evidently mistakenly wrote 'Sixte' for 'Silvester', realised his mistake but failed to erase 'Sixte' except by placing a dot beneath to signify its erasure.

151 The scribe, realising that he had omitted the second 'Propicius esto', has placed an insertion mark with 'libera nos Domine' after the first 'Propicius esto'.

152 In the margin beside this entry is scribbled 'A pesto'.

153 In the margin beside this entry is scribbled 'A capu (or capii?)'

154 In the margin beside this entry is scribbled 'Ab omnibus'.

155 In the margin beside this entry is scribbled 'A persecut …'.

156 In the margin beside this entry is scribbled 'A noct …'.

157 In the margin beside this entry is scribbled 'Aps'.

158 Only the first three words have been added by a later hand in the margin.

159 Only the first three words have been added by the same hand as 'Ut cunctum populum' in the margin.

160 From this point on until the list of saints comes to an end the scribe decided to omit 'ora' after the saint's name.

161 'leyson' rather than 'eleyson' is a separate word, a rare occurrence.

162 In the side margin in the hand of the scribe of the litany 'b' is placed beside the entry for Denis, suggesting that it should be after the next entry, Maurice, which has 'a' in the margin beside it.

163 The scribe had evidently in error omitted St George because in the top margin 'Sancte Georgi ora' is written with an insertion sign. The insertion sign is repeated in the side margin where the entry should be inserted.

164 The double invocation probably signifies the two Carthusian saints, Hugh of Grenoble and Hugh of Lincoln.

165 This is in the original hand even though Bruno was not officially approved for the Carthusians until 1514. It is possible that this litany might have been written after 1514.

166 The word 'ora' is only written at intervals for the saints with a . after the saint's name indicating the repetition of the 'ora' above.

167 This is intended as 'Swithine' and results from the copying of a text which originated in the twelfth century when Anglo-Saxon characters were still in use. The 'p' derives from misunderstanding a 'wyn' which would look like a 'p' to a late medieval scribe, and the 'ct' is a misunderstanding of the 'eth'.

168 The 'd' results from a misunderstanding of the 'eth' (∂).

169 Before 'parentum' the word 'benefactorum' has been written in error and crossed out.

170 In error for 'Christeleison'.

171 This seems to be in error for 'Albane'.

172 The words 'precioso sanguine redemptum' are repeated.

173 This entry and the next six up to 'Sancte Odilo' are rewritten in smaller script late in the fourteenth century, apparently over erasure, although the erasure has been done so carefully that it is not visible.

174 'orate pro nobis' has been added in paler ink, possibly by the same scribe who rewrites Anthony and the following entries.

175 'Maria Magdalena' is written in paler ink.

176 'pro nobis' is written in paler ink.

177 The 'ii' has been added by the scribe who writes in paler ink.

178 'Peccatores' is in smaller letters in paler ink.

179 At this petition and to the end of the litany there is a change of scribe, perhaps adding this section to the incomplete text at a later date in the first quarter of the fifteenth century.

180 The 'ii' is in rubric.

181 'Thoma' is partly erased.

182 The 'ii' is in rubric.

183 The words 'dompnum apostolicum' have been crossed out.

184 The rubricator has not entered the 'P' at the beginning of the line.

185 The rubricator has not entered the 'K' at the beginning of the line.

186 This is a single half-leaf of a two column text, doubtless removed from a binding, with f. 15r having the second column and f. 15v correspondingly the first column.

LIST OF SAINTS OF SPECIAL SIGNIFICANCE IN THE LITANIES IN VOLUMES I AND II

The post-Conquest Latin and/or subsequent modern English name of the saint is followed in brackets by the Anglo-Saxon pre-Conquest spelling, or alternative name of the saint in English, Latin or Welsh if noticeably different from the usual modern English version. It should be pointed out that there were many different ways in which post-Conquest scribes transliterated Anglo-Saxon or Welsh names into Latin versions, and this diversity will be recorded in the index to the litany texts. Scribes used to writing Latin clearly had great difficulty understanding what they should do about the special Anglo-Saxon characters. Only towards the end of research on these texts was it noted that some scribes signified the 'Æ' by means of small serifs at the top of the capital 'A', and also signified the lower-case 'eth' or 'thorn' by similar serifs on a lower-case 'd'. It was not possible to re-examine all the texts to identify these scribal features, so there is some inconsistency in recording the modified 'Æ' and 'd' in the editions. These scribal features occur in some twelfth- and thirteenth-century manuscripts but are very rare after 1300. Relics and cults of the saints listed below will be commented on in detail in the General Introduction and in the List of Saints in Volume III.

Abra (perhaps Afra) (V)
Adamnan (Adomnan) (C)
Adrian of Canterbury (Hadrian) (C)
Afra (V)
Aidan (C)
Ailwin (Æthelwine, Aldwyn, Eilwin) (C)
Alban (M)
Aldate (Eldadus) (M)
Aldegundis (V)
Aldhelm (C)
Alphege (Ælfheah) of Canterbury (M)
Alphege (Ælfheah) of Winchester (C)
Amator of Auxerre (C)
Ambi (unidentified – Gloucester) (M)
Amphibalus (M)
Anne (V)
Ansbert (C)
Anselm of Canterbury (C)
Anthony Abbot (C)
Arildis (Arilda) (V)
Arnulph (Ernulph) (C)
Audoenus (Ouen) (C)
Augustine of Canterbury (C)
Austremonius (M)
Austroberta (V)
Autbert of Avranches (C)

Barbara (V)
Barloc (C)
Barnabas (A)
Beccanus (Beocca) (M)
Bede (C)
Bega (Bee) (V)
Benedict Biscop (C)
Benignus (Beonna) (C)
Bernard of Clairvaux (C)
Berta (perhaps Austroberta) (V)
Besilius (M)
Birinus (C)
Blaan (Blane) (C)
Blaise (M)
Blandina (V)
Boisil (C)
Bonitus (C)
Botulph (Botwulf) (C)
Brandan (Brendan) (C)
Brigid of Kildare (V)
Brigid of Sweden (V)
Brinstan (Beornstan) (C)
Brithelm (Beorhthelm) (C)
Brithwald (Berhtwald) (C)
Bruno (C)
Cadoc (Cadog) (M)

Canute (Knud) (M)
Carilef (C)
Celumpna (unidentified – Gloucester and
    Winchcombe) (V)
Ceolfrid (Ceolfrith) (C)
Chad (Ceadda) (C)
Chananus (C(í)anán, Kananc, Kenan) (C)
Cirilla (V)
Clare (V)
Columba of Iona (Colum Cille) (C)
Columba the Virgin (V)
Columban (C)
Congar (Cungar, Cyngar) (C)
Consortia (V)
Contestor of Bayeux (Contestus) (C)
Cordula (V)
Corentin (C)
Credan(us) (C)
Crisantus (Chrysanthus) (M)
Cuthbert (C)
Cuthburga (Cuthburh) (V)
Daria (V)
David of Scotland (C)
David of Wales (C)
Declan (C)
Decuman (M)
Demetrius (M)
Deusdedit C)
Disciola (V)
Dominic (C)
Dorothy (V)
Dunstan (C)
Duthac (C)
Ebba (Æbbe) (V)
Edburga of Bicester (Eadburh) (V)
Edburga of Minster (Eadburh) (V)
Edburga of Pershore (Eadburh) (V)
Edburga of Winchester (Eadburh) (V)
Edith of Aylesbury (Eadgyth) (V)
Edith of Polesworth (Eadgyth) (V)
Edith of Wilton (Eadgyth) (V)
Edmund the Confessor (of Abingdon) (C)
Edmund the Martyr (Eadmund) (M)
Edor (M)
Edward the Confessor (C)
Edward the Martyr (Eadweard) (M)
Edwold (Eadwold) (C)
Egwin (Ecgwine) (C)
Eleri of Gwytherin (Heleri) (C)
Elizabeth of Hungary (V)
Elizabeth, mother of John the Baptist (V)

Elviva (Ælfgifu, Elgiva) (V)
Erasmus (M)
Erkengota (Earcongota) (V)
Erkenwald (Earconwald) (C)
Ermenilda (Eormenhild) (V)
Ethelbert of Hereford (Æthelberht) (M)
Ethelbert of Kent (Æthelberht) (C)
Ethelburga (Æthelburh) (V)
Etheldreda (Æthelthryth) (V)
Ethelfleda (Elfleda, Æthelflæd) (V)
Ethelwald of Lindisfarne (Æthelwald) (C)
Ethelwold of Winchester (Æthelwold) (C)
Eufraxia (Eufrasia) (V)
Felicula (V)
Felix of Dunwich (C)
Findoca (V)
Florentia (V)
Florentinus (Florentius) (M)
Florus (C)
Forannan (C)
Francis (C)
Fremund (Formund, Freomund) (M)
Frideswide (Frithuswith) (V)
Frithestan (C)
Fursey (C)
Gaugericus of Cambrai (Géry) (C)
Geminus (unidentified –
    Shrewsbury) (M)
Genevieve (V)
Gerald of Aurillac (C)
Gerald de Sales Cadouin (C)
Geremarus (Germar) (C)
Gereon (M)
Gertrude (V)
Gilbert of Sempringham (C)
Gildas (C)
Giles (Aegidius, Egidius) (C)
Godebert of Angers (C)
Godric of Finchale (C)
Godwal (Gudwal, Gulval) (C)
Grimbald (C)
Gulbert (unidentified – Gloucester) (M)
Gundleius (Gwynllyw) (C)
Guthlac (C)
Hedda (Hædde) (C)
Helena (V)
Hild(a) (V)
Hildelith(a) (V)
Honorina (V)
Honorius of Canterbury (C)
Hugh of Cluny (C)

Hugh of Grenoble (C)
Hugh of Lincoln (C)
Iltut (Illtud, Illtyd) (C)
Indract (Indracht) (M)
Innocentius (unidentified –
   Winchcombe) (M)
Iovacus (Iuvinianus, Iovinus) (M)
Ithamar (C)
Ivo (C)
Iwi (Iwig, Iwigius) (C)
Jambert (C)
James the Great (A)
John of Beverley C)
John of Malmesbury (C)
John of Réome (C)
Joseph of Arimathea (C)
Judoc (C)
Jurmin (Hiurmine) (C)
Justus of Beauvais (M)
Justus of Canterbury (C)
Juthwara (V)
Kenelm (Cynehelm) (M)
Kentigern (C)
Kyneburga of Gloucester (Cyneburh) (V)
Kyneburga of Peterborough
   (Cyneburh) (V)
Kyneswitha (Cyneswith) (V)
Laurence of Canterbury (C)
Letardus (C)
Leu(t)fred (C)
Lordonus (unidentified –
   Shrewsbury) (C)
Machutus (Maclonius, Maclovius) (C)
Maiolus (C)
Malachy of Armagh (C)
Marcellus of Châlons-sur-Sâone (M)
Marcellus of Paris (C)
Margaret of Scotland (V)
Marina (V)
Marinus (M)
Martha (V)
Martial (A) (C)
Mellitus (C)
Mellonius (Mello, Melanius) (C)
Melor (Melorius, Mylor) (M)
Merwenna (Mærwynn) (V)
Milburga (Mildburh) (V)
Mildred (Mildthryth) (V)
Moderana (unidentified –
   Shrewsbury) (V)
Modwenna (Modwynn) (V)

Monan (M)
Moroc (Mordac) (C)
Nectan (M)
Neot (C)
Ninian (C)
Nothelm (C)
Oda (Odo) of Canterbury (C)
Odilo (C)
Odo of Cluny (C)
Odulf (Odwulf) (C)
Olaf (Olave, Toulas) (M)
Osith of Aylesbury (Osgyth) (V)
Osith of Chich (Osgyth) (V)
Osmund (C)
Oswald the Bishop (of Worcester) (C)
Oswald the Martyr (M)
Oswin(e) (M)
Pancratius (M)
Paschasia (V)
Paternus of Avranches (C)
Paternus of Llanbadarn Fawr
   (Padarn) (C)
Patrick (C)
Paul Aurelian (Paulinus of Wales) (C)
Paulinus of York (C)
Pelagia (V)
Peter of Tarentaise (C)
Peter of Verona (Peter Martyr) (M)
Petroc (Pedrog) (C)
Philibert (C)
Porcharius (Porcarius) (C)
Potentian (M)
Radegund (V)
Richard of Chichester (C)
Robert of Arbrissel (C)
Robert of Knaresborough (C)
Robert of Molesme (C)
Robert of Newminster (C)
Roger of London (C)
Ronan of Canterbury (M)
Ronan of Scotland (C)
Saba (C)
Salvius (M)
Sam(p)son (C)
Sativola (Sidefulle, Sidwell) (V)
Savinian (Sabinianus) (M)
Servanus (Serf) (C)
Severa (V)
Sexburga (Seaxburh) (V)
Simeon of Jerusalem (M)
Simeon Stylites (C)

Smeralda (probably a scribal error) (V)
Supplicianus (Simplicianus) (M)
Susanna (V)
Swith(h)un (C)
Tatwin (C)
Taurinus (C)
Teliaus (Teilo) (C)
Thaïs (V)
Theodore of Canterbury (C)
Thomas of Canterbury (M)
Thomas of Hereford (C)
Tibba (V)
Tortitha (Tortgith) (V)
Urith of Chittlehampton (Hyaritha) (V)
Ursinus (C)
Ursula (V)
Valentine (M)
Venera(nda) (V)

Vigor of Bayeux (C)
Vulganus (Wlganus) (C)
Walburga (V)
Werburga (Wærburh) (V)
Wilfrid (C)
William of Bourges (C)
William of Norwich (M)
William of York (C)
Winefred (Gwenfrewi) (V)
Winwaloe (Guengaloeus) (C)
Wistan (Wigstan, Wystan) (M)
Withburga (Withburh) (V)
Wlfhilda (Wulfhild) (V)
Wlganus (Vulganus, Wulganus) (C)
Wlmarus (Wulmarus) (C)
Wlsinus (Ulsin, Wulfsige, Wulsin) (C)
Wulfran (Wulfram) (C)
Wulfstan (Wlstanus) (C)

BIBLIOGRAPHY

This revised bibliography is much expanded from that printed in Volume I.

Manuscript Sources

Nicholas Roscarrock, *Lives of the Saints*, Cambridge, University Library Add. 3041, c. 1621

Printed Sources

Abbess of Stanbrook and Tolhurst 1936–51
Abbess of Stanbrook (Laurentia McLachlan) and J. P. L. Tolhurst, *The Ordinal and Customary of the Abbey of Saint Mary York*, 3 vols., Henry Bradshaw Society, 73, 75, 84, 1936–51

Abrams 1993
L. Abrams, 'St Patrick and Glastonbury Abbey: nihil ex nihilo fit?', in *St Patrick A.D. 493–1993*, ed. D. N. Dumville, Woodbridge, 1993, pp. 233–42

Adkin 1990
N. Adkin, 'The Proem of Henry of Avranches "Vita Sancti Guthlaci"', *Analecta Bollandiana*, 108, 1990, pp. 349–55

Alexander 1974
J. J. G. Alexander, 'English Early Fourteenth-Century Illumination: Recent Acquisitions', *Bodleian Library Record*, 9, 1974, pp. 72–80

Alexander and Temple 1985
J. J. G. Alexander and E. Temple, *Illuminated Manuscripts in Oxford College Libraries, the University Archives and the Taylor Institution*, Oxford, 1985

Anderson 1964
M. D. Anderson, *A Saint at Stake. The Strange Death of William of Norwich 1144*, London, 1964

Anon. 1888
Anon., 'Vita Sancti Gaugerici', *Analecta Bollandiana*, 7, 1888, pp. 387–98

Anon. 1964
Anon., 'Notable Accessions: Western Manuscripts', *Bodleian Library Record*, 7, 1964, pp. 165–8

Antiphonaire monastique de Worcester 1922
Antiphonaire monastique de Worcester, Paléographie Musicale, 12, 1922

Arnold-Foster 1899
F. Arnold-Foster, *Studies in Church Dedications*, 3 vols., London, 1899

Art at Auction 1969
Art at Auction 1968–69. The Year at Sotheby's and Parke-Bernet, London, 1969

Avril and Stirnemann 1987
F. Avril and P. D. Stirnemann, *Manuscrits enluminés d'origine insulaire VIIe–XXe siècle*, Bibliothèque Nationale, Paris, 1987

Ayres 1969
L. M. Ayres, 'A Tanner Manuscript in the Bodleian Library and Some Notes on English Painting of the Late Twelfth Century', *Journal of the Warburg and Courtauld Institutes*, 32, 1969, pp. 41–54

Ayres 1974
L. M. Ayres, 'The Role of an Angevin Style in English Romanesque Painting', *Zeitschrift für Kunstgeschichte*, 37, 1974, pp. 193–223

Backaert 1950/1951
M. Backaert, 'L'évolution du calendrier cistercien', *Collectanea Ordinis Cisterciensium Reformatorum*, 12, 1950, pp. 81–94, 302–16; 13, 1951, pp. 107–27

Bailey 1995
R. N. Bailey, 'St Oswald's Heads', in *Oswald, Northumbrian King to European Saint*, ed. C. Stancliffe and E. Cambridge, Stamford, 1995, pp. 195–209

Baker 1910
A. T. Baker, 'Vie de saint Richard, évêque de Chichester', *Revue des langues romanes*, 53, 1910, pp. 245–396

Baker 1911
A. T. Baker, 'An Anglo-French Life of St Osith', *Modern Language Review*, 6, 1911, pp. 476–504

Baker 1929
A. T. Baker, 'La Vie de saint Edmund, archevêque de Cantorbéry', *Romania*, 55, 1929, pp. 332–81

Baker and Bell 1947
A. T. Baker and A. Bell, *Saint Modwenna*, Oxford, 1947

Bannister 1903
H. M. Bannister, 'The Introduction of the Cultus of St Anne into the West', *English Historical Review*, 18, 1903, pp. 107–12

Bannister 1910
H. M. Bannister, 'Signs in Kalendarial Tables', *Mélanges offerts à M. Émile Châtelain par ses élèves et ses amis*, Paris, 1910, pp. 141–9

Baring-Gould and Fisher 1907–13
S. Baring-Gould and J. Fisher, *The Lives of the British Saints*, 4 vols., London, 1907–13

Barker-Benfield 2008
B. C. Barker-Benfield, *St Augustine's Abbey, Canterbury*, Corpus of British Medieval Library Catalogues, 13, 3 vols., London, 2008

Barlow 1970
F. Barlow, *Edward the Confessor*, London, 1970

Barlow 1980
F. Barlow, 'The Canonization and the Early Lives of Hugh I, Abbot of Cluny', *Analecta Bollandiana*, 98, 1980, pp. 197–334

Barlow 1992
F. Barlow, *The Life of King Edward who Rests at Westminster attributed to a Monk of Saint-Bertin*, Oxford, 1992

Bartlett 1995
R. Bartlett, 'The Hagiography of Angevin England', *Thirteenth Century England*, 5, 1995, pp. 37–52

Bartlett 1999
R. Bartlett, 'Cults of Irish, Scottish and Welsh Saints in Twelfth-Century England', in *Britain and Ireland 900–1300*, ed. B. Smith, Cambridge, 1999, pp. 67–86

Bartlett 2002
R. Bartlett, *Geoffrey of Burton, Life and Miracles of St Modwenna*, Oxford, 2002

Bartlett 2003
R. Bartlett, *The Miracles of St Aebbe of Coldingham and St Margaret of Scotland*, Oxford, 2003

Bassett 1985
S. R. Bassett, 'A Probable Mercian Royal Mausoleum at Winchcombe', *Antiquaries Journal*, 65, 1985, pp. 82–100

Bately 1966
J. Bately, 'Grimbald of St Bertin's', *Medium Aevum*, 35, 1966, pp. 1–10

Battifol 1903
P. Battifol, *La légende de Sainte Thaïs*, Paris, 1903

Bazire 1953
J. Bazire, *The Metrical Life of Robert of Knaresborough*, Early English Text Society, o.s. 228, 1953

Bell 1995
D. N. Bell, *What Nuns Read: Books and Libraries in Medieval English Nunneries*, Kalamazoo, 1995

Benedictines of Stanbrook 1904
Benedictines of Stanbrook, *Saint Egwin and his Abbey of Evesham*, London, 1904

Benoit 2001
J.-L. Benoit, 'Autour des tombeaux de Saint Edme à Pontigny au milieu du XIIIe siècle', *Bulletin de la Société des Sciences Historiques et Naturelles de l'Yonne*, 133, 2001, pp. 33–70

Benoit-Castelli 1961
G. Benoit-Castelli, 'Un Processional anglais du XIVe siècle', *Ephemerides Liturgicae*, 75, 1961, pp. 281–326

Bepler and Heitzmann 2013
J. Bepler and C. Heitzmann (eds.), *The St Albans Psalter: Current Research and Perspectives*, Hildesheim, 2013

Bepler, Kidd and Geddes 2008
J. Bepler, P. Kidd and J. Geddes, *The St Albans Psalter (Albani Psalter)*, Simbach am Inn, 2008

Bethell 1970
D. Bethell, 'The Lives of St Osyth of Essex and St Osyth of Aylesbury', *Analecta Bollandiana*, 88, 1970, pp. 75–127

Bethell 1971
D. Bethell, 'The Miracles of St Ithamar', *Analecta Bollandiana*, 89, 1971, pp. 421–7

Bethell 1972
D. Bethell, 'The Making of a Twelfth-Century Relic Collection', *Studies in Church History*, 8, 1972, pp. 61–72

Beyer 1887
A. Beyer, 'Die Londoner Psalterhandschrift Arundel 230', *Zeitschrift für romanische Philologie*, 11, 1887, pp. 513–34

Beyer 1888
A. Beyer, 'Die Londoner Psalterhandschrift Arundel 230', *Zeitschrift für romanische Philologie*, 12, 1888, pp. 1–56

BHL
Bibliographica hagiographica latina, 2 vols., Brussels, 1898–1901

BHL, *Novum supplementum*
H. Fros, *Bibliographica hagiographica latina, Novum supplementum*, Brussels, 1986

Biggs 1995
B. Biggs, 'The Language of the Scribes of the First English Translations of the *Imitatio Christi*', *Leeds Studies in English*, 26, 1995, pp. 79–111

Biggs 1997
B. J. H. Biggs (ed.), *The Imitation of Christ. The First English Translation of the 'Imitatio Christi'*, Early English Text Society, o.s. 309, 1997

Biggs, Hill, Szarmach and Whatley 2001
F. M. Biggs, T. D. Hill, P. E. Szarmach and E. G. Whatley, *Sources of Anglo-Saxon Literary Culture, I, Abbo of Fleury, Abbo of Saint-Germain-des-Prés and Acta Sanctorum*, Kalamazoo, 2001

Binns 1995
A. Binns, 'Pre-Reformation Dedications to St Oswald in England and Scotland: A Gazeteer', in *Oswald, Northumbrian King to European Saint*, ed. C. Stancliffe and E. Cambridge, Stamford, 1995, pp. 241–71

Binski and Panayotova 2005
P. Binski and S. Panayotova (eds.), *The Cambridge Illuminations. Ten Centuries of Book Production in the Medieval West*, exhibition catalogue, Fitzwilliam Museum, Cambridge, London, 2005

Binski and Zutshi 2011
P. Binski and P. Zutshi, *Western Illuminated Manuscripts, a Catalogue of the Collection in Cambridge University Library*, Cambridge, 2011

Bischoff 1945
B. Bischoff, 'Die sogenannten "griechischen" und "chaldaischen" Zahlzeichen des abendländischen Mittelalters', in *Scritti paleografica e diplomatica in honore di Vincenzo Federici*, Florence, 1945, pp. 325–34

Bishop 1885
E. Bishop, 'English Hagiology', *Dublin Review*, 44, 1885, pp. 123–54

Black 1845
W. H. Black, *Catalogue of the Ashmolean Manuscripts*, Oxford, 1845

Blair 1987
J. Blair, 'Saint Frideswide Reconsidered', *Oxoniensia*, 52, 1987, pp. 71–127

Blair 1989
J. Blair, 'The Chertsey Resting-Place List and the Enshrinement of Frithuold', in *The Origins of Anglo-Saxon Kingdoms*, ed. S. Bassett, Leicester, 1989, pp. 231–6

Blair 1997
J. Blair, 'St Cuthman, Steyning and Bosham', *Sussex Archaeological Collections*, 135, 1997, pp. 173–92

Blair 2002a
J. Blair, 'A Saint for every Minster? Local Cults in Anglo-Saxon England', in *Local Saints and Local Churches in the Early Medieval West*, ed. A. Thacker and R. Sharpe, Oxford, 2002, pp. 455–94

Blair 2002b
J. Blair, 'A Handlist of Anglo-Saxon Saints', in *Local Saints and Local Churches in the Early Medieval West*, ed. A. Thacker and R. Sharpe, Oxford, 2002, pp. 495–565

Blanton 2007
V. Blanton, *Signs of Devotion. The Cult of St Aethelthryth in Medieval England 695–1615*, University Park, 2007

Bloch 1923
M. Bloch, 'La Vie de S. Édouard le Confesseur par Osbert de Clare', *Analecta Bollandiana*, 41, 1923, pp. 5–131

Blomfield 1884
J. C. Blomfield, *The History of Bicester, its Town and Priory*, Bicester, 1884

Blurton 2008
H. Blurton, 'Reliquia: Writing Relics in Anglo-Norman Durham', in *Cultural Diversity in the British Middle Ages*, ed. J. J. Cohen, New York, 2008, pp. 39–56

Boardman, Davies and Williamson 2009
S. Boardman, J. R. Davies and E. Williamson (eds.), *Saints' Cults in the Celtic World*, Woodbridge, 2009

Boardman and Williamson 2010
S. Boardman and E. Williamson (eds.), *The Cult of Saints and the Virgin Mary in Medieval Scotland*, Woodbridge, 2010

Boffey and Edwards 2005
J. Boffey and A. S. G. Edwards, *A New Index of Middle English Verse*, London, 2005

Boinet 1921
A. Boinet, *Les manuscrits à peintures de la bibliothèque Sainte-Geneviève à Paris*, Paris, 1921

Bolton 1959
W. F. Bolton, 'Latin Revisions of Felix's "Vita Sancti Guthlaci"', *Mediaeval Studies*, 21, 1959, pp. 36–52

Bolton and Hedström 2010
T. Bolton and I. Hedström, 'A Newly Discovered Manuscript of a Twelfth-Century Bury St Edmunds Litany of the Saints, and its Re-Use in Vadstena Abbey, Sweden, in the Late Middle Ages', *Scriptorium*, 64, 2010, pp. 287–300

Bond, Maunde Thompson and Warner 1884–94
E. A. Bond, E. Maunde Thompson and G. F. Warner (eds.), *The Palaeographical Society. Facsimiles of Manuscripts and Inscriptions*, 2nd Ser., II, London, 1884–94

Bonser 1935
W. Bonser, 'The Magic of Saint Oswald', *Antiquity*, 9, 1935, pp. 418–23

Borst 2001
A. Borst, *Das karolingische Reichskalendar und seine Überlieferung bis ins 12. Jahrhundert*, Monumenta Germaniae Historica Antiquitates, Libri Memoriales 2, 3 vols., Hanover, 2001

Bott 1952
D. J. Bott, 'The Murder of St Wistan', *Transactions of the Leicestershire Archaeological Society*, 28, 1952, pp. 30–41

Bottomley 1993
F. Bottomley, *The Metrical Life of St Robert of Knaresborough*, Ilkley, 1993

Boyle 1967
A. Boyle, 'St Ninian and St Monenna', *Innes Review*, 18, 1967, 147–51

Boyle 1968
A. Boyle, 'Saint Ninian: Some Outstanding Problems', *Innes Review*, 19, 1968, pp. 57–70

Boyle 1976
A. Boyle, 'Some Saints' Lives in the Breviary of Aberdeen', *Analecta Bollandiana*, 94, 1976, pp. 95–106

Boyle 1978
A. Boyle, 'Interpolation in Scottish Calendars', *Analecta Bollandiana*, 96, 1978, pp. 277–98

Brady 1963
J. D. Brady, 'The Derivation of the English Monastic Office-Books as Seen in the Core of the 'Liber Responsalis'', M. Litt. Cambridge, 1963

Branner 1977
R. Branner, *Manuscript Painting in Paris during the Reign of Saint Louis*, Berkeley, 1977

Braswell 1971
L. Braswell, 'St Edburga of Winchester, a study of her cult A.D. 950–1500', *Mediaeval Studies*, 33, 1971, pp. 292–333

Brett 1985
C. Brett, 'L'hagiographie de saint Guénolé de Landévennec: le témoignage du manuscrit de Cardiff', in *Landévennec et le monachisme breton dans le haut Moyen Âge, Actes du Colloque du 15eme centenaire de l'abbaye de Landévennec*, Landévennec, 1985, pp. 253–67

Brittain 1925
F. Brittain, *St Radegund, Patroness of Jesus College, Cambridge*, Cambridge, 1925

Brittain 1926
F. Brittain, *The Lyfe of Saynt Radegunde, edited from the copy in Jesus College Library*, Cambridge, 1926

Brooke 1963
C. N. L. Brooke, 'St Peter of Gloucester and St Cadoc of Llancarfan', in *Celt and Saxon. Studies in the Early British Border*, ed. N. K. Chadwick, Cambridge, 1963, pp. 258–322

Brookes 1991
E. C. Brookes, *The Life of St Ethelbert King and Martyr*, Bury St Edmunds, 1991

Brou 1949
L. Brou, *Psalter Collects*, Henry Bradshaw Society, 83, 1949

BIBLIOGRAPHY

Brown 1932
C. Brown, *English Lyrics of the Thirteenth Century*, Oxford, 1932

Brown 2001
M. P. Brown, *The Life of St Fursey*, Norwich, 2001

Brown 2007
H. Brown, 'Saint Triduana of Restelrig? Locating a Saint and her Cult in Late Medieval Lothian and Beyond', in *Images of Medieval Sanctity: Essays in Honour of Gary Dickson*, ed. D. Higgs Strickland, Leiden, 2007, pp. 45–69

Brown and Yerkes 1981
R. Brown and D. Yerkes, 'A Sermon on the Birthday of St Machutus', *Analecta Bollandiana*, 99, 1981, pp. 160–4

Buchthal and Wormald 1957
H. Buchthal and F. Wormald, *Miniature Painting in the Latin Kingdom of Jerusalem*, Oxford, 1957

Budny and Graham 1993
M. Budny and T. Graham, 'Dunstan as Hagiographic Subject or Osbern as Author? The Scribal Portrait in an Early Copy of Osbern's Vita Sancti Dunstani', *Gesta*, 32, 1993, pp. 83–96

Bull 1912–13
E. Bull, 'The Cultus of Norwegian Saints in England and Scotland', *Saga-Book of the Viking Society*, 8, 1912–13, pp. 135–48

Bullington 1991
R. Bullington, *The Alexis in the Saint Albans Psalter*, New York, 1991

Bultot-Verleysen 2009
A.-M. Bultot-Verleysen, *Odon de Cluny, Vita sancti Geraldi Auriliacensis*, Brussels, 2009

Burkitt 1925–6
F. C. Burkitt, 'St Samson of Dol', *Journal of Theological Studies*, 27, 1925–6, pp. 42–57

Butler 1986a
L. Butler, 'Church Dedications and the Cults of Anglo-Saxon Saints in England', in *The Anglo-Saxon Church: Papers on History, Architecture and Archaeology in Honour of Dr H. M. Taylor*, ed. L. A. S. Butler and R. K. Morris, London, 1986, pp. 44–50

Butler 1986b
L. Butler, 'Two Twelfth-Century Lists of Saints' Resting Places', *Analecta Bollandiana*, 105, 1986, pp. 87–103

Butler and Graham-Campbell 1990
L. Butler, 'A Lost Reliquary Casket from, North Wales', *Antiquaries Journal*, 70, 1990, pp. 40–8

Büttner 2004
F. O. Büttner, 'Der illuminierte Psalter im Westen', in *The Illuminated Psalter. Studies in the Content, Purpose and Placement of its Images*, ed. F. O. Büttner, Turnhout, 2004, pp. 1–106

Cahn and Marrow 1978
W. Cahn and J. Marrow, 'Medieval and Renaissance Manuscripts at Yale: A Selection', *Yale University Library Gazette*, 52, 1978, pp. 174–283

Caldwell 2001
J. Caldwell, 'St Ethelbert, King and Martyr: His Cult and Office in the West of England', *Plainsong and Medieval Music*, 10, 2001, pp. 39–46

Callahan 1976
D. F. Callahan, 'The Sermons of Adémar of Chabannes and the Cult of St Martial of Limoges', *Revue Bénédictine*, 86, 1976, pp. 251–95

Campbell 1950
A. Campbell, *Frithegodi monachi breviloquium vitae beati Wilfridi et Wulfstani cantoris narratio metrica de sancto Swithuno*, Verona, 1950

Careri, Ruby and Short 2011
M. Careri, C. Ruby and I. Short, *Livres et écritures en français et en occitan au XIIe siècle*, Rome, 2011

Carley 1997
J. P. Carley, 'Sir Thomas Bodley's Library and its Acquisitions: An Edition of the Nottingham Benefaction of 1604', in *Books and Collectors 1200–1700: Essays presented to Andrew Watson*, ed. J. P. Carley and C. G. C. Tite, London, 1997, pp. 357–86

Carley 2000
J. P. Carley, *The Libraries of Henry VIII*, Corpus of British Medieval Library Catalogues, 7, London, 2000

Carley and Brett 2010
J. P. Carley and C. Brett, *John Leland De viris illustribus, on Famous Men*, Oxford, 2010

Carley and Howley 1998
J. P. Carley and M. Howley, 'Relics at Glastonbury in the Fourteenth Century: An Annotated Edition, British Library, Cotton Titus D.VII, fols. 2r–13v', *Arthurian Literature*, 16, 1998, pp. 83–129 (also printed in *Glastonbury Abbey and the Arthurian Tradition*, ed. J. P. Carley, Woodbridge, 2001, pp. 569–616)

Carlvant 2012
K. Carlvant, *Manuscript Painting in Thirteenth-Century Flanders. Bruges, Ghent and the Circle of the Counts*, London/Turnhout, 2012

Carter 2009
M. Carter, 'Renaissance, Reformation, Devotion and Recusancy in Sixteenth-Century Yorkshire: A Missal Printed for the Cistercian Rite in Cambridge University Library', *Transactions of the Cambridge Bibliographical Society*, 14 pt 2, 2009, pp. 127–46

Cartwright 2003
J. Cartwright, *Celtic Hagiography and Saints' Cults*, Cardiff, 2003

Cartwright 2008
J. Cartwright, *Feminine Sanctity and Spirituality in Medieval Wales*, Cardiff, 2008

Catalogue of Additions 1894
Catalogue of Additions to the Manuscripts in the British Museum in the Years MDCCCLXXXVIII–MDCCCXCIII, London, 1894

Catalogue of Additions 1967
Catalogue of Additions to the Manuscripts 1931–1935, The British Museum, London, 1967

Catalogue of Additions 1970
Catalogue of Additions to the Manuscripts 1936–1945, The British Museum, London, 1970

Catalogue of Additions 1993
Catalogue of Additions to the Manuscripts 1986–1990, The British Library, London, 1993

Catalogue of Additions 1995
Catalogue of Additions to the Manuscripts 1976–1980, The British Library, London, 1995

Catalogue of Additions 2000
Catalogue of Additions to the Manuscripts 1956–1965, The British Library, London, 2000

Catalogue of Arundel Manuscripts 1834
Catalogue of Manuscripts in the British Museum, n.s. I, pt. 1, The Arundel Manuscripts, London, 1834

Catalogue of Burney Manuscripts 1840
Catalogue of Manuscripts in the British Museum, n.s. I, pt. 2, The Burney Manuscripts, London, 1840

Catalogue of Harleian Manuscripts 1808–12
Catalogue of the Harleian Manuscripts in the British Museum, London, 1808–12

Caviness 1979
M. H. Caviness, 'Conflicts between Regnum and Sacerdotium as reflected in a Canterbury Psalter of c. 1215', *Art Bulletin*, 61, 1979, pp. 38–58

Caviness 1990
M. H. Caviness, *Sumptuous Arts at the Royal Abbeys in Reims and Braine*, Princeton, 1990

Chadd 1986
D. F. L. Chadd, 'Liturgy and Liturgical Music: The Limits of Uniformity', in *Cistercian Art and Architecture in the British Isles*, ed. C. Norton and D. Park, Cambridge, 1986, pp. 299–314

Chadd 1993
D. Chadd, 'An English Noted Breviary of c. 1200', in *Music in the Medieval English Liturgy: Plainsong and Medieval Music Society Centennial Essays*, ed. D. Hiley and S. Rankin, Oxford, 1993, pp. 205–38

Chadwick 1994
H. Chadwick, *St Werburgh of Chester*, Chester, 1994

Challoner 1761
[R. Challoner], *A Memorial of Ancient British Piety or a British Martyrology*, London, 1761

Chanter 1914
J. F. Chanter, 'St Urith of Chittlehampton: A Study of an Obscure Devon Saint', *Reports and Transactions of the Devonshire Association*, 46, 1914, pp. 290–308

Chibnall 1966
M. Chibnall, 'History of the Priory of St Neots', *Proceedings of the Cambridge Antiquarian Society*, 59, 1966, pp. 67–74

Chibnall 1969
M. Chibnall, 'The Life and Legend of St Judoc (St Josse)', in M. Chibnall, *The Ecclesiastical History of Orderic Vitalis*, II, Oxford, 1969, pp. 366–7

Clark 1963
G. N. Clark, 'The Legend of St Rumbold', *Northamptonshire Past and Present*, 3, 1963, pp. 131–5

Clark 1979
C. Clark, 'Notes on a *Life* of three Thorney Saints, Thancred, Torhtred and Tova', *Proceedings of the Cambridge Antiquarian Society*, 69, 1979, pp. 45–62

Clark 2004
J. G. Clark, 'Print and Pre-Reformation Religion: The Benedictines and the Press, c. 1470 – c. 1550', in *The Uses of Script and Print, 1300–1700*, ed. J. Crick and A. Walsham, Cambridge, 2004, pp. 71–94

Clay 1914
R. M. Clay, *The Hermits and Anchorites of England*, London, 1914

Coates 1999
A. Coates, *English Medieval Books. The Reading Abbey Collections from Foundation to Dispersal*, Oxford, 1999

Cockayne 1866
O. Cockayne, *Leechdoms, Wortcunning and Starcraft in Early England*, III, Rolls Series, London, 1866

Cockerell 1907
S. C. Cockerell, *The Gorleston Psalter*, London, 1907

Cockerell and James 1926
S. C. Cockerell and M. R. James, *Two East Anglian Psalters at the Bodleian Library, Oxford. The Ormesby Psalter. The Bromholm Psalter*, Roxburghe Club, Oxford, 1926

Coens 1920
M. Coens, 'Les vierges martyrs de Cologne d'après un ouvrage récent', *Analecta Bollandiana*, 47, 1920, pp. 89–110

Coens 1956
M. Coens, 'Aux origines de la céphalophorie: un fragment retrouvé d'une ancienne Passion de S. Just, martyr de Beauvais', *Analecta Bollandiana*, 74, 1956, pp. 86–114

Colgrave 1927
B. Colgrave, *The Life of Bishop Wilfrid by Eddius Stephanus*, Cambridge, 1927

Colgrave 1940
B. Colgrave, *Two Lives of Saint Cuthbert*, Cambridge, 1940

Colgrave 1956
B. Colgrave, *Felix's Life of Saint Guthlac*, Cambridge, 1956

Colker 1965
M. Colker, 'Texts of Jocelyn of Canterbury which relate to the History of Barking Abbey', *Studia Monastica*, 7, 1965, pp. 383–460

Colker 1977
M. L. Colker, 'A Hagiographic Polemic', *Mediaeval Studies*, 39, 1977, pp. 60–108 (on Mildred)

Cooper 2011
J. Cooper, *The Church Dedications and Saints' Cults of Medieval Essex*, Lancaster, 2011

Corner 1985
D. J. Corner, 'The *Vita Cadoci* and a Cotswold-Severn Chambered Cairn', *Bulletin of the Board of Celtic Studies*, 32, 1985, pp. 49–67

Corona 2002
G. Corona, 'Saint Basil in Anglo-Saxon Exeter', *Notes and Queries*, 247, 2002, pp. 316–20

Corrêa 1993
A. Corrêa, 'A Mass for St Patrick in an Anglo-Saxon Sacramentary', in *Saint Patrick A.D. 493–1993*, ed. D. N. Dumville, Woodbridge, 1993, pp. 245–52

Corrêa 1997
A. Corrêa, 'St Austroberta of Pavilly in the Anglo-Saxon Liturgy', *Analecta Bollandiana*, 115, 1997, pp. 77–112

Corrêa 2008
A. Corrêa, 'A Mass for St Birinus in an Anglo-Saxon Missal from the Scandinavian Mission-Field', in *Myth, Rulership, Church and Charters: Essays in Honour of Nicholas Brooks*, ed. J. Barrow, and A. Wareham, Aldershot, 2008, pp. 167–88

Costen 2003
M. Costen, 'Pit-falls and Problems: Sources for the Study of Saints' Cults in the Diocese of Bath and Wells', in *Saints of Europe. Studies towards a Survey of Cults and Culture*, ed. G. Jones, Donington, 2003, pp. 92–102

Cottle 1988
B. Cottle, 'Cults of Saints in Medieval Bristol and Gloucestershire', *Transactions of the Bristol and Gloucestershire Archaeological Society*, 106, 1988, pp. 5–18

Cowan and Easson 1976
I. B. Cowan and D. E. Easson, *Medieval Religious Houses of Scotland*, London, 1976

Cowley 1962
F. G. Cowley, 'A Note on the Discovery of St David's Body', *Bulletin of the Board of Celtic Studies*, 19, 1962, pp. 47–8

CPR Edward III
Calendar of the Patent Rolls preserved in the Public Record Office, Edward III, vol. IX, A.D. 1350–1354, London, 1907

Cramer 2004
A. Cramer (ed.), *Lamspringe: An English Abbey in Germany 1643–1803*, Ampleforth, 2004

Cron 1963
B. S. Cron, *The Recent Owners of the Golden Psalter*, London, 1963

Cross 1982
J. E. Cross, 'A Lost Life of Hilda of Whitby: The Evidence of the *Old English Martyrology*', in *The Early Middle Ages*, ed. W. H. Snyder, Acta 6, 1982 (for 1979), pp. 21–43

Cubitt 2002
C. Cubitt, 'Universal and Local Saints in Anglo-Saxon England', in *Local Saints and Local Churches in the Early Medieval West*, ed. A. Thacker and R. Sharpe, Oxford, 1982, pp. 423–54

Dalarun 2006
J. Dalarun *et al.*, *Les deux vies de Robert d'Arbrissel, fondateur de Fontevraud*, Turnhout, 2006

Darlington 1928
R. R. Darlington, *The Vita Wulfstani of William of Malmesbury*, London, 1928

Davies 2002
J. R. Davies, 'The Saints of South Wales and the Welsh Church', in *Local Saints and Local Churches in the Early Medieval West*, ed. A. Thacker and R. Sharpe, Oxford, 1982, pp. 361–96

Dean and Boulton 1999
R. J. Dean and M. B. M. Boulton, *Anglo-Norman Literature. A Guide to Texts and Manuscripts*, Anglo-Norman Text Society, Occasional Publications, 3, London 1999

Dearden 1966
J. S. Dearden, 'John Ruskin, the Collector', *The Library*, 21, 1966, pp. 124–54

de Brimont 1884
T. de Brimont, *Saint Ursin, son apostolat dans la Berry et son culte*, Bourges, 1884

de Gaiffier 1979
B. de Gaiffier, 'Isembard de Fleury-sur-Loire auteur de la Vita S, Iudoci (BHL 4505–4510)', *Jahrbuch der Gesellschaft für niedersächsische Kirchengeschichte*, 77, 1979, pp. 9–12

de Gray Birch 1892
W. de Gray Birch, *Liber Vitae: Register and Martyrology of New Minster and Hyde Abbey, Winchester*, London, 1892

de Hamel 1984
C. F. R. de Hamel, *Glossed Books of the Bible and the Origins of the Paris Booktrade*, Cambridge, 1984

de Hamel 1986
C. de Hamel, *A History of Illuminated Manuscripts*, Oxford, 1986

de Hamel 2010
C. de Hamel, *Gilding the Lilly. A Hundred Medieval and Illuminated Manuscripts in the Lilly Library*, South Bend, 2010

Delisle 1880
L. Delisle, *Mélanges de paléographie et de bibliographie*, Paris, 1880

Delisle 1893
L. Delisle, 'Livres d'images destinés à l'instruction religieuse et aux exercices de piété des laïques', *Histoire littéraire de la France*, 31, 1893, pp. 213–83

Dembowski 1977
P. F. Dembowski, *La Vie de sainte Marie l'Égyptienne: versions en ancien et en moyen français*, Geneva, 1977

Dennison 1990
L. Dennison, ' "Liber Horn", "Liber Custumarum" and Other Manuscripts of the Queen Mary Psalter Workshops', in *Medieval Art, Architecture and Archaeology in London*, British Archaeological Association Conference Transactions (1984), 10, ed. L. Grant, Leeds, 1990, pp. 118–34

Dennison 2006
L. Dennison, 'The Technical Mastery of the Macclesfield Psalter: A Preliminary Stylistic Appraisal of the Illuminators and their Suggested Origin', *Transactions of the Cambridge Bibliographical Society*, 13/3, 2006, pp. 253–88

Dennison, Driver, Nichols and Scott 2001
L. Dennison, M. W. Driver, A. E. Nichols and K. L. Scott, *An Index of Images in English Manuscripts from the Time of Chaucer to Henry VIII c. 1380–c. 1509. The Bodleian Library, Oxford, II: MSS Dodsworth-Marshall*, Turnhout, 2001

Dennison, Orr and Scott 2002
L. Dennison, M. T. Orr and K. L. Scott, *An Index of Images in English Manuscripts from the Time of Chaucer to Henry VIII c. 1380–c. 1509. The Bodleian Library, Oxford, III: MSS e Musaeo-Wood*, Turnhout, 2002

Deslandes 1920
Ch. Deslandes, *Recherches historiques sur les reliques de Saint Vigor de Bayeux*, Bayeux, 1920

de Smedt 1887
C. de Smedt, 'Documenta de S. Wenefreda', *Analecta Bollandiana*, 6, 1887, pp. 305–52

de Smedt 1888
C. de Smedt, 'Vita S. Winwaloei primi abbatis Landevenecensis auctore Wurdestino', *Analecta Bollandiana*, 7, 1888, pp. 167–264

de Valous 1970
G. de Valous, *Le monachisme clunisien des origines au XVe siècle*, 2 vols., Paris, 1970

Dewick 1895
E. S. Dewick, 'On a MS Psalter formerly belonging to the Abbey of Bury St Edmund's', *Archaeologia*, 54, 1895, pp. 399–410

Dickins 1945
B. Dickins, 'The Cult of St Olave in the British Isles', *Saga Book of the Viking Society*, 42, 1945, pp. 53–80

Dickson 1917
W. K. Dickson, 'Notes on the Culross Psalter in the Advocates' Library', *Proceedings of the Society of Antiquaries of Scotland*, 51, 1917, pp. 208–13

Diverres 1967
A. H. Diverres, 'An Anglo-Norman Life of Saint Melor', *National Library of Wales Journal*, 15, 1967, pp. 167–76

Diverres 1984
A. H. Diverres, 'The Life of St Melor', in *Medieval French Textual Studies in Memory of T. B. W, Reid*, ed. I. Short, London, 1984, pp. 41–53

Doble 1930
G. H. Doble, *St Nectan, St Keyne and the Children of Brychan in Cornwall*, Exeter, 1930

Doble 1933
G. H. Doble, 'Some Remarks on the Exeter Martyrology', *Buckfast Abbey Chronicle*, 3 no. 4, 1933, pp. 252–69

Doble 1934
G. H. Doble, 'Saint Yvo, Bishop and Confessor, Patron of the Town of St Ives', *Laudate*, 12 no. 47, 1934, pp. 149–56

Doble 1939
G. H. Doble, 'The Relics of St Petroc', *Antiquity*, 13, 1939, pp. 403–15

Doble 1940
G. H. Doble, *Saint Patern, Bishop and Confessor, Patron of Llanbadarn*, Exeter, 1940

Doble 1942a
G. H. Doble, 'Saint Indract and Saint Dominic', *Somerset Record Society Collectanea*, 57, 1942, pp. 1–24

Doble 1942b
G. H. Doble, 'The Leominster Relic List', *Transactions of the Woolhope Naturalists' Field Club*, 31, 1942, pp. 58–65

Doble 1944a
G. H. Doble, *Saint Iltut*, Cardiff, 1944

Doble 1944b
G. H. Doble, 'The Celtic Saints in the Glastonbury Relic Lists', *Somerset and Dorset Notes and Queries*, 24, 1944, pp. 86–9

Doble 1945
G. H. Doble, 'Saint Congar', *Antiquity*, 19, 1945, pp. 32–43, 85–95

Doble 1960–97
G. H. Doble, *The Saints of Cornwall*, 6 vols., Chatham and Oxford, 1960–97

Doble 1970
G. H. Doble, *Lives of the Welsh Saints*, Cardiff, 1970

Dondi 2003
C. Dondi, 'Hospitaller Liturgical Manuscripts and early Printed Books', *Revue Mabillon*, 75, 2003, pp. 225–56

Doyle 1990
A. I. Doyle, 'Book Production by the Monastic Orders in England (c. 1375–1530): Assessing the Evidence', in *Medieval Book Production: Assessing the Evidence*, ed. L. L. Brownrigg, Los Altos Hills, CA, 1990, pp. 1–19

Doyle 1997
A. I. Doyle, 'Stephen Dodesham of Witham and Sheen', in *Of the Making of Books: Medieval Manuscripts, their Scribes and Readers. Essays presented to M. B. Parkes*, ed. P. R. Robinson and R. Zim, Aldershot, 1997, pp. 94–115

Doyle 2011
A. I. Doyle, 'William Darker: The Work of an English Carthusian Scribe', in *Medieval Manuscripts, their Makers and Users. A Special Issue of Viator in Honor of Richard and Mary Rouse*, Turnhout, 2011, pp. 199–212

Duchesne 1890
L. Duchesne, 'La Vie de Saint Malo. Étude critique', *Revue Celtique*, 11, 1890, pp. 1–22

Duchesne 1916–17
L. Duchesne, 'Les légendes de l'Alta semita', *Mélanges d'archéologie et d'histoire de l'École française de Rome*, 36, 1916–17, pp. 27–56

Duine 1914
F. Duine, *Questions d'Hagiographie et Vie de S. Samson*, Paris, 1914

Duine 1918
F. Duine, *Memento des sources hagiographiques de l'histoire de Bretagne*, Rennes, 1918

Dumville 1992
D. N. Dumville, *Liturgy and the Ecclesiastical History of Late Anglo-Saxon England*, Woodbridge, 1992

Dumville 1993
D. N. Dumville, 'St Patrick in an Anglo-Saxon Martyrology', in *Saint Patrick A.D. 493–1993*, ed. D. N. Dumville, Woodbridge, 1993, pp. 243–4

Dumville and Lapidge 1985
D. Dumville and M. Lapidge, *The Anglo-Saxon Chronicle, 17: The Annals of St Neots with Vita Prima Sancti Neoti*, Cambridge, 1985

Edwards 1961–64
A. J. M. Edwards, 'An Early Twelfth-Century Account of the Translation of St Milburga of Much Wenlock', *Transactions of the Shropshire Archaeological Society*, 57, 1961–64, pp. 134–51

Edwards 1991
A. S. G. Edwards, 'Beinecke MS 661 and Early Fifteenth-Century English Manuscript Production', *Yale University Library Gazette*, 66 (supplement), 1991, pp. 81–96

Edwards and Gray Hulse 1992
N. Edwards and T. Gray Hulse, 'A Fragment of a Reliquary Casket from Gwytherin, North Wales', *Antiquaries Journal*, 72, 1992, pp. 91–101

Eeles 1955–8
F. C. Eeles, 'Part of a Kalendar of a XIIIth-Century Service Book once in the Church of Writtle', *Transactions of the Essex Archaeological Society*, 25, 1955–8, pp. 68–79

Ehrensberger 1897
H. Ehrensberger, *Libri liturgici Bibliothecae Apostolicae Vaticanae*, Freiburg-im-Breisgau, 1897

Ellis 1892
F. S. Ellis, *The Golden Legend of Master William Caxton Done Anew*, 3 vols., London, 1892

Ellis 1900
F. S. Ellis, *The Golden Legend or Lives of the Saints as Englished by William Caxton*, 7 vols., London, 1900

Ellis 1986
R. H. Ellis, *Catalogue of Seals in the Public Record Office. Monastic Seals: Volume I*, London, 1986

Emanuel 1952
H. D. Emanuel, 'An Analysis of the Composition of the 'Vita Cadoci', *National Library of Wales Journal*, 7, 1952, pp. 217–27

Emden 1968
R. B. Emden, *Donors of Books to St Augustine's Canterbury*, Oxford Bibliographical Society Occasional Publications, 4, Oxford, 1968

English Romanesque Art 1066–1200 1984
English Romanesque Art 1066–1200, exhibition catalogue, Hayward Gallery, London, 1984

Esposito 1913
M. Esposito, 'La Vie de Sainte Wulfhilde par Goscelin de Cantorbéry', *Analecta Bollandiana*, 32, 1913, pp. 10–26

Farmer 1955
D. H. Farmer, 'The Canonisation of St Hugh of Lincoln', *Lincolnshire Architectural and Archaeological Society Reports*, 6, 1955, pp. 86–117

Farmer 1967
D. H. Farmer, 'Two Biographies of William of Malmesbury', in *Latin Biography*, ed. T. A. Dorey, London, 1967, pp. 157–76

Farmer 1973
D. H. Farmer, 'Saint Wilfrid', in *Saint Wilfrid at Hexham*, ed. D. P. Kirby, London, 1973, pp. 35–59

Farmer 1985a
D. H. Farmer, *Saint Hugh of Lincoln*, London, 1985

Farmer 1985b
D. H. Farmer, 'Some Saints of East Anglia', *East Anglian and Other Studies presented to Barbara Dodwell*, Reading Medieval Studies, 11, 1985, pp. 33–7

Farmer 2003
D. Farmer, *The Oxford Dictionary of the Saints*, 5th edn, Oxford, 2003

Faulkner 2008
M. Faulkner, 'Ælfric, St Edmund, and St Edwold of Cerne', *Medium Aevum*, 77, 2008, pp. 1–9

Fawcett 2007
R. Fawcett, 'The Architectural Framework for the Cults of Saints: Some Scottish Examples', in *Images of Medieval Sanctity: Essays in Honour of Gary Dickson*, ed. D. Higgs Strickland, Leiden, 2007, pp. 71–95

Fell 1971
C. E. Fell, *Edward, King and Martyr*, Leeds, 1971

Fell 1978
C. E. Fell, 'Edward King and Martyr and the Anglo-Saxon Hagiographic Tradition', in *Ethelred the Unready: Papers from the Millenary Conference*, ed. D. Hill, Oxford, 1978, pp. 1–74

Fell 1994
C. E. Fell, 'Saint Æthelthryth: A Historiographical-Hagiographical Dichotomy Revisited', *Nottingham Medieval Studies*, 38, 1994, pp. 18–34

Feltoe 1922
C. L. Feltoe, *Three Canterbury Kalendars*, London, 1922

Field 1902
J. E. Field, *St Berin the Apostle of Wessex*, London, 1902

Fisher 1952
J. V. Fisher, 'The Early Biographers of St Ethelwold', *English Historical Review*, 67, 1952, pp. 381–91

Fletcher 1911
J. M. J. Fletcher, 'Some Saxon Saints of Wimborne', *Proceedings of the Dorset Natural History and Antiquarian Field Club*, 32, 1911, pp. 199–212

Fletcher 1913
J. M. J. Fletcher, 'The Marriage of St Cuthburga, who was afterwards Foundress of the Monastery at Wimborne', *Dorset Natural History and Antiquarian Field Club*, 34, 1913, pp. 167–85

Flower 1923
R. Flower, 'A Glastonbury Fragment from West Pennard', *Notes and Queries for Somerset and Dorset*, 17, 1923, pp. 204–17

Flower 1940
R. Flower, 'A Metrical Life of St Wulfstan of Worcester', *National Library of Wales Journal*, 1, 1940, pp. 119–30

Foley 1992
W. T. Foley, *Images of Sanctity in Eddius Stephanus' Life of Bishop Wilfred*, Lewiston NY, 1992

Folz 1972
R. Folz, 'Naissance and manifestations d'un culte royal: Saint Edmond, roi d'Est Anglie', in *Geschichtsschreibung und geistiges Leben. Festschrift Heinz Löwe zum 65. Geburtstag*, Cologne, 1978, pp. 226–46

Folz 1980
R. Folz, 'Saint Oswald roi de Northumbrie: étude d'hagiographie royale', *Analecta Bollandiana*, 98, 1980, pp. 49–74

Folz 1984
R. Folz, *Les saints rois du Moyen Âge en Occident (VIe–XIIIe siècles)*, Brussels, 1984

Folz 1992
R. Folz, *Les saintes reines du Moyen Âge en Occident (VIe–XIIIe siècles)*, Brussels, 1992

Forbes 1872
A. R. Forbes, *Kalendars of Scottish Saints*, Edinburgh, 1872

Forbes 1874
A. R. Forbes, *Lives of SS Ninian and Kentigern*, Edinburgh, 1874

Foreville 1958
R. Foreville, *Le Jubilé de Saint Thomas Becket du XIIIe au XVe siècle (1220–1470)*, Paris, 1958

Foreville 1985
R. Foreville, 'Canterbury et la canonisation des saints au XIIe siècle', in *Essays for Marjorie Chibnall*, ed. D. Greenway, C. Holdsworth and J. Sayers, Cambridge, 1985, pp. 63–75

Förster 1914
M. Förster, 'Die altenglischen Beigaben des Lambeth-Psalters', *Archiv für das Studium der neueren Sprachen und Literaturen*, 132, 1914, pp. 328–35

Förster 1938
M. Förster, 'Die Heilige Sativola oder Sidwell', *Anglia*, 62, 1938, pp. 33–47

Förster 1943
M. Förster, 'Zur Geschichte des Reliquienkultus in Altengland', *Sitzungsberichte der Bayerischen Akademie der Wissenschaften, Philosophisch-historische Abteilung*, 8, Munich 1943

Frere 1894–1932
W. H. Frere, *Bibliotheca musico-liturgica. A Descriptive Handlist of the Musical and Latin-Liturgical MSS. of the Middle Ages preserved in the Libraries of Great Britain and Ireland*, 2 vols., London 1894–1932 (repr. Hildesheim, 1967)

Friedman 1995
J. B. Friedman, *Northern English Books, Owners, and Makers in the Late Middle Ages*, Syracuse, 1995

Friends of the National Libraries 1932–33
Friends of the National Libraries. Annual Report 1932–33, London, 1933, pp. 20–21

Friis-Jensen and Willoughby 2001
K. Friis-Jensen and J. M. W. Willoughby, *Peterborough Abbey*, Corpus of British Medieval Library Catalogues, 8, London, 2001

Galli 1940–41
R. Galli, 'Un prezioso psalterio della Biblioteca Comunale d'Imola', *Accademie e Bibliothece d'Italia*, 15, 1940–41, pp. 325–38

Garzeau 2007
V. Garzeau, *Normannia monastica*, 2 vols., Caen, 2007

Gaspar et Lyna 1937
C. Gaspar and F. Lyna, *Les principaux manuscrits à peintures de la Bibliothèque Royale de Belgique*, 2 vols., Paris, 1937

Gasquet and Bishop 1908
F. Gasquet and E. Bishop, *The Bosworth Psalter: An Account of a Manuscript formerly belonging to O. Turville Petre Esq. of Bosworth Hall*, London, 1908

Geddes 2005
J. Geddes, *The St Albans Psalter: A Book for Christina of Markyate*, London, 2005

Gerould 1917
G. H. Gerould, 'The Legend of St Wulfhad and St Ruffin at Stone Priory', *Proceedings of the Modern Language Association*, 32, 1917, pp. 323–37

Gerry 2009
K. Gerry, 'The Alexis Quire and the Cult of Saints at St. Albans', *Historical Research*, 82, 2009, pp. 593–612

Gerry 2013
K. Gerry, 'Cult and Codex: Alexis, Christina and the St Albans Psalter', in *The St Albans Psalter: Current Research and Perspectives*, ed. J. Bepler and C. Heitzmann, Hildesheim, 2013, pp. 67–93.

Giermann and Härtel 1993
R. Giermann and H. Härtel, *Handschriften der Dombibliothek zu Hildesheim, Zweiter Teil, Hs 700–105; St. God. Nr. 1–51; Ps 1–6; J 23–95*, Wiesbaden, 1993

Gillingham 2008
B. Gillingham, *Indices to Cambridge, Fitzwilliam Museum MS 369*, Ottawa, 2008

Gneuss 1968
H. Gneuss, *Hymnar und Hymnen im Englischen Mittelalter*, Tübingen, 1968

Goddard 1903–6
A. R. Goddard, 'Ickleton Church and Priory', *Proceedings of the Cambridge Antiquarian Society*, 11, 1903–6, pp. 181–95

Golding 1980
B. Golding, 'The Coming of the Cluniacs', *Proceedings of the Battle Conference on Anglo-Norman Studies*, 3, 1980, pp. 65–77, 208–13

Golding 1995
B. Golding, *Gilbert of Sempringham and the Gilbertine Order c. 1130–c. 1300*, Oxford, 1995

Goldschmidt 1895
A. Goldschmidt, *Der Albanipsalter in Hildesheim und seine Beziehung zur symbolischen Kirchenskulptur des XII. Jahrhunderts*, Berlin, 1895

Good 2009
J. Good, *The Cult of St George in Medieval England*, Woodbridge, 2009

Gordon Duff 1912
E. Gordon Duff, *The English Provincial Printers, Stationers and Bookbinders*, Cambridge, 1912

Görlach 1994a
M. Görlach, *The Kalendre of the Newe Legende of Englande*, Heidelberg, 1994

Görlach 1994b
M. Görlach, 'Middle English Legends 1220–1530', in *Corpus Christianorum, Hagiographies*, I, ed. G. Philippart, Turnhout, 1994, pp. 429–85

Gosling 1990
J. Gosling, 'The Identity of the Lady Ælfgyva in the Bayeux Tapestry and some Speculation regarding the Hagiographer Goscelin', *Analecta Bollandiana*, 108, 1990, pp. 71–9

Gougaud 1919/21
L. Gougaud, 'Mentions anglaises de saints bretons et de leur reliques', *Annales de Bretagne*, 34, 1919/21, pp. 273–7

Grant 2004
N. Grant, 'John Leland's List of "Places where Saints Rest in England"', *Analecta Bollandiana*, 122, 2004, pp. 373–88

Greening Lamborn 1934
E. Greening Lamborn, 'The Shrine of St Edburg', *Oxfordshire Archaeological Society Reports*, 80, 1934, pp. 43–52

Gregory 2012
J. R. Gregory, 'A Welsh Saint in England: Translation, Orality and National Identity in the Cult of St Gwenfrewy 1138–1512', Ph.D. thesis, University of Georgia, 2012

Gretsch 2005
M. Gretsch, *Ælfric and the Cult of Saints in Late Anglo-Saxon England*, Cambridge, 2005

Gribbin 1995
J. A. Gribbin, *Aspects of Carthusian Liturgical Practice in Late Medieval England*, Analecta Cartusiana, 99:33, Salzburg, 1995

Gribbin 1999
J. A. Gribbin, *Liturgical and Miscellaneous Questions, Dubia and Supplications to La Grande Chartreuse from the English Carthusian Province in the Later Middle Ages*, Analecta Cartusiana, 100:32, Salzburg, 1999

Grierson 1940
P. Grierson, 'Grimbald of St Bertin's', *English Historical Review*, 55, 1940, pp. 529–61

Grosjean 1924
P. Grosjean, 'Cyngar Sant', *Analecta Bollandiana*, 42, 1924, pp. 100–20

Grosjean 1935
P. Grosjean, 'Legenda S. Sativolae Exoniensis', *Analecta Bollandiana*, 53, 1935, pp. 359–65

Grosjean 1938a
P. Grosjean, 'Vita S. Roberti Novi Monasterii in Anglia abbatis', *Analecta Bollandiana*, 56, 1938, pp. 334–60

Grosjean 1938b
P. Grosjean, 'La légende de Ste Edith en prose et vers par le moine Goscelin', *Analecta Bollandiana*, 56, 1938, pp. c. p. 273

Grosjean 1939
P. Grosjean, 'Vitae S. Roberti Knaresburgensis', *Analecta Bollandiana*, 57, 1939, pp. 364–400

Grosjean 1940a
P. Grosjean, 'De codice hagiographico Gothano', *Analecta Bollandiana*, 58, 1940, pp. 90–103

Grosjean 1940b
P. Grosjean, 'Codicis Gothani Appendix', *Analecta Bollandiana*, 58, 1940, pp. 177–204

Grosjean 1941
P. Grosjean, 'Vita S. Ciarani episcopi de Saigii de codice hagiographico Gothano', *Analecta Bollandiana*, 59, 1941, pp. 217–71

Grosjean 1942
P. Grosjean, 'Vie de Saint Cadoc par Caradoc de Llancarfan', *Analecta Bollandiana*, 60, 1942, pp. 35–67

Grosjean 1949
P. Grosjean. 'S. Paterne d'Avranches et S. Paterne de Vannes', *Analecta Bollandiana*, 67, 1949, pp. 384–400

Grosjean 1953
P. Grosjean, 'Vie de Saint Rumon de Tavistock; vie, invention et miracles de Saint Nectan de Hartland', *Analecta Bollandiana*, 71, 1953, pp. 359–414

Grosjean 1956
P. Grosjean, 'Vies et miracles de Saint Petroc', *Analecta Bollandiana*, 74, 1956, pp. 131–88

Grosjean 1960
P. Grosjean, Review of C. H. Talbot, 'The *Life of Christina of Markyate* and the *Life of St Wulsin of Sherborne* by Goscelin', *Analecta Bollandiana*, 78, 1960, pp. 197–206

Grosjean 1961
P. Grosjean. 'Saints anglo-saxons des marches galloises', *Analecta Bollandiana*, 79, 1961, pp. 161–9 (on Sts Milburga and Kyneburga of Gloucester)

Gwynn 1948
A. Gwynn, 'St Malachy of Armagh', *Irish Ecclesiastical Record*, 70, 1948, pp. 961–78

Gwynn 1949
A. Gwynn, 'St Malachy of Armagh, II, III', *Irish Ecclesiastical Record*, 71, 1949, pp. 134–48, 317–31

Hagerty 1985
R. P. Hagerty, 'The Buckinghamshire Saints Reconsidered 1: St Firmin of North Crawley', *Records of Buckinghamshire*, 27, 1985, pp. 65–71

Hagerty 1987
R. P. Hagerty, 'The Buckinghamshire Saints Reconsidered 2: St Osyth and St Edith of Aylesbury', *Records of Buckinghamshire*, 29, 1987, pp. 125–32

Hagerty 1988
R. P. Hagerty, 'The Buckinghamshire Saints Reconsidered 3: St Rumwold (Rumbold) of Buckingham', *Records of Buckinghamshire*, 30, 1988, pp. 103–10

Haigh 1950
G. T. Haigh, *History of Winchcombe Abbey*, London, 1950

Hall 2007
T. N. Hall, 'Latin Sermons for Saints in Early English Homiliaries and Legendaries', in *The Old English Homily: Precedent, Practice and Appropriation*, ed. A. J. Kleist, Turnhout, 2007, pp. 227–64

Haney 2002
K. Haney, *The St Albans Psalter: An Anglo-Norman Song of Faith*, New York, 2002

Haney 2013
K. Haney, 'The St. Albans Psalter Initials: A Radiant Reflection of the Anglo-Norman Reform', in *The St Albans Psalter: Current Research and Perspectives*, ed. J. Bepler and C. Heitzmann, Hildesheim, 2013, pp. 127–49

Harbus 2002
A. Harbus, *Helena of Britain in Medieval Legend*, Woodbridge, 2002

Harden 1968
A. R. Harden, *La Vie de seint Auban*, Anglo-Norman Text Society, 19, Oxford, 1968

Hardwick and Luard 1856–67
C. Hardwick and H. R. Luard, *A Catalogue of the Manuscripts Preserved in the Library of the University of Cambridge*, 6 vols., Cambridge, 1856–67

Hardy and Martin 1888/89
T. D. Hardy and C. T. Martin, *Lestoire des Engles solum la translacion Maistre Geffrei Gaimar*, Rolls Series, London, 1888/89

Harper 2008
S. Harper, *Music in Welsh Culture before 1650*, Aldershot, 2007

Harper 2010
S. Harper, 'Traces of Lost Late Medieval Offices? The Sanctilogium Angliae, Walliae, Scotiae et Hiberniae of John of Tynemouth (fl. 1350)', in *Essays on the History of English Music in Honour of John Caldwell. Sources, Style, Performance, Historiography*, ed. E. Hornby and D. Maw, Woodbridge, 2010, pp. 1–21

Harris 1940
S. M. Harris, *St David in the Liturgy*, Cardiff, 1940

Harris 1946–47
S. M. Harris, 'Liturgical commemorations of Welsh Saints', *The Faith in Wales*, XIX pt 2, 1946, pp. 1–6; XIX pt 3, 1946, pp. 1–8; XX pt 1, pp. 1–4; XX pt 2, 1947, pp. 1–7

Harris 1952
S. M. Harris, 'A Llanbadarn Fawr Calendar', *Ceredigion*, 2, 1952, pp. 18–26

Harris 1953
S. M. Harris, 'The Kalendar of the Vitae Sanctorum Wallensium', *Journal of the Historical Society of the Church in Wales*, 3, 1953, pp. 3–53

Harris 1955
S. M. Harris, 'Liturgical Commemorations of Welsh Saints, I St. Deiniol', *Journal of the Historical Society of the Church in Wales*, 5, 1955, pp. 5–22

Harris 1956
S. M. Harris, 'Liturgical Commemorations of Welsh Saints, II St. Asaf', *Journal of the Historical Society of the Church in Wales*, 6, 1956, pp. 5–24

Hart 1869
W. H. Hart (ed.), *Lectionarium Sanctae Mariae virginis, Sancti Thomae Cantuariensis, Sancti Augustini, Sanctae Kyneburgae Gloucestriensis et Sancti Kenani de Hibernia*, London, 1869

Hartland 1916
E. S. Hartland, 'The Legend of St Kenelm', *Transactions of the Bristol and Gloucestershire Archaeological Society*, 39, 1916, pp. 13–65

Hartzell 1971
K.D. Hartzell, 'The Musical Repertoire at St Albans Abbey, England, in the Twelfth Century', Ph.D. thesis, University of Rochester, 1971

Hartzell 1975
K. D. Hartzell, 'A St Albans Miscellany in New York', *Mittellateinisches Jahrbuch*, 10, 1975, pp. 20–61

Hartzell 2006
K. D. Hartzell, *Catalogue of Manuscripts Written or Owned in England up to 1200 Containing Music*, Woodbridge, 2006

Harvey1969
J. H. Harvey, *William Worcestre Itineraries Edited from the Unique Manuscript, Corpus Christi College 210*, Oxford, 1969

Haseloff 1938
G. Haseloff, *Die Psalterillustration im 13. Jahrhundert. Studien zur Geschichte der Buchmalerei in England, Frankreich und den Niederlanden*, Kiel, 1938

Hayward 1998
P. A. Hayward, 'Translation Narratives in Post-Conquest Hagiography and English Resistance to the Norman Conquest', *Anglo-Norman Studies*, 21, 1998, pp. 67–93

Hearne 1727
T. Hearne (ed.), *Adami de Domerham, Historia de Rebus Gestis Glastoniensibus*, 2 vols., London, 1727

Hearne 1774
T. Hearne (ed.), *Joannis Lelandi antiquarii de rebus Britannicis Collectanea*, 6 vols., London, 1774 (repr. 1970)

Henken 1987
E. R. Henken, *Traditions of Welsh Saints*, Woodbridge, 1987

Henken 1991
E. R. Henken, *The Welsh Saints*, Cambridge, 1991

Hennig 1952
J. Hennig, 'The Irish Background of St Fursey', *Irish Ecclesiastical Record*, 77, 1952, pp. 18–28

Hennig 1954
J. Hennig, 'The Place of Irish Saints in Medieval English Calendars', *Irish Ecclesiastical Record*, 88, 1954, pp. 93–106

Hervey 1925
F. Hervey, 'The Life of St Fremund by William of Ramsay', in *The Pinchbeck Register*, ed. F. Hervey, Brighton, 1925, pp. 365–78

Herzfeld 1900
O. Herzfeld, *An Old English Martyrology*, Early English Text Society, o.s. 116, London, 1900

Hesbert 1975
R.-J. Hesbert, *Corpus Antiphonalium Officii, V, Fontes earumque prima ordinatio*, Rome, 1975

Hesbert 1979
R.-J. Hesbert, *Corpus Antiphonalium Officii, VI, Secunda et tertia ordinationes*, Rome, 1979

Heslop 1995
T. A. Heslop, 'The Canterbury Calendars and the Norman Conquest', in *Canterbury and the Norman Conquest: Churches, Saints and Scholars 1066–1109*, ed. R. Eales and R. Sharpe, London, 1995, pp. 53–85

Hession 1980
E. Hession, 'St Hilda and St Etheldreda', in *Benedict's Disciples*, ed. D. H. Farmer, Leominster, 1980, pp. 70–85

Hewitt 1876
J. Hewitt, 'The "Keeper of Saint Chad's Head" in Lichfield Cathedral, and Other Matters concerning the Minster in the Fifteenth Century', *Archaeological Journal*, 33, 1876, pp. 72–82

Hiley 2004
D. Hiley, 'Zur englischen Hymnenüberlieferung', in *Der lateinische Hymnus im Mittelalter*, ed. A. Haug, C. März and L. Weker, Kassel, 2004, pp. 199–214

Hiley 2010
D. Hiley, 'The Saints Venerated in Medieval Peterborough as Reflected in the Antiphoner Cambridge, Magdalene College F.4.10', in *Essays on the History of English Music in Honour of John Caldwell. Sources, Style, Performance, Historiography*, ed. E. Hornby and D. Maw, Woodbridge, 2010, pp. 22–46

Hohler 1955
C. Hohler, 'Les saints insulaires dans le missel de l'archevêque Robert', in *Jumièges. Congrès scientifique du XIIIe centenaire*, 2 vols., Paris, 1955, I, pp. 293–303

Hohler 1956
C. Hohler, 'The Durham Services in Honour of St Cuthbert', in *The Relics of Saint Cuthbert*, ed. C. F. Battiscombe, Oxford, 1956, pp. 155–91

Hohler 1966
C. Hohler, 'St Osyth and Aylesbury', *Records of Buckinghamshire*, 18, 1966, pp. 61–72

Hohler 1978
C. Hohler, 'Reflections on Some Manuscripts containing 13th-Century Polyphony', *Journal of the Plainsong and Mediæval Music Society*, 1, 1978, pp. 2–38

Holder 1985
S. Holder, 'The Noted Cluniac Breviary-Missal of Lewes: Fitzwilliam Museum Manuscript 369', *Journal of the Plainsong and Mediæval Music Society*, 8, 1985, pp. 25–32

Hollaender 1943
A. Hollaender, 'The Sarum Illuminator and his School', *Wiltshire Archaeological and Natural History Magazine*, 50, 1943, pp. 230–62

Holmes 2011
S. M. Holmes, 'Catalogue of Liturgical Books and Fragments in Scotland before 1560', *Innes Review*, 62, 2011, pp. 127–212

Holweck 1924
F. G. Holweck, *A Biographical Dictionary of the Saints*, London, 1924

Horstman(n) 1887a
C. Horstmann, *The Early South English Legendary*, Early English Text Society, o.s. 87, 1887

Horstmann 1887b
C. Horstmann, *The Life of Saint Werburge of Chester by Henry Bradshaw*, Early English Text Society, o.s. 88, London, 1887

Horstman(n) 1901
C. Horstmann, *Nova Legenda Anglie*, 2 vols., Oxford, 1901

Hourlier 1964
J. Hourlier, *Saint Odilon, Abbé de Cluny*, Louvain, 1964

Hourlier and du Moustier 1957
J. Hourlier and B. du Moustier, 'Le calendrier cartusien', *Études grégoriennes*, 2, 1957, pp. 153–61

Howe 1983
J. Howe, 'The Date of the Vita Judoci by Abbot Florentius (BHL 4511)', *Analecta Bollandiana*, 101, 1983, pp. 25–31

Howe 1984
J. Howe, 'The Date of the Life of St Vigor of Bayeux', *Analecta Bollandiana*, 102, 1984, pp. 303–12

Howe 2001a
J. Howe, 'The Hagiography of Jumièges (Province of Haute-Normandie)', in *L'Hagiographie du Haut Moyen Âge en Gaule du Nord*, ed. M. Heinzelmann, Stuttgart, 2001, pp. 91–126

Howe 2001b
J. Howe, 'The Hagiography of Saint-Wandrille (Fontenelle) (Province of Haute-Normandie)', in *L'Hagiographie du Haut Moyen Âge en Gaule du Nord*, ed. M. Heinzelmann, Stuttgart, 2001, pp. 127–92

Hughes 1955
K. Hughes, 'The Offices of S. Finnian of Clonard and S. Cíanán of Duleek', *Analecta Bollandiana*, 73, 1955, pp. 342–72

Hughes 1958
K. Hughes, 'British Museum MS. Cotton Vespasian A.XIV ('Vitae Sanctorum Wallensium'): Its Purpose and Provenance', in *Studies in the Early British Church*, Cambridge, 1958, pp. 183–200

Hughes 1963
A. Hughes, *The Bec Missal*, Henry Bradshaw Society, 94, 1963

Hughes 1982
A. Hughes, *Medieval Manuscripts for Mass and Office: A Guide to their Organization and Terminology*, Toronto, 1982

Hughes 2011–12
A. Hughes, *The Versified Office: Sources, Poetry and Chants*, 2 vols., Toronto 2011–12

Hunt 1893
W. Hunt, *Two Cartularies of the Priory of St Peter at Bath*, Somerset Record Society, 7, London, 1893

Hurry 1901
J. B. Hurry, *Reading Abbey*, London, 1901

Inventaire Hagiographique
Analecta Bollandiana, Inventaire hagiographique des tomes 1 à 100 (1882–1982), Brussels, 1983

J. R. L. 1935
J. R. L., 'Some Notes on the Library of Reading Abbey', *Bodleian Quarterly Record*, 8, 1935, pp. 47–54

Jackson 1958
K. H. Jackson, 'The Sources of the Life of St Kentigern', in *Studies in the Early British Church*, ed. N. K. Chadwick, Cambridge, 1958, pp. 273–357

Jackson and Lapidge 1996
P. Jackson and M. Lapidge, 'The Contents of the Cotton-Corpus Legendary', in *Holy Men and Holy Women: Old English Prose Saints' Lives and their Context*, ed. P. E. Szarmach, Albany NY, 1996, pp. 131–46

Jacob 1956
E. F. Jacob, 'St Richard of Chichester', *Journal of Ecclesiastical History*, 7, 1956, pp. 174–88

James 1895a
M. R. James, *On the Abbey of St Edmund at Bury*, Cambridge Antiquarian Society, Octavo Series, XXVIII, 1895

James 1895b
M. R. James, *A Descriptive Catalogue of the Manuscripts in the Library of Eton College*, Cambridge, 1895

James 1895c
M. R. James, *A Descriptive Catalogue of the Manuscripts in the Fitzwilliam Museum*, Cambridge, 1895

James 1895–96
M. R. James, 'On Paintings formerly in the Choir of Peterborough', *Cambridge Antiquarian Society Communications*, 9, 1895–96, pp. 178–94

James 1899
M. R. James, *A Descriptive Catalogue of the Manuscripts in the Library of Peterhouse*, Cambridge, 1899

James 1900–1904
M. R. James, *A Descriptive Catalogue of Manuscripts in the Library of Trinity College Cambridge*, 3 vols., Cambridge, 1900–1904

James 1902
M. R. James, 'St Urith of Chittlehampton', *Cambridge Antiquarian Society Proceedings*, 1902, pp. 230–4

James 1912
M. R. James, *A Descriptive Catalogue of the Manuscripts in the Library of Corpus Christi College, Cambridge*, 2 vols., Cambridge, 1912

James 1913
M. R. James, *A Descriptive Catalogue of the Manuscripts in the Library of St John's College Cambridge*, Cambridge, 1913

James 1917
M. R. James, 'Two Lives of St Ethelbert', *English Historical Review*, 32, 1917, pp. 214–21

James 1921
M. R. James, *A Peterborough Psalter and Bestiary of the Fourteenth Century*, Roxburghe Club, 1921

James 1926
M. R. James, 'Lists of Manuscripts formerly in Peterborough Abbey Library', *Transactions of the Bibliographical Society*, Supplement 5, 1926

James 1932
M. R. James, *A Descriptive Catalogue of the Manuscripts in the Library of Lambeth Palace*, Cambridge, 1932

Jancey 1982
M. Jancey (ed.), *St Thomas of Cantilupe, Bishop of Hereford*, Hereford, 1982

Janini and Serrano 1969
J. Janini and J. Serrano, *Manuscritos liturgicos de la Biblioteca Nacional*, Madrid, 1969

Jankulak 2000
K. Jankulak, *The Medieval Cult of St Petroc*, Woodbridge, 2000

Jennings 1962
J. C. Jennings, 'The Writings of Prior Dominic of Evesham', *English Historical Review*, 77, 1962, pp. 298–304

Jessop and James 1896
A. Jessop and M. R. James, *The Life and Miracles of St William of Norwich by Thomas of Monmouth*, Cambridge, 1896

John 1958
E. John, 'St Oswald and the Tenth Century Reformation', *Journal of Ecclesiastical History*, 9, 1958, pp. 159–72

Johnson 2005
R. F. Johnson, *St Michael the Archangel in Medieval English Legend*, Woodbridge, 2005

Johnston 1985
F. R. Johnston, 'The English Cult of St Bridget of Sweden', *Analecta Bollandiana*, 103, 1985, pp. 75–93

Jones 1987
D. Jones, 'The Medieval Lives of Saint Richard of Chichester', *Analecta Bollandiana*, 105, 1987, pp. 105–29

Jones 1993
D. Jones, *St Richard of Chichester: The Sources for his Life*, Sussex Record Society, 79, 1993

Jones 1999a
G. Jones, 'Authority, Challenge and Identity in Three Gloucestershire Saints' Cults', in *Authority and Community in the Middle Ages*, ed. D. Mowbray, Stroud, 1999, pp. 117–37

Jones 1999b
T. Jones, *The English Saints. East Anglia*, Norwich, 1999

Kauffmann 1975
C. M. Kauffmann, *Romanesque Manuscripts 1066–1190*, A Survey of Manuscripts Illuminated in the British Isles, 3, London, 1975

Kauffmann 2001
C. M. Kauffmann, 'British Library, Lansdowne Ms. 383: The Shaftesbury Psalter?', in *New Offerings, Ancient Treasures. Studies in Medieval Art for George Henderson*, ed. P. Binski and W. Noel, Stroud, 2001, pp. 256–79

Kauffmann 2003
C. M. Kauffmann, *Biblical Imagery in Medieval England 700–1550*, London/Turnhout, 2003

Kemp 1970
B. Kemp, 'The Miracles of the Hand of St James translated with an introduction', *Berkshire Archaeological Society*, 65, 1970, pp. 1–19

Kemp 1990
B. Kemp, *The Hand of St James at Reading Abbey*, Reading Medieval Studies, 16, 1990

Ker 1949
N. R. Ker, 'Medieval Manuscripts from Norwich Cathedral Priory', *Transactions of the Cambridge Bibliographical Society*, 1, 1949, pp. 1–28

Ker 1957
N. R. Ker, *Catalogue of Manuscripts containing Anglo-Saxon*, Oxford, 1957

Ker 1960
N. R. Ker, 'From "above top line" to "below top line": A Change in Scribal Practice', *Celtica*, 5, 1960, pp. 13–16

Ker 1964
N. R. Ker, *Medieval Libraries of Great Britain. A List of Surviving Books*, London, 1964

Ker 1969
N. R. Ker, *Medieval Manuscripts in British Libraries, I, London*, Oxford, 1969

Ker 1977
N. R. Ker, *Medieval Manuscripts in British Libraries, II, Abbotsford-Keele*, Oxford, 1977

Ker 1983
N. R. Ker, *Medieval Manuscripts in British Libraries, III, Lampeter-Oxford*, Oxford, 1983

Ker and Piper 1992
N. R. Ker and A. J. Piper, *Medieval Manuscripts in British Libraries, IV, Paisley-York*, Oxford, 1992

Ker and Watson 1987
N. R. Ker and A.G. Watson, *Medieval Libraries of Great Britain. A List of Surviving Books. Supplement to the Second Edition*, London, 1987

Kerr 1999
B. M. Kerr, *Religious Life for Women c. 1100-c. 1350: Fontevraud in England*, Oxford, 1999

Keuffer 1888
M. Keuffer, *Beschreibendes Verzeichnis der Handschriften der Stadtbibliothek zu Trier*, Trier, 1888

Keynes 2002
S. Keynes, *An Atlas of Attestations in Anglo-Saxon Charters c. 670–1066*, Cambridge, 2002

Keynes 2005
S. Keynes, 'Wulfsige, Monk of Glastonbury, Abbot of Westminster (c. 900–3) and Bishop of Sherborne (c. 993–1002)', in K. Barker, D. A. Hinton and A. Hunt (eds.), *St Wulfsige and Sherborne: Essays to Celebrate the Millennium of the Benedictine Abbey, 998–1998*, Oxford, 2005, pp. 53–94

King 1955
A. A. King, *Liturgies of the Religious Orders*, London, 1955

King 1995
D.A. King, 'A Forgotten Cistercian System of Numerical Notations', *Cîteaux Commentarii Cistercienses*, 46, 1995, pp. 183–217

King 2001
D. A. King, *The Ciphers of Monks. A Forgotten Number Notation of the Middle Ages*, Stuttgart, 2001

Kirby 1983
D. P. Kirby, 'Bede, Eddius Stephanus and the "Life of Wilfrid"', *English Historical Review*, 98, 1983, pp. 101–14

Kitchin 1892
G. W. Kitchin, *Computus Rolls of the Obedientaries of St Swithun's Priory Winchester from the Winchester Cathedral Archives*, London, 1892

Klemm 2004
E. Klemm, 'Die Darstellung von Heiligen als Thema der Psalterillustration', in *The Illuminated Psalter. Studies in the Content, Purpose and Placement of its Images*, ed. F. O. Büttner, Turnhout, 2004, pp. 361–76

Knowles 1966
D. Knowles, *The Monastic Order in England: A History of its Development from the Times of St Dunstan to the Fourth Lateran Council 940–1216*, Cambridge, 1966

Knowles 1971
D. Knowles, *The Religious Orders in England, III: The Tudor Age*, Cambridge, 1971

Knowles, Brooke and London 1972
D. Knowles, C. N. L. Brooke and V. C. M. London, *The Heads of Religious Houses I: England and Wales 940–1216*, Cambridge, 1972

Knowles and Hadcock 1971
D. Knowles and R. Neville Hadcock, *Medieval Religious Houses: England and Wales*, London, 1971

Korhammer 1973
P. M. Korhammer, 'The Origin of the Bosworth Psalter', *Anglo-Saxon England*, 2, 1973, pp. 173–87

Korhammer 1976
M. Korhammer, *Die monastischen Cantica im Mittelalter*, Munich, 1976

Kotzor 1981
G. Kotzor, *Das Altenglische Martyrologium*, Bayerische Akademie der Wissenschaften, Philosophisch-historische Klasse Abhandlungen, n.f. 88, 2 vols., Munich, 1981

Krüger 2007
A. Krüger, *Litanei-Handschriften der Karolingerzeit*, Hanover, 2007

Krusch 1890
B. Krusch, 'Das Leben des Bischofs Gaugerich', *Neues Archiv des Gesellschaft für ältere Geschichtskunde*, 16, 1890, pp. 227–34

Lagorio 2001
V. M. Lagorio, 'The Evolving Legend of St Joseph of Glastonbury', in *Glastonbury Abbey and the Arthurian Tradition*, ed. J. P. Carley, Woodbridge, 2001, pp. 55–81

Lanéry 2010
C. Lanéry, 'Hagiographie d'Italie 300–550, I, Les Passions latines composées en Italie', in *Corpus Christianorum, Hagiographies*, V, ed. G. Philippart, Turnhout, 2010, pp.15–369

Lapidge 1978
M. Lapidge, 'Dominic of Evesham, "Vita S. Ecgwini episcopi et confessoris"', *Analecta Bollandiana*, 96, 1978, pp. 65–104

Lapidge 1979a
M. Lapidge, 'Byrhtferth and the "Vita Sancti Ecgwini"', *Mediaeval Studies*, 41, 1979, pp. 331–53

Lapidge 1979b
M. Lapidge, 'The Digby-Gotha Recension of the Life of St Ecgwine', *Vale of Evesham Historical Society Research Papers*, 7, 1979, pp. 39–56

Lapidge 1982
M. Lapidge, 'The Cult of St Indract at Glastonbury', in *Ireland in Early Medieval Europe. Studies in Memory of Kathleen Hughes*, ed. D. Whitelock, R. McKitterick and D. Dumville, Cambridge, 1982, pp. 179–212

Lapidge 1984
M. Lapidge, 'A Tenth-Century Metrical Calendar from Ramsey', *Revue Bénédictine*, 94, 1984, pp. 326–69

Lapidge 1985
M. Lapidge, 'Vita prima sancti Neoti et translatio', in D. Dumville and M. Lapidge, *The Anglo-Saxon Chronicle, 17: The Annals of St Neots with the Vita prima sancti Neoti*, Cambridge, 1985, pp. lxxiii, cxxiv, 1–155

Lapidge 1988
M. Lapidge, 'Æthelwold and the *Vita S. Eustachii*', in *Scire Litteras: Forschungen zum mittelalterlichen Geistesleben*, ed. S. Krämer and M. Bernhard, Bayerische Akademie der Wissenschaften Abhandlungen, 99, Munich, 1988, pp. 255–65

Lapidge 1991
M. Lapidge, *Anglo-Saxon Litanies of the Saints*, Henry Bradshaw Society, 106, 1991

Lapidge 1996
M. Lapidge, 'Byrhtferth and Oswald', in *St Oswald of Worcester, Life and Influence*, ed. N. Brooks and C. Cubitt, London, 1996, pp. 64–83

Lapidge 2000
M. Lapidge, 'A Metrical Vita S. Iudoci from Tenth-Century Winchester', *Journal of Medieval Latin*, 10, 2000, pp. 251–306

Lapidge 2003
M. Lapidge, *The Cult of St Swithun*, Oxford, 2003

Lapidge 2005
M. Lapidge, 'Acca of Hexham and the Origin of the *Old English Martyrology*', *Analecta Bollandiana*, 123, 2005, pp. 29–78

Lapidge 2009a
M. Lapidge, *Byrhtferth of Ramsey, The Lives of St Oswald and St Ecgwine*, Oxford, 2009

Lapidge 2009b
M. Lapidge, 'Insular Saints in the *Fasti Sanctorum* of Heribert Rosweyde', in *De Rosweyde aux Acta Sanctorum: La recherche hagiographique des Bollandistes à travers quatre siècles*, ed. R. Godding, B. Joassart, X. Laqueux and F. De Vriendt, Brussels, 2009, pp. 71–87

Lapidge and Love 2001
M. Lapidge and R. C. Love, 'The Latin Hagiography of England and Wales (600–1550)', in *Corpus Christianorum, Hagiographies*, III, ed. G. Philippart, Turnhout, 2001, pp. 203–325

Lapidge and Winterbottom 1991
M. Lapidge and M. Winterbottom, *Wulfstan of Winchester, The Life of St Æthelwold*, Oxford, 1991

Lapina 2009
E. Lapina, 'Demetrius of Thessaloniki: Patron Saint of Crusaders', *Viator*, 40 no. 2, 2009, pp. 93–112

Laporte 1938
J. Laporte, *Inventio et miracula S. Vulfrani*, Rouen, 1938

Lasko and Morgan 1973
P. Lasko and N. J. Morgan (eds.), *Medieval Art in East Anglia 1300–1520*, exhibition catalogue, Castle Museum, Norwich, 1973

Laudes Beatae Mariae 1896
Laudes Beatae Mariae Virginis, Kelmscott Press, 1896

Lawlor 1920
H. J. Lawlor, *St Bernard of Clairvaux's Life of St Malachy of Armagh*, London, 1920

Lawrence 1960
C. H. Lawrence, *St Edmund of Abingdon: A Study in Hagiography and History*, Oxford, 1960

Leclercq 1959
J. Leclercq, 'Documents on the Cult of St. Malachy', *Seanchas Ardmhacha*, 3, 1959, pp. 318–32

Lefèvre 1956
J.-A. Lefèvre, 'Saint Robert de Molesme dans l'opinion monastique du XIIe et du XIIIe siècle', *Analecta Bollandiana*, 74, 1956, pp. 50–63

Leroquais 1934
V. Leroquais, *Les Bréviaires manuscrits des bibliothèques publiques de France*, 5 vols., Paris, 1934

Leroquais 1935
V. Leroquais, *Le Bréviaire-Missel du prieuré clunisien de Lewes*, Paris, 1935

Leroquais 1940–41
V. Leroquais, *Les Psautiers manuscrits latins des bibliothèques publiques de France*, 3 vols., Mâcon, 1940–41

Levison 1941
W. Levison, 'St Alban and St Albans', *Antiquity*, 15, 1941, pp. 337–59

Lewis 1937
L. S. Lewis, *St Joseph of Arimathea at Glastonbury*, London, 1937

Lewis 1987
S. Lewis, *The Art of Matthew Paris in the Chronica Maiora*, Berkeley, 1987

Licence 2004
T. Licence, 'Suneman and Wulfric: Two Forgotten Saints of St Benedict's Abbey at Holme in Norfolk', *Analecta Bollandiana*, 122, 2004, pp. 361–72

Licence 2006
T. Licence, 'Goscelin of St Bertin and the Life of St Eadwold of Cerne', *Journal of Medieval Latin*, 16, 2006, pp. 182–207

Liebermann 1889
F. Liebermann, *Die Heiligen Englands*, Hanover, 1889

Lindelöf 1909–1914
U. Lindelöf, *Der Lambeth-Psalter: Eine altenglische Interlinearversion des Psalters in der Hs. 427 der erzbischöflichen Lambeth Palace Library*, 2 vols., Helsingfors, 1909, 1914

Lindley 1951
E. S. Lindley, 'St Arild of Thornbury', *Transactions of the Bristol and Gloucestershire Archaeological Society*, 70, 1951, pp. 152–3

Liveing 1906
H. G. D. Liveing, *Records of Romsey Abbey*, Winchester, 1906

Logeman 1889
H. Logeman, 'Anglo-Saxonica minora', *Anglia*, 11, 1889, pp. 97–120

Lot 1899
F. Lot, 'Date de l'exode des corps saints hors de Bretagne', *Annales de Bretagne*, 15, 1899/1900, pp. 60–76

Loth 1910
J. Loth, *Les noms des saints bretons*, Paris, 1910

Love 1996
R. C. Love, *Three Eleventh-Century Anglo-Latin Saints' Lives: Vita S. Birini, Vita et Miracula S. Kenelmi, Vita S. Rumwoldi*, Oxford, 1996

Love 2004
R. C. Love, *The Hagiography of the Female Saints of Ely – Goscelin of St Bertin*, Oxford, 2004

Love 2005
R. C. Love, 'The Life of St Wulfsige of Sherborne by Goscelin of Saint-Bertin: a new translation with introduction, appendix and notes', in K. Barker, D. A. Hinton and A. Hunt (eds.), *St Wulfsige and Sherborne: Essays to Celebrate the Millennium of the Benedictine Abbey, 998–1998*, Oxford, 2005, pp. 98–123

Luard 1865
H. R. Luard (ed.), *Annales Monasterii de Wintonia, Annales de Wintonia, Annales Monastici*, II, Rolls Series, London, 1865

Luxford 2002a
J. M. Luxford, 'Saint Margaret of Holm: New Evidence concerning a Norfolk Benedictine Cult', *Norfolk Archaeology*, 44, 2002, pp. 111–19

Luxford 2002b
J. M. Luxford, 'The Cerne Abbey Relic Lists', *Notes and Queries for Somerset and Dorset*, 35, 2002, pp. 103–7

Luxford 2002c
J. M. Luxford, '*Auro et argento pulcherrime fabricatum*: New Visual Evidence for the Feretory of St Dunstan at Glastonbury and its Relating to the Controversy over Relics', *Antiquaries Journal*, 82, 2002, pp. 105–24

Luxford 2003a
J. M. Luxford, 'The Cranborne Abbey Relic List', *Notes and Queries for Somerset and Dorset*, 35, 2003, pp. 239–42

Luxford 2003b
J. M. Luxford, 'New Light on St Wilgyth, Sister of St Juthwara', *Southern History*, 25, 2003, pp. 1–7

Luxford 2005
J. M. Luxford, *The Art and Architecture of English Benedictine Monasteries 1300–1540: A Patronage History*, Woodbridge, 2005

Luxford 2008a
J. M. Luxford, 'Precept and Practice: The Decoration of English Carthusian Books', in *Studies in Carthusian Monasticism in the Late Middle Ages*, ed. J. M. Luxford, Turnhout, 2008, pp. 225–68

Luxford 2008b
J. M. Luxford, 'A Further Reference to St Margaret of Holm', *Norfolk Archaeology*, 45, 2008, pp. 416–18

Luxford 2011
J. M. Luxford, 'The Charterhouse of St Anne, Coventry', in *Coventry: Medieval Art, Architecture and Archaeology in the City and its Vicinity*, ed. L. Monckton and R. K. Morris, British Archaeological Association Conference Transactions, 33, Leeds, 2011, pp. 240–66

Luxford 2013
J. M. Luxford, 'Manuscripts, History and Aesthetic Interests at Tynemouth Priory', in *Newcastle and Northumberland: Roman and Medieval Architecture and Art*, ed. J. Ashbee and J. Luxford, British Archaeological Association Conference Transactions, 36, Leeds, 2013, pp. 193–213

McClure 1984
J. McClure, 'Bede and the Life of Ceolfrid', *Peritia*, 3, 1984, pp. 71–84

McCulloch 1981
F. McCulloch, 'Saints Alban and Amphibalus in the Work of Matthew Paris: Dublin, Trinity College MS 177', *Speculum*, 56, 1981, pp. 761–85

McKendrick, Lowden and Doyle 2011
S. McKendrick, J. Lowden and K. Doyle, *Royal Manuscripts: The Genius of Illumination*, exhibition catalogue, The British Library, London, 2011

McKitterick, Morgan, Short and Webber 2005
D. McKitterick, N. Morgan, I. Short and T. Webber, *The Trinity Apocalypse*, London and Luzern, 2005

McLeod 1980
W. McLeod, 'Alban and Amphibal: Some Extant Lives and a Lost Life', *Mediaeval Studies*, 42, 1980, pp. 407–30

Macquarrie 1986
A. Macquarrie, 'The Career of St Kentigern of Glasgow: Vitae, Lectiones and Glimpses of Fact', *Innes Review*, 37, 1986, pp. 3–24

Macquarrie 1993
A. Macquarrie, '*Vita Sancti Servani*: the life of St Serf', *Innes Review*, 44, 1993, pp. 122–52

Macquarrie 1994
A. Macquarrie, 'Medieval Scotland', in *Corpus Christianorum, Hagiographies*, I, ed. G. Philippart, Turnhout, 1994, pp. 487–501

Macquarrie 1997
A. Macquarrie, *The Saints of Scotland: Essays in Scottish Church History AD 450–1093*, Edinburgh, 1997

Macquarrie 2010
A. Macquarrie, 'Scottish Saints' Legends in the Aberdeen Breviary', in S. Boardman and E. Williamson (eds.), *The Cult of Saints and the Virgin Mary in Medieval Scotland*, Woodbridge, 2010, pp. 143–58

Macquarrie 2012
A. Macquarrie, *Legends of Scottish Saints: Readings, Hymns and Prayers for the Commemorations of Scottish Saints in the Aberdeen Breviary*, Dublin, 2012

MacQueen 1962
J. MacQueen, 'History and Miracle Stories in the Biography of Nynia', *Innes Review*, 13, 1962, pp. 115–29

MacQueen 1980
J. MacQueen, 'Myth and Legend of Lowland Scottish Saints', *Scottish Studies*, 24, 1980, pp. 1–21

MacQueen 1990
J. MacQueen, *St Nynia*, Edinburgh, 1990

Macray 1878
W. D. Macray, *Catalogus Codicum Manuscriptorum Bibliothecae Bodleianae Ricardi Rawlinson*, Oxford, 1878

McRoberts 1953
D. McRoberts, *Catalogue of Scottish Medieval Liturgical Books and Fragments*, Glasgow, 1953

McRoberts 1968
D. McRoberts, 'The Scottish Church and Nationalism in the Fifteenth Century', *Innes Review*, 19, 1968, pp. 3–14

McRoberts 1973
D. McRoberts, 'The Death of St Kentigern of Glasgow', *Innes Review*, 24, 1973, pp. 43–50

Madan 1895–1953
F. Madan *et al.*, *Summary Catalogue of Western Manuscripts in the Bodleian Library*, 7 vols., Oxford, 1895–1953

Magennis 1985
H. Magennis, 'On the Sources of the Non-Ælfrician Lives in the Old English Lives of the Saints with Reference to the Cotton-Corpus Legendary', *Notes and Queries*, 230, 1985, pp. 292–9

Malden 1901
A. R. Malden, *The Canonisation of St Osmund*, Salisbury, 1901

Marchesin 2013
I. Marchesin, 'Verbum Christi: Musical Iconography in the St. Albans Psalter', in *The St Albans Psalter: Current Research and Perspectives*, ed. J. Bepler and C. Heitzmann, Hildesheim, 2013, pp. 150–74

Martin 1978
E. A. Martin, 'St Botulph and Hadstock: A Reply', *Antiquaries Journal*, 58, 1978, pp. 153–9

Mayr-Harting 1981
H. Mayr-Harting, 'St Wilfrid in Sussex', in *Studies in Sussex Church History*, ed. M. J. Kitch, London, 1981, pp. 1–17

Mayr-Harting 1985
H. Mayr-Harting, 'Functions of a Twelfth-Century Shrine: The Miracles of St Frideswide', in *Studies in Medieval History Presented to R. H. C. Davis*, London, 1985, pp. 193–206

Mearns 1913
J. Mearns, *Early Latin Hymnaries*, Cambridge, 1913

Mearns 1914
J. Mearns, *The Canticles of the Christian Church Eastern and Western in Early and Medieval Times*, Cambridge, 1914

Medieval and Early Renaissance Treasures 1976
Medieval and Early Renaissance Treasures in the North West, exhibition catalogue, Whitworth Art Gallery, University of Manchester, Manchester, 1976

Mesuel 1918
J. B. Mesuel, *Saint Leufroy, abbé de la Croix*, Paris, 1918

Michael 1987
M. A. Michael, 'The Artists of Walter of Milemete's Treatise', Ph.D. thesis, Westfield College, University of London, 1987

Michael 2007
M. A. Michael, 'Seeing-in; The Macclesfield Psalter', in *The Cambridge Illuminations. The Conference Papers*, ed. S. Panayotova, London/Turnhout, 2007, pp. 115–28

Millar 1914–20
E. G. Millar, 'Les manuscrits à peintures des bibliothèques de Londres', *Bulletin de la Société pour Réproductions des Manuscrits à Peintures*, 4, 1914–20, pp. 83–149

Millinger 1984
S. Millinger, 'Humility and Power: Anglo-Saxon Nuns in Anglo-Norman Hagiography', in *Medieval Religious Women I: Distant Echoes*, ed. J. Nichols and L. T. Shank, Kalamazoo, 1984, pp. 115–29

Mölk 2013
U. Mölk, 'Der lateinische Albani-Psalter und seine französisches Alexiuslied', in *The St Albans Psalter: Current Research and Perspectives*, ed. J. Bepler and C. Heitzmann, Hildesheim, 2013, pp. 55–66

Morgan 1978
N. J. Morgan, 'Psalter Illustration for the Diocese of Worcester in the Thirteenth Century', in *Medieval Art and Architecture at Worcester Cathedral. British Archaeological Association Conference Transactions 1975*, ed. G. Popper, London, 1978, pp. 91–104

Morgan 1981
N. J. Morgan, 'Notes on the Post-Conquest Calendar, Litany and Martyrology of Winchester Cathedral Priory, with a Consideration of Winchester Diocese Calendars of the Pre-Sarum Period', in *The Vanishing Past: Studies of Medieval Art, Liturgy and Metrology presented to Christopher Hohler*, ed. A. Borg and A. Martindale, Oxford, 1981, pp. 133–71

Morgan 1982
N. J. Morgan, *Early Gothic Manuscripts I, 1190–1250*, Survey of Manuscripts Illuminated in the British Isles, IV.1, London, 1982

Morgan 1988
N. J. Morgan, *Early Gothic Manuscripts II, 1250–1285*, Survey of Manuscripts Illuminated in the British Isles, IV.2, London, 1988

Morgan 1999
N. J. Morgan, 'Texts and Images of Marian Devotion in English Twelfth-Century Monasticism and their Influence on the Secular Church', in *Monasteries and Society in Medieval Britain. Proceedings of the 1994 Harlaxton Symposium*, ed. B. Thompson, Harlaxton Medieval Studies, 6, Stamford, 1999, pp. 117–36

Morgan 2001
N. J. Morgan, 'The Introduction of the Sarum Calendar into the Dioceses of England in the Thirteenth Century', in *Thirteenth Century England VIII. Proceedings of the Durham Conference 1999*, ed. M. Prestwich, R. Britnell and R. Frame, Woodbridge, 2001, pp. 179–206

Morgan 2004
N. J. Morgan, 'Patrons and their Devotions in the Historiated Initials and Full-Page Miniatures of 13th-Century English Psalters', in *The Illuminated Psalter. Studies in the Content, Purpose and Placement of its Images*, ed. F. O. Büttner, Turnhout, 2004, pp. 309–22

Morgan 2011
N. J. Morgan, *The Munich Golden Psalter, Clm 835 Bavarian State Library Munich*, Luzern, 2011

Morgan 2012
N. J. Morgan, *Leaves from a Psalter by William de Brailes*, London, 2012

Morgan and Panayotova 2009
N. Morgan and S. Panayotova, *Illuminated Manuscripts in Cambridge: A Catalogue of Western Book Illumination in the Fitzwilliam Museum and the Cambridge Colleges. Part I: The Low Countries, Germany, Bohemia, Austria and Hungary*, 2 vols., London/Turnhout, 2009

Morgan and Panayotova 2013
N. Morgan and S. Panayotova, *Illuminated Manuscripts in Cambridge: A Catalogue of Western Book Illumination in the Fitzwilliam Museum and the Cambridge Colleges. Part IV.1: The British Isles c. 700–c.1100*, London/Turnhout, 2013

Mould 1964
D. D. C. P. Mould, *The Irish Saints*, Dublin, 1964

Muir and Turner 1998
B. J. Muir and A. J. Turner, *Vita Sancti Wilfridi auctore Eadmero. The Life of Wilfrid by Eadmer*, Exeter, 1998

Munro 1910
J. J. Munro, *The Life of Gilbert of Sempringham*, Early English Text Society, o.s. 140, 1910

Musset 1982
L. Musset, 'Monachisme d'époque franque et monachisme d'époque ducale en Normandie: le problème de la continuité', in *Aspects du monachisme en Normandie (IVe–XVIIIe siècles)*, ed. L. Musset, Paris, 1982, pp. 55–74

Napier 1892
A. Napier, 'Eine mittelenglische Compassio Mariae', *Archiv für das Studium der neueren Sprachen*, 88, 1892, pp. 181–85

Nichols, Orr, Scott and Dennison 2000
A. E. Nichols, M. T. Orr, K. L. Scott and L. Dennison, *An Index of Images in English Manuscripts from the Time of Chaucer to Henry VIII c. 1380-c. 1509. The Bodleian Library, Oxford, I: MSS Additional-Digby*, Turnhout, 2000

Nilgen 1988
U. Nilgen, 'Psalter der Christina von Markyate', in *Der Schatz von St. Godehard: Ausstellung des Diözesan-Museums Hildesheim*, ed. M. Brandt, Hildesheim, 1988, pp. 152–65

Nilgen 2004
U. Nilgen, 'Psalter für Gelehrte und Ungelehrte im hohen Mittelalter, in *The Illuminated Psalter. Studies in the Content, Purpose and Placement of its Images*, ed. F. O. Büttner, Turnhout, 2004, pp. 239–47

Nishimura and Nishimura 2007
M. M. Nishimura and D. Nishimura, 'Rabbits, Warrens and Warenne: The Patronage of the Gorleston Psalter', in *Tributes to Lucy Freeman Sandler. Studies in Illuminated Manuscripts*, ed. K. A. Smith and C. H. Krinsky, London and Turnhout, 2007, pp. 205–18

Nordenfalk 1939
C. Nordenfalk, 'Insulare und kontinentale Psalterillustrationen aus dem XIII. Jahrhundert', *Acta Archaeologica*, 10, 1939, pp. 107–20

Norton 2006
C. Norton, *St William of York*, Woodbridge, 2006

O'Neill 1991
P. P. O'Neill, 'Latin Learning at Winchester in the Early Eleventh Century: The Evidence of the Lambeth Psalter', *Anglo-Saxon England*, 20, 1991, pp. 143–66

O'Neill 1993
P. P. O'Neill, 'Further Old English Glosses and Corrections in the Lambeth Psalter', *Anglia*, 111, 1993, pp. 82–93

Ó Riain 1986
P. Ó Riain, 'Les Vies de saint Fursy: les sources irlandaises', *Revue du Nord*, 68, 1986, pp. 405–13

Ó Riain 2002
P. Ó Riain, *Four Irish Martyrologies*, Henry Bradshaw Society, 115, 2002

Ó Riain 2006
P. Ó Riain, *Feastdays of the Saints. A History of Irish Martyrologies*, Brussels, 2006

Ó Riain 2008
P. Ó Riain, *A Martyrology of Four Cities: Metz, Cologne, Dublin, Lund*, Henry Bradshaw Society, 118, 2008

Ó Riain 2011
P. Ó Riain, *A Dictionary of Irish Saints*, Dublin, 2011

Oakeshott 1981
W. Oakeshott, *The Two Winchester Bibles*, Oxford, 1981

Oliver 1995
J. Oliver, 'The Mount St Mary's Missal Leaf and Parisian Gothic Manuscripts', *Scriptorium* 49, 1995, pp. 243–50

Olson and Padel 1986
B. L. Olson and O. J. Padel, 'A Tenth-Century List of Cornish Parochial Saints', *Cambridge Medieval Celtic Studies*, 12, 1986, pp. 33–71

Olszowy-Schlanger 2008
J. Olszowy-Schlanger, *Dictionnaire Hébreu-Latin-Français de la Bible hébraïque de l'abbaye de Ramsey (XIIIe s.)*, Corpus Christianorum Continuatio Mediaevalis, series in 4°, IV, Turnhout, 2008

Orchard 1995a
N. Orchard, 'The Bosworth Psalter and the St Augustine's Missal', in *Canterbury and the Norman Conquest: Churches, Saints and Scholars 1066–1109*, ed. R. Eales and R. Sharpe, London, 1995, pp. 87–94

Orchard 1995b
N. Orchard, 'An Anglo-Saxon Mass for St Willibrord and its Later Liturgical Uses', *Anglo-Saxon England*, 24, 1995, pp. 1–10

Orchard 1996
N. Orchard, 'The Medieval Masses in Honour of St Apollinaris of Ravenna', *Revue Bénédictine*, 106, 1996, pp. 172–84

Orme 1990
N. Orme, 'Saint Walter of Cowick', *Analecta Bollandiana*, 108, 1990, pp. 387–93

Orme 1992
N. Orme, *Nicholas Roscarrock's Lives of the Saints: Cornwall and Devon*, Devon and Cornwall Record Society, n.s. 35, Exeter, 1992

Orme 2000
N. Orme, *The Saints of Cornwall*, Oxford, 2000

Ottosen 1993
K. Ottosen, *The Responsories and Versicles of the Latin Office of the Dead*, Aarhus, 1993

Owen 1980
A. E. B. Owen, 'Herefrith of Louth, Saint and Bishop: A Problem of Identities', *Lincolnshire History and Archaeology*, 15, 1980, pp. 15–19

Pächt 1956
O. Pächt, 'The Illustrations of St Anselm's Prayers and Meditations', *Journal of the Warburg and Courtauld Institutes*, 19, 1956, pp. 68–83

Pächt and Alexander 1966
O. Pächt and J. J. G. Alexander, *Illuminated Manuscripts in the Bodleian Library Oxford, 1: German, Dutch, Flemish, French and Spanish Schools*, Oxford, 1966

Pächt and Alexander 1973
O. Pächt and J. J. G. Alexander, *Illuminated Manuscripts in the Bodleian Library Oxford, 3: British, Irish and Icelandic Schools*, Oxford, 1973

Pächt, Dodwell and Wormald 1960
O. Pächt, C. R. Dodwell and F. Wormald, *The St Albans Psalter (Albani Psalter)*, London, 1960

Padel 2002
O. Padel, 'Local Saints and Place-Names in Cornwall', in *Local Saints and Local Churches in the Early Medieval West*, ed. A. Thacker and R. Sharpe, Oxford, 1982, pp. 303–60

Panayotova 2005
S. Panayotova, 'Art and Politics in a Royal Prayerbook', *Bodleian Library Record*, 18, 2005, pp. 440–59

Panayotova 2008
S. Panayotova, *The Macclesfield Psalter*, London, 2008

Pantin 1942
W. Pantin, 'The Pre-Conquest Saints of Canterbury', in *For Hilaire Belloc. Essays on his 72nd Birthday*, ed. D. Woodruff, London, 1942, pp. 146–72

Parkes 2008
M. B. Parkes, *Their Hands before our Eyes: A Closer Look at Scribes*, Aldershot, 2008

Pawsey 2001
H. Pawsey, 'The Legend of St Etfrid of Leominster', in *The Early Church in Herefordshire. Proceedings of a Conference held in Leominster in June 2000*, ed. A. Malpas, J. Butler, A. Davis, S. Davis, T. Malpas and C. Sansom, Leominster, 2001, pp. 14–40

Pearce 1973
S. M. Pearce, 'The Dating of Some Celtic Dedications and Hagiographical Traditions in South Western Britain', *Reports and Transactions of the Devonshire Association*, 105, 1973, pp. 95–120

Pedrick 1902
G. Pedrick, *Monastic Seals of the XIIIth Century*, London, 1902

Peile 1934
J. H. F. Peile, *William of Malmesbury's Life of St Wulstan, Bishop of Worceseter*, Oxford, 1934

Pepin and Feiss 2000
Pepin and Feiss, *Two Medieval Lives of Saint Winefride*, 2000

Perman 1961
R. C. D. Perman, 'Henri d'Arci: The Shorter Works', in *Studies in Medieval French presented to Alfred Ewert in Honour of his Seventieth Birthday*, Oxford, 1961, pp. 279–321

Pfaff 1970
R. W. Pfaff, *New Liturgical Feasts in Later Medieval England*, Oxford, 1970

Pfaff 1992a
R. W. Pfaff, 'Lanfranc's Supposed Purge of the Anglo-Saxon Calendar', in *Warriors and Churchmen in the High Middle Ages: Essays presented to Karl Leyser*, ed. T. Reuter, London, 1992, pp. 95–108

Pfaff 1992b
R. W. Pfaff, 'The Calendar', in *The Eadwine Psalter: Text, Image and Monastic Culture in Twelfth-Century Canterbury*, ed. M. Gibson, T. A. Heslop and R. W. Pfaff, London, 1992, pp. 1–24

Pfaff 2009
R. W. Pfaff, *The Liturgy in Medieval England. A History*, Cambridge, 2009

Pfaff 2010
R. W. Pfaff, 'The Glastonbury Collectar', in *Tributes to Nigel Morgan. Contexts of Medieval Art: Images, Objects and Ideas*, ed. J. M. Luxford and M. A. Michael, London/Turnhout, 2010, pp. 57–64

Phillips 1949
C. S. Phillips, *Canterbury Cathedral in the Middle Ages*, London, 1949

Plaine 1886
F. Plaine, 'Vita inedita S. Melori Martyris', *Analecta Bollandiana*, 5, 1886, pp. 165–76

Plummer 1968
J. Plummer, *The Glazier Collection of Illuminated Manuscripts*, New York, 1968

Poncelet 1895
A. Poncelet, 'La plus ancienne vie de S. Gérard d'Aurillac († 909)', *Analecta Bollandiana*, 14, 1895, pp. 89–107

Poulin 2001a
J.-C. Poulin, 'Les dossiers de saints Lunaire et Paul Aurélien (Province de Bretagne)', in *L'Hagiographie du Haut Moyen Âge en Gaule du Nord*, ed. M. Heinzelmann, Stuttgart, 2001, pp. 193–248

Poulin 2001b
J.-C. Poulin. 'La "vie ancienne" de St Samson de Dol comme réécriture (BHL 7478–7479)', *Analecta Bollandiana*, 119, 2001, pp. 261–307

Powell 2005
M. Powell, 'Making the Psalter of Christina of Markyate (The St Albans Psalter)', *Viator*, 36, 2005, pp. 293–335

Powell 2006
M. Powell, 'The Visual, the Visionary and her Viewer: Media and Presence in the Psalter of Christina of Markyate (St Albans Psalter)', *Word and Image*, 22, 2006, pp. 340–62

Price 1988
J. Price, 'La Vie de sainte Modwenne: A Neglected Anglo-Norman Hagiographic Text and Some Implications for English Secular Literature', *Medium Aevum*, 62, 1988, pp. 172–89

Pritchard 1993
T. Pritchard, 'Another MS of the Alexander-Dindimus Debate: London, Lambeth Palace 499', *Scriptorium*, 47, 1993, pp. 48–52

Proctor and Dewick 1893
F. Proctor and E. S. Dewick, *The Martiloge in Englysshe*, Henry Bradshaw Society, 3, 1893

Proud 2002
J. Proud, 'The Cotton-Corpus Legendary into the Twelfth Century: Notes on Salisbury Cathedral Library MSS 221 and 222', in *Early Medieval English: Texts and Interpretations*, ed. S. Rosser and E. Treharne, Tempe AZ, 2002, pp. 341–52

Pulsiano 1995
P. Pulsiano, 'Psalters', in *The Liturgical Books of Anglo-Saxon England*, ed. R. W. Pfaff, Kalamazoo, 1995, pp. 61–85

Pulsiano 2001
P. Pulsiano, *Old English glossed psalters, psalms 1–50*, Toronto, 2001

Raby 1947
F. J. E. Raby, 'The Tomb of St Osmund at Salisbury', *Archaeological Journal*, 104, 1947, pp. 146–7

Rackham 2007
O. Rackham, *Transitus beati Fursei. A Translation of the 8th Century Manuscript Life of Saint Fursey*, Norwich, 2007

Ralegh Radford 1955
C. A. Ralegh Radford, 'Two Scottish Shrines: Jedburgh and St Andrews', *Archaeological Journal*, 112, 1955, pp. 43–60

Reynolds 1881
H. E. Reynolds, *Wells Cathedral. Its Foundation, Constitutional History and Statutes*, Wells, 1881
Rézeau 1983
P. Rézeau, *Les prières aux saints en français à la fin du Moyen Âge*, Geneva, 1983

Rice 1994
F. Rice, *The Hermit of Finchale, The Life of St Godric*, Edinburgh, 1994

Richards 1980
M. P. Richards, 'Liturgical Materials for the Medieval Priory of St Neots, Huntingdonshire', *Revue Bénédictine*, 90, 1980, pp. 301–6

Richards 1981
M. P. Richards, 'The Medieval Hagiography of St Neot', *Analecta Bollandiana*, 99, 1981, pp. 259–78

Richards 1985
M. P. Richards, 'Some Fifteenth-Century Calendars of the Rochester Diocese', *Archaeologia Cantiana*, 102, 1985, pp. 71–86

Ridyard 1986
S. Ridyard, 'Condigna Veneratio: Post-Conquest Attitudes to Anglo-Saxon Saints', *Anglo-Norman Studies*, 9, 1986, pp. 180–87

Ridyard 1988
S. Ridyard, *The Royal Saints of Anglo-Saxon England: A Study of West Saxon and East Anglian Cults*, Cambridge, 1988

Roberts 1970
J. Roberts, 'An Inventory of Early Guthlac Materials', *Mediaeval Studies*, 32, 1970, pp. 193–232

Robinson 1913–14
J. A. Robinson, 'Effigies of Saxon Bishops at Wells', *Archaeologia*, 65, 1913–4, pp. 95–112

Robinson 1919a
J. A. Robinson, 'A Fragment of the Life of St Cungar', *Journal of Theological Studies*, 20, 1919, pp. 97–108

Robinson 1919b
J. A. Robinson, *St Oswald and the Church of Worceseter*, British Academy Supplementary Papers, London, 1919

Robinson 1923
J. A. Robinson, 'The Lives of St Cungar and St Gildas', *Journal of Theological Studies*, 23, 1923, pp. 15–22

Robinson 1926
J. A. Robinson, *Two Glastonbury Legends: King Arthur and St Joseph of Arimathea*, Cambridge, 1926

Robinson 1927
J. A. Robinson, 'Mediaeval Calendars of Somerset', *Somerset Record Society*, 42, 1927, pp. 141–83

Robinson 1927–28
J. A. Robinson, 'St Cungar and St Decuman', *Journal of Theological Studies*, 29, 1927–28, pp. 137–40

Robinson 1988
P. R. Robinson, *Catalogue of Dated and Datable Manuscripts c. 737–1600 in Cambridge Libraries*, 2 vols., Woodbridge, 1988

Robinson 2003
P. R. Robinson, *Catalogue of Dated and Datable Manuscripts c. 888–1600 in London Libraries*, 2 vols., London, 2003

Rogers 1987
N. J. Rogers, 'Fitzwilliam Museum Ms 3–1979: A Bury St Edmunds Book of Hours and the Origin of the Bury Style', in *England in the Fifteenth Century. Proceedings of the 1986 Harlaxton Symposium*, ed. D. Williams, Woodbridge, 1987, pp. 229–43

Rollason 1978
D. W. Rollason, 'Lists of Saints' Resting Places in Anglo-Saxon England', *Anglo-Saxon England*, 7, 1978, pp. 61–93

Rollason 1981
D. Rollason, *The Search for St Wigstan, Prince-Martyr of the Kingdom of Mercia*, Leicester, 1981

Rollason 1982a
D. W. Rollason, 'The Cults of Murdered Royal Saints in Anglo-Saxon England', *Anglo-Saxon England*, 11, 1982, pp. 1–22

Rollason 1982b
D. W. Rollason, *The Mildrith Legend*, Leicester, 1982

Rollason 1986a
D. W. Rollason, 'Goscelin of Canterbury's account of the Translation and Miracles of St Mildrith: an edition with notes', *Mediaeval Studies*, 48, 1986, pp. 139–210

Rollason 1986b
D. W. Rollason, 'Relic-Cults as an Instrument of Royal Policy c. 900 – c. 1050', *Anglo-Saxon England*, 15, 1986, pp. 91–103

Rollason 1989
D. W. Rollason, *Saints and Relics in Anglo-Saxon England*, Oxford, 1989

Rollason 1995
D. Rollason, 'St Oswald in Post-Conquest England', in *Oswald, Northumbrian King to European Saint*, ed. C. Stancliffe and E. Cambridge, Stamford, 1995, pp. 164–77

Roper 1993
S. E. Roper, *Medieval English Benedictine Liturgy. Studies in the Formation, Structure, and Content of the Monastic Votive Office c. 950–1540*, New York and London, 1993

Ronan 1927
M. V. Ronan, *St Anne: her Cult and her Shrines*, London, 1927

Rosier 1962
J. L. Rosier, *The Vitellius Psalter*, Ithaca, 1962

Rosweyde 1607
H. Rosweyde, *Fasti Sanctorum quorum Vitae in Belgicis Bibliothecis Manuscriptae*, Antwerp, 1607

Round 1923
J. H. Round, 'The Heart of St Roger', *Transactions of the Essex Archaeological Society*, 16, 1923, pp. 1–4

Rule 1896
M. Rule, *The Missal of St Augustine's Abbey, Canterbury*, Cambridge, 1896

Rushforth 1933
G. McN. Rushforth, 'St Urith', *Devon and Cornwall Notes and Queries*, 17, 1933, pp. 290–91

Rushforth 2000
R. Rushforth, 'The Medieval Hagiography of St Cuthburg', *Analecta Bollandiana*, 118, 2000, pp. 291–324

Rushforth 2008
R. Rushforth, *Saints in English Kalendars before A.D. 1100*, Henry Bradshaw Society, 117, 2005

Ruskin 1896
J. Ruskin, *Letters to the Clergy on The Lord's Prayer and the Church*, London, 1896

Russell 1995
D. W. Russell, *La Vie seint Richard Evesque de Cycestre by Pierre d'Abernon of Fetcham*, Anglo-Norman Text Society, 51, London, 1995

St John Hope 1917
W. St John Hope, 'Recent Discoveries in the Abbey Church of St Austin at Canterbury', *Archaeologia Cantiana*, 32, 1917, pp. 1–26

Salmon 1968
P. Salmon, *Les livres liturgiques latins de la Bibliothèque Vaticane, I, Psautiers, Antiphonaires, Hymnaires, Collectaires, Bréviaires*, Vatican City, 1968

Salzman 1948
L. F. Salzman, *The Victoria History of the County of Cambridge and the Isle of Ely*, London, 1948

Sandler 1969
L. F. Sandler, 'The Historical Miniatures of the Fourteenth-Century Ramsey Palter', *Burlington Magazine*, 111, 1969, pp. 605–11

Sandler 1970
L. F. Sandler, 'Peterborough Abbey and the Peterborough Psalter in Brussels', *Journal of the British Archaeological Association*, 33, 1970, pp. 36–49

Sandler 1972
L. F. Sandler, 'Christian Hebraism and the Ramsey Abbey Psalter', *Journal of the Warburg and Courtauld Institutes*, 35, 1972, pp. 123–34

Sandler 1974
L. F. Sandler, *The Peterborough Psalter in Brussels and Other Fenland Manuscripts*, London, 1974

Sandler 1983
L. F. Sandler, 'A Fragment of the Chertsey Breviary in San Francisco', *Bodleian Library Record*, 11, 1983, pp. 155–61

Sandler 1986
L. F. Sandler, *Gothic Manuscripts 1285–1385*, A Survey of Manuscripts Illuminated in the British Isles, 5, 2 vols., Oxford, 1986

Sandler 1999
L. F. Sandler, *Der Ramsey Psalter, Commentary/Kommentar*, Codices Selecti CIII*, Graz, 1999

Sandler 2003
L. F. Sandler, *Der Ramsey Psalter*, Graz, 2003

Sandler and de Hamel 2003
L. F. Sandler and C. de Hamel, *The Peterborough Bestiary*, Luzern, 2003
Sattler 2006
V. Sattler, *Zwischen Andachtsbuch und Aventiure: Der Neufville-Vitasse-Psalter*, 2 vols., Hamburg, 2006

Sauvage 1885
E. P. Sauvage, 'Sancti Swithuni Wintonensis episcopi translatio et miracula auctore Lantfredo monacho Wintoniensi', *Analecta Bollandiana*, 4, 1885, pp. 367–410

Schofield 1927
B. Schofield, 'Muchelney Memoranda. A Breviary of the Abbey in the Possession of J. Meade Falkner', *Somerset Record Society*, 42 1927, pp. vii–xxvii, 1–139

Schofield 1948
B. Schofield, 'The Provenance and Date of "Sumer is Icumen in"', *Music Review*, 1948, pp. 81–6

Scholz 1961
B. W. Scholz, 'The Canonization of Edward the Confessor', *Speculum*, 36, 1961, pp. 38–60

Scott 1996
K. L. Scott, *Later Gothic Manuscripts 1390–1490*, Survey of Manuscripts Illuminated in the British Isles, 6, 2 vols., London, 1996

Scott-Stokes 2006
C. Scott-Stokes, *Women's Books of Hours in Medieval England: Selected Texts*, Cambridge, 2006

Scragg 2000
D. G. Scragg, 'The Corpus of Vernacular Homilies and Prose Saints' Lives before Ælfric', in *Old English Prose: Basic Readings*, ed. P. E. Szarmach, New York, 2000, pp. 73–150

Scully 2007
R. E. Scully, 'St Winefride's Well: The Significance and Survival of a Welsh Catholic Shrine from the Early Middle Ages to the Present Day', in *Saints and their Cults in the Atlantic World*, ed. M. Cormack, Columbia (SC), 2007, pp. 202–28

Shailor 1984
B. A. Shailor, *Catalogue of Medieval and Renaissance Manuscripts in the Beinecke Rare Book and Manuscript Library Yale University, I: MSS 1–250*, Binghamton NY, 1984

Shailor 1987
B. A. Shailor, *Catalogue of Medieval and Renaissance Manuscripts in the Beinecke Rare Book and Manuscript Library Yale University, II: MSS 251–500*, Binghamton NY, 1987

Sharpe *et al.* 1996
R. Sharpe, J. P. Carley, R. M. Thomson and A. G. Watson, *English Benedictine Libraries: The Shorter Catalogues*, Corpus of British Medieval Library Catalogues, 4, London, 1996

Sheerin 1975
D. J. Sheerin, 'Masses for Sts Dunstan and Elphege from the Queen of Sweden's Collection at the Vatican', *Revue Bénédictine*, 85, 1975, pp. 199–207

Shinners 1987/88
J. R. Shinners, 'The Veneration of Saints at Norwich Cathedral in the Fourteenth Century', *Norfolk Archaeology*, 40, 1987/88, pp. 133–44

Short, Careri and Ruby 2010
I. Short, M. Careri and C. Ruby, 'Les Psautiers d'Oxford et de Saint Albans: liens de parenté', *Romania*, 128, 2010, pp. 29–45

Sinclair 1969
K. V. Sinclair, *Descriptive Catalogue of Medieval and Western Manuscripts in Australia*, Sydney, 1969

Sinclair 1979
K. V. Sinclair, *French Devotional Texts of the Middle Ages. A Bibliographic Manuscript Guide*, Westport, 1979

Sitwell 1958
G. Sitwell, *St Odo of Cluny*, London, 1958

Skelton and Harvey 1986
R. A. Skelton and P. D. A. Harvey, *Local Maps and Plans from Medieval England*, Oxford, 1986

Smirke 1850
E. Smirke, 'Winchester in the Thirteenth Century', *Archaeological Journal*, 7, 1850, pp. 374–83

Smith 1983
W. Smith, 'The Calendar of the Amesbury Psalter', *Wiltshire Archaeological and Natural History Magazine*, 78, 1983, pp. 118–19

Smith 1985
W. Smith, 'The Kalendar of the Augustinian Abbey of Lacock', *Ephemerides Liturgicae*, 99, 1985, pp. 63–98

Smith 1990
J. M. H. Smith, 'Oral and Written: Saints, Miracles and Relics in Brittany c. 850–1250', *Speculum*, 65, 1990, pp. 309–43

Smith 1991
W. Smith, 'Sceftonia: An Early Account of Shaftesbury and its Abbey by William of Malmesbury', *Hatcher Review*, 4, 1991, pp. 6–10

Smith 1999
W. Smith, 'Iwi of Wilton, a Forgotten Saint', *Analecta Bollandiana*, 117, 1999, pp. 297–318

Smith 2008
D. M. Smith, *The Heads of Religious Houses, III: England and Wales 1377–1540*, Cambridge, 2008

Smith and London 2001
D. M. Smith and V. C. M. London, *The Heads of Religious Houses, II: England and Wales 1216–1377*, Cambridge, 2001

Sneddon 1978
D. Sneddon, 'The Anglo-Norman Psalters, I: A Note on the Relationship between the Oxford and Arundel Psalters', *Romania*, 99, 1978, pp. 395–9

Solopova 2013
E. Solopova, *Latin Liturgical Psalters in the Bodleian Library*, Oxford, 2013

Sparrow Simpson 1880
W. Sparrow Simpson, *Documents Illustrating the History of St Paul's Cathedral*, Camden Society, 1880

Stanton 1887
R. Stanton, *A Menology of England and Wales*, London, 1887

Stanton 1892
R. Stanton, *Supplement to the Menology of England and Wales*, London, 1892

Stanton 2001
A. R. Stanton, *The Queen Mary Psalter. A Study of Affect and Audience*, Philadelphia, 2001

STC
A Short-Title Catalogue of Books Printed in England, Scotland and Ireland, and of English Books Printed Abroad 1475–1640, 3 vols. London, 1976–91

Steele 1921
F. M. Steele, *The Life of Saint Walburga*, London, 1921

Steiner 1993
R. Steiner, 'Marian Antiphons at Cluny and Lewes', in *Music in the Medieval English Liturgy*, ed. S. Rankin and D. Hiley, Oxford, 1993, pp. 175–204

Stenton 1936
F. M. Stenton, 'St Frideswide and her Times', *Oxoniensia*, 1, 1936, pp. 103–12

Stephens and Stephens 1938
G. R. Stephens and W. D. Stephens, 'Cuthman: A Neglected Saint', *Speculum*, 13, 1938, pp. 448–53

Stevenson 1858
J. Stevenson, *Chronicon Monasterii de Abingdon*, Rolls Series, 2 vols., London, 1858

Stevenson 1924
F. S. Stevenson, 'St Botolph (Botwulf) and Iken', *Proceedings of the Suffolk Institute of Archaeology*, 18, 1924, pp. 29–52

Stirnemann 2013
P. Stirnemann, 'The St Albans Psalter: One Man's Spiritual Journey', in *The St Albans Psalter: Current Research and Perspectives*, ed. J. Bepler and C. Heitzmann, Hildesheim, 2013, pp. 94–126

Stonor 1948
J. Stonor, 'Saint Petroc's Cell on Bodmin Moor', *Downside Review*, 66, 1948, pp. 64–74

Summary Catalogue
Summary Catalogue of Western Manuscripts in the Bodleian Library, 7 vols., Oxford, 1895–1953

Talbot 1959
C. H. Talbot, 'The Life of St Wulsin of Sherborne by Goscelin', *Revue Bénédictine*, 49, 1959, pp. 68–85

Tanguy 1997
B. Tanguy and T. Daniel, *Sur les pas de St Paul Aurélien, Actes du colloque 1991*, Rennes 1997

Tatlock 1938
J. S. P. Tatlock, 'Caradoc of Llancarfan', *Speculum*, 13, 1938, pp. 139–52

Taylor 1912
M. V. Taylor, 'Some Obits of Abbots and Founders of St Werburgh's Abbey, Chester', *Lancashire and Cheshire Record Society*, 64, 1912, pp. 85–103

Taylor 1925
T. Taylor, *The Life of St Samson of Dol*, London, 1925

Taylor and Roskell 1975
F. Taylor and J. S. Roskell, *Gesta Henrici Quinti*, Oxford, 1975

Thacker 1985
A. Thacker, 'Kings, Saints and Monasteries in Pre-Viking Mercia', *Midland History*, 10, 1985, pp. 1–25

Thacker 1988
A. Thacker, 'Æthelwold and Abingdon', in *Bishop Æthelwold: His Career and Influence*, ed. B. Yorke, Woodbridge, 1988, pp. 43–54

Thacker 1992
A. Thacker, 'Cults at Canterbury: Relics and Reform under Dunstan and his Successors', in *St Dunstan, his Life, Times and Cult*, ed. N. Ramsay, Woodbridge, 1992, pp. 221–45

Thacker 1995
A. Thacker, 'Membra Disjecta: The Division of the Body and the Diffusion of the Cult', in *Oswald, Northumbrian King to European Saint*, ed. C. Stancliffe and E. Cambridge, Stamford, 1995, pp. 97–127

Thacker 2004
A. Thacker, 'The Cult of Saints and the Liturgy', in *St Paul's, The Cathedral Church of London 604–2004*, ed. D. Keene, A. Burns and A. Saint, New Haven/London, 2004, pp. 113–22

Thacker 2013a
A. Thacker, 'The Abbey and the Translation of St Winifred', in *Victoria County History of Shropshire VI (1), Shrewsbury. General History and Topography*, ed. W. A. Champion and A. T. Thacker, Woodbridge, 2013, pp. 20–22

Thacker 2013b
A. Thacker, 'Early Medieval Shrewsbury: The Martyrology of St Chad', in *Victoria County History of Shropshire VI (1), Shrewsbury. General History and Topography*, ed. W. A. Champion and A. T. Thacker, Woodbridge, 2013, pp. 22–23

Thacker and Sharpe 2002
A. Thacker and R. Sharpe, *Local Saints and Local Churches in the Early Medieval West*, Oxford, 2002

Thiry-Stassin 1994
M. Thiry-Stassin, 'L'hagiographie en Anglo-Normand', in *Corpus Christianorum, Hagiographies*, I, ed. G. Philippart, Turnhout, 1994, pp. 407–28

Thomas 1974
I. G. Thomas, 'The Cult of Saints' Relics in Medieval England', Ph.D. thesis, University of London, 1974

Thomas and Howlett 2003
C. Thomas and D. Howlett, 'Vita Sancti Paterni', *Trivium*, 33, 2003

Thompson 2001
J. Thompson, 'St Hybald of Hibaldstow', *Lincolnshire Past and Present*, 45, 2001, pp. 3–7

Thompson and Stevens 1988
P. A. Thompson and E. Stevens, 'Gregory of Ely's Life and Miracles of St Æthelthryth', *Analecta Bollandiana*, 106, 1988, pp. 333–90

Thomson 1982
R. M. Thomson, *Manuscripts from St Albans Abbey 1066–1235*, 2 vols., Woodbridge, 1982

Thomson 1989
R. M. Thomson, *Catalogue of the Manuscripts in Lincoln Cathedral Chapter Library*, Woodbridge, 1989

Thomson 2001
R. M. Thomson, *A Descriptive Catalogue of the Medieval Manuscripts in Worcester Cathedral Library*, Woodbridge, 2001

Thomson 2006
R. M. Thomson, *Books and Learning in Twelfth-Century England: The Ending of 'Alter Orbis'*, Walkern, 2006

Thomson 2013
R. M. Thomson, 'The St Albans Psalter: Abbot Geoffrey's Book?', in *The St Albans Psalter: Current Research and Perspectives*, ed. J. Bepler and C. Heitzmann, Hildesheim, 2013, pp. 43–54

Todd 1980
J. M. Todd, 'St Bega: Cult, Fact and Legend', *Transactions of the Cumberland and Westmorland Antiquarian and Archaeological Society*, 80, 1980, pp. 23–35

Tolhurst 1926–27
J. B. L. Tolhurst, *The Ordinale and Customary of the Benedictine Nuns of Barking Abbey*, 2 vols., Henry Bradshaw Society, 65–66, 1926–27

Tolhurst 1930–39
J. B. L. Tolhurst, *The Monastic Breviary of Hyde Abbey, Winchester: MSS Rawlinson liturg.e.1* and Gough liturg. 8 in the Bodleian Library, Oxford*, 5 vols., Henry Bradshaw Society, 69, 70, 71, 76, 78, 1930–39

Tolhurst 1942
J. B. L. Tolhurst, *Introduction to the English Monastic Breviaries: The Monastic Breviary of Hyde Abbey*, VI, Henry Bradshaw Society, 80, 1942

Tolhurst 1948
J. B. L. Tolhurst, *The Customary of Norwich Cathedral Priory*, Henry Bradshaw Society, 82, 1948

Torrance 1920
W. J. Torrance, *The Life of Saint Osmund*, London, 1920

Toswell 1997
M. J. Toswell, 'St Martial and the Dating of Anglo-Saxon Manuscripts', *Scriptorium*, 51, 1997, pp. 3–14

Toulmin Smith 1907–10
L. Toulmin Smith, *The Itinerary of John Leland in or about the years 1535–1543*, 5 vols., London, 1907–10 (repr. 1964)

Tout 1907
M. Tout, 'The Legend of St Ursula and the Eleven Thousand Virgins', in *Historical Essays*, ed. T. F. Tout and J. Tait, Manchester, 1907, pp. 17–56

Towill 1978
E. S. Towill, *The Saints of Scotland*, Edinburgh, 1978

Townsend 1989
D. Townsend, 'An Eleventh-Century Life of Birinus', *Analecta Bollandiana*, 107, 1989, pp. 129–59

Townsend 1991
D. Townsend, 'Anglo-Norman Hagiography and the Norman Transition', *Exemplaria*, 3, 1991, pp. 385–433

Townsend 1994a
D. Townsend, 'Henry of Avranches: "Vita Sancti Oswaldi"', *Mediaeval Studies*, 56, 1994, pp. 1–65

Townsend 1994b
D. Townsend, 'The "Vita Sancti Birini" of Henry of Avranches (BHL 1364)', *Analecta Bollandiana*, 112, 1994, pp. 309–38

Townsend 1994c
D. Townsend, 'The "Vita Sancti Fremundi" of Henry of Avranches', *Journal of Medieval Latin*, 4, 1994, pp. 10–24

Trier 1924
J. Trier, *Der heilige Jodocus. Sein Leben und seine Verehrung*, Breslau, 1924

Tudor 1980
V. M. Tudor, 'St Godric of Finchale and St Bartholomew of Farne', in *Benedict's Disciples*, ed. D. H. Farmer, Leominster, 1980, pp. 195–211

Tudor 1995
V. Tudor, 'Reginald's *Life of St Oswald*', in *Oswald, Northumbrian King to European Saint*, ed. C. Stancliffe and E. Cambridge, Stamford, 1995, pp. 178–94

Turner 1916
C. H. Turner, *Early Worcester Manuscripts*, Oxford, 1916

Turner 1964
D. H. Turner, 'The Evesham Psalter', *Journal of the Warburg and Courtauld Institutes*, 27, 1964, pp. 23–41

Turner 1966
D. H. Turner, *Romanesque Illuminated Manuscripts*, London, 1966

Turner and Muir 2006
A. J. Turner and B. J. Muir, *Lives and Miracles of Saints Oda, Dunstan and Oswald*, Oxford, 2006

Turner and Stockdale 1980
D. H. Turner and R. Stockdale, *The Benedictines in Britain*, exhibition catalogue, British Library, London, 1980

van den Gheyn 1905
J. van den Gheyn, *Le Psautier de Peterborough*, Haarlem, 1905

van der Straeten 1964
J. van der Straeten, 'S. Robert de La Chaise-Dieu, sa canonisation, sa date de fête', *Analecta Bollandiana*, 82, 1964, pp. 37–56

van Dijk 1951
S. J. P. van Dijk, 'Handlist of the Latin Liturgical Manuscripts in the Bodleian Library Oxford', 7 vols. (typescript), Bodleian Library, Oxford, 1951

Vauchez 1981
A. Vauchez, *La sainteté en Occident aux derniers siècles du Moyen Âge*, Paris, 1981

Vaughan 1958
R. Vaughan, *Matthew Paris*, Cambridge, 1958

VCH *Dorset II*
W. Page (ed.), *The Victoria History of the County of Dorset, II*, London 1908

Vincent 2013
N. Vincent, 'The Great Lost Library of England's Medieval Kings? Royal Use and Ownership of Books 1066–1300', in *1000 Years of Royal Books and Manuscripts*, ed. S. McKendrick and K. Doyle, London, 2013, pp. 69–108

Waddell 1973
C. Waddell, 'The Two Saint Malachy Offices from Clairvaux', in *Bernard of Clairvaux. Studies presented to Dom Jean Leclercq*, Washington, 1973, pp. 123–59

Wade-Evans 1944
A. W. Wade-Evans, *Vitae sanctorum Britanniae et Genealogiae*, Cardiff, 1944

Wade-Evans and Lloyd 2013
A. W. Wade-Evans and S. Lloyd, *Vitae sanctorum Britanniae et Genealogiae. The Lives and Genealogies of Welsh Saints*, Cardiff, 2013

Warner 1920
G. F. Warner, *Descriptive Catalogue of Illuminated MSS in the Library of C. W. Dyson Perrins*, London, 1920

Warner and Gilson 1921
G. F. Warner and J. P. Gilson, *Catalogue of Western Manuscripts in the Old Royal and King's Collections*, 4 vols., London, 1921

Warren 1918
F. E. Warren, 'St Fursey', *Proceedings of the Suffolk Institute of Archaeology*, 16, 1918, pp. 252–77

Watson 1979
A. G. Watson, *Catalogue of Dated and Datable Manuscripts c. 700–1600 in the Department of Manuscripts, the British Library*, London, 1979

Watson 1984
A. G. Watson, *Catalogue of Dated and Datable Manuscripts c. 435–1600 in Oxford Libraries*, 2 vols., Oxford, 1984

Watson 2011
R. Watson, *Western Illuminated Manuscripts. A Catalogue of Works in the National Art Library from the Eleventh to the Early Twentieth Century, with a complete account of the George Reid Collection*, 3 vols., London, 2011

Watts 1915
G. H. Watts, *A Hand-List of English Books in the Library of Emmanuel College, Cambridge, printed before MDCXLI*, Cambridge, 1915

Webb 1938–40
B. Webb, 'An Early Map and Description of the Inquest on Wildmore Fen in the Twelfth Century', *Reports and Papers of the Lincolnshire Architectural and Archaeological Society*, n.s. 2 (o.s. 44), 1938–40, pp. 141–56

Weiss 1951
R. Weiss, 'Greek in 14th-Century England', *Rinascimento*, 2, 1951, pp. 209–39

West and Scarfe 1984
S. E. West and N. Scarfe, 'Iken, St Botolph, and East Anglian Christianity', *Proceedings of the Suffolk Institute of Archaeology and Natural History*, 35, 1984, pp. 279–301

Whatley 1982
G. Whatley, 'The Middle English St Erkenwald and its Liturgical Context', *Mediaevalia*, 8, 1982, pp. 277–306

Whatley 1989
G. Whatley, *The Saint of London: The Life and Miracles of St Erkenwald*, Binghamton NY, 1989

Whatley 1996
E. G. Whatley, 'An Introduction to the Study of Old English Prose Hagiography: Sources and Resources', in *Holy Men and Holy Women: Old English Prose Saints' Lives and their Context*, ed. P. E. Szarmach, Albany NY, 1996, pp. 3–32

Wickham Legg 1891–96
J. Wickham Legg, *Missale ad usum Ecclesie Westmonasteriensis*, 3 vols. Henry Bradshaw Society, 1, 5, 12, 1891–96

Wickham Legg 1900
J. Wickham Legg, 'Liturgical Notes on the Sherborne Missal', *Transactions of the St Paul's Ecclesiological Society*, 4, 1900, pp. 1–31

Wildhagen 1921
K. Wildhagen, 'Das Kalendarium der Handschrift Vitellius E XVIII', *Festgabe für F. Liebermann*, Halle, 1921, pp. 68–118

Wilkins 1993
N. Wilkins, *Catalogue des manuscrits français de la bibliothèque Parker (Parker Library), Corpus Christi College, Cambridge*, Cambridge, 1993

Willetts 2000
P. J. Willetts, *Catalogue of Manuscripts in the Society of Antiquaries of London*, London, 2000

Williams 1939
W. Williams, 'St Robert of Newminster', *Downside Review*, 38, 1939, pp. 137–49

Williams 2008
D. Matthew, 'The Incongruities of the St Albans Psalter', *Journal of Medieval History*, 34, 2008, pp. 396–416

Willis-Bund and Page 1906
J. W. Willis-Bund and W. Page, *The Victoria County History of the County of Worcester*, 2, London, 1906 (repr. 1971)

Wilmart 1914
A. Wilmart, 'Le commentaire sur les Psaumes imprimé sur le nom de Rufine', *Revue Bénédictine*, 31, 1914, pp. 258–76

Wilmart 1933
A. Wilmart, 'Les reliques de S. Ouen à Cantorbéry', *Analecta Bollandiana*, 51, 1933, pp. 285–92

Wilmart 1938
A. Wilmart, 'La légende de Ste Édith en prose et vers par le moine Goscelin', *Analecta Bollandiana*, 56, 1938, pp. 5–101, 265–307

Wilson 1608
[J. Wilson], *The English Martyrologe conteyning a Summary of the Lives of the glorious and renowned Saintes of the three Kingdomes of England, Scotland and Ireland ... by a Catholicke Priest*, St Omer, 1608 (repr. *English Recusant Literature 1558–1640*, 232, London, 1975)

Wilson 1893
H. A. Wilson, *Officium Ecclesiasticum Abbatum secundum usum Eveshamiensis Monasterii*, Henry Bradshaw Society, 6, 1893

Wilson 1896
H. A Wilson, *The Missal of Robert of Jumièges*, Henry Bradshaw Society, 11, 1896

Wilson 1915
J. Wilson, *The Register of the Priory of St Bees*, Surtees Society, 126, 1915

Winterbottom 1972
M. Winterbottom, *Three Lives of English Saints*, Toronto, 1972

Winterbottom and Lapidge 2012
M. Winterbottom and M. Lapidge, *The Early Lives of St Dunstan*, Oxford, 2012

Winterbottom and Thomson 2002
M. Winterbottom and R. M. Thomson, *William of Malmesbury's Saints' Lives: Lives of SS. Wulfstan, Dunstan, Patrick, Benignus and Indract*, Oxford, 2002

Winward 1999
F. Winward, 'The Lives of St Wenefred (BHL 8847–51)', *Analecta Bollandiana*, 117, 1999, pp. 89–132

Woledge and Short 1981
B. Woledge and I. Short, 'Liste provisoire de manuscrits du XIIe siècle contenant des textes en langue française', *Romania*, 102, 1981, pp. 1–17

Wolf 1996
K. Wolf, 'The Legend of Saint Dorothy: Medieval Vernacular Renderings and their Latin Sources', *Analecta Bollandiana*, 114, 1996, pp. 41–72

Wood 1893
Canon Wood, 'A Forgotten Saint', *The Antiquary*, 27, 1893, pp. 202–7, 247–53 (on St Fremund)

Wooding 2009
J. M. Wooding, 'The Medieval and Early Modern Cult of St Brendan', in *Saints' Cults in the Celtic World*, ed. S. Boardman, J. R. Davies and E. Williamson, Woodbridge, 2009, pp. 180–204

Woodruff 1911
C. E. Woodruff, *Catalogue of the Manuscript Books in the Library of Christ Church, Canterbury*, Canterbury, 1911

Woods 1987
I. Woods, ' "Our Awin Scottis Use": Chant Usage in Medieval Scotland', *Journal of the Royal Musical Association*, 112, 1987, pp. 21–37

Woolley 1915
R. M. Woolley, 'Constitutions of the Diocese of London c. 1215–22', *English Historical Review*, 30, 1915, pp. 285–302

Wormald 1933
F. Wormald, *English Kalendars before 1100*, Henry Bradshaw Society, 72, 1933
Wormald 1934

F. Wormald, 'A Liturgical Calendar from Guisborough Priory with Some Obits', *Yorkshire Archaeological Journal*, 31, 1934, pp. 5–35

Wormald 1938a
F. Wormald, 'The Calendar of the Augustinian Priory of Launceston in Cornwall', *Journal of Theological Studies*, 39, 1938, pp. 1–21

Wormald 1938b
F. Wormald, 'The Seal of St Nectan', *Journal of the Warburg and Courtauld Institutes*, 2, 1938, pp. 70–71

Wormald 1939
F. Wormald, *English Benedictine Kalendars after A. D. 1100, I*, Henry Bradshaw Society, 77, 1939

Wormald 1946a
F. Wormald, *English Benedictine Kalendars after A.D. 1100, II*, Henry Bradshaw Society, 81, 1946

Wormald 1946b
F. Wormald, 'The English Saints in the Litany in Arundel MS 60', *Analecta Bollandiana*, 64, 1946, pp. 72–86

Wormald 1969
F. Wormald, 'Anniversary Address', *Antiquaries Journal*, 49, 1969, pp. 197–201

Wormald 1971
F. Wormald, 'The Liturgical Calendar of Glastonbury Abbey', *Festschrift B. Bischoff*, ed. J. Autenrieth and F. Brunhölzl, Stuttgart, 1971, pp. 325–45

Wormald 1973
F. Wormald, *The Winchester Psalter*, London, 1973

Wormald and Giles 1982
F. Wormald and P. M. Giles, *A Descriptive Catalogue of the Additional Illuminated Manuscripts in the Fitzwilliam Museum acquired between 1895 and 1979*, 2 vols., Cambridge, 1982

Wright 1972
C. Wright, *Fontes Harleiani: A Study of the Sources of the Harleian Collection of Manuscripts in the British Museum*, London, 1972

Wright and Halliwell 1845
T. Wright and J. O. Halliwell, *Reliquiae Antiquae. Scraps from Ancient Manuscripts illustrating chiefly Early English Literature and the English Language*, II, London, 1845

Wyn Evans and Wooding 2007
J. Wyn Evans and J. M. Wooding, *St David of Wales: Cult, Church and Nation*, Woodbridge, 2007

Yarrow 2006
S. Yarrow, *Saints and their Communities: Miracle Stories in Twelfth Century England*, Oxford, 2006 (Ithamar, William of Norwich, Frideswide, James at Reading)

Yorke 1998
B. Yorke, 'The Legitimacy of St Edith', *Haskins Society Journal*, 11, 1998, pp. 97–113

Yorke 1999
B. Yorke, 'Edward King and Martyr: A Saxon Murder Mystery', in *Studies in the Early History of Shaftesbury Abbey*, ed. L. Keen, Dorchester, 1999, pp. 99–116

Zatta, Russell and Wogan-Browne 2005
J. D. Zatta, D. W. Russell and J. Wogan-Browne, 'The Vie Seinte Osith: Hagiography and Politics in Anglo-Norman England', *Papers on Language and Literature*, 41, 2005, pp. 306–444

INDEX OF MANUSCRIPTS IN VOLUMES I AND II